목 차

저자 소개

김기진

김 기 진

<학 력>
- 영남대학교 외식산업학 석사
- 영남대학교 외식산업학 박사
- 경기대학교 외식경영학 박사

<일반경력>
- (현) 사)한국카빙데코레이션협회 푸드카빙명장 1호
- (현) 사)한국카빙데코레이션협회 회장
- (현) 김기진카빙데코레이션학원 원장
- (현) 한국카빙데코레이션협회 출판사 대표
- (현) 정기간행물 CARVING DECORATION 발행인
  (ISSN 2586-0569)

- 한국국제대학교 전임교수(조교수)
- 과일조각용 칼(샤토나이프) 디자인등록(특허청)
- LG 아워홈(조리실장)(데코레이션과정" 사내강사
- 대구그랜드호텔 아이스카빙
- 2013년 제1회 한국푸드카빙데코레이션 경연대회 개최
- 2014년 제2회 한국푸드카빙데코레이션 경연대회 개최
- 2015년 제3회 한국푸드카빙데코레이션 경연대회 개최
- 2015년 제4회 한국푸드카빙데코레이션 경연대회 개최
- 2016년 제5회 한국푸드카빙데코레이션 경연대회 개최
- 2016년 제6회 한국푸드카빙데코레이션 경연대회 개최
- 2017년 제7회 한국푸드카빙데코레이션 경연대회 개최
- 2017년 제8회 한국푸드카빙데코레이션 경연대회 개최
- 2018년 1월 28일 제9회 한국푸드카빙데코레이션경연대회 개최
- 2018년 3월 22일 제10회 한국푸드카빙데코레이션 경연대회 개최
- 2018년 6월 10일 제11회 한국푸드카빙데코레이션 경연대회 개최
- 2018년 11월 8일 제12회 한국푸드카빙데코레이션 경연대회 개최
- 2019년 5월 19일 제13회 한국푸드카빙데코레이션 경연대회 개최
- 2020년 6월 27일 제14회 한국푸드카빙데코레이션 경연대회 개최
- 2008년 북경 동방식품예술직업기능교육센터 人物과정 이수

- 2008년 북경 동방식품예술직업기능교육센터 動物과정 이수
- 2008-2012년 북경요리협회 카빙위원회이사
- 2008-2012년 북경요리협회 회원
- 2015년 중국 상해 제17회 WACS FHC국제요리경연대회 푸드카빙경연부문 심사위원

<강의경력>
- 영남대학교/대학원 겸임교수
- 한국국제대학교/대학원 겸임교수
- 우석대학교/대학원 겸임교수
- 대구가톨릭대학교/대학원 외래교수
- 경기대학교 외래교수
- 계명문화대학 외래교수
- 대구보건대학 호텔조리계열 외래교수
- 수성대학교 외래교수
- 구미1대학 외래교수
- 대경대학 외래교수
- 포항대학교 외래교수

<푸드카빙데코레이션 분야 학술연구>
- 김기진(2008). 카빙데코레이션 교육에 대한 조리사들의 인식에 관한 연구. 한국조리학회지, 14(2). 237-248.
- 김기진(2008). 호텔 및 레스토랑 조리사들의 카빙데코레이션에 대한 중요도 및 필요성 인식에 관한 연구. 한국조리학회지, 4(4). 150-160.
- 김기진(2010). 카빙데코레이션 인지도와 구매의도가 가격수용성에 미치는 영향. 한국조리학회지, 16(4), 28-42.
- 김기진(2016). 푸드카빙데코레이션 교육수준에 따른 주의집중력 및 취업자신감에 관한 연구: 고등학생 및 대학생을 중심으로. 외식경영연구, 19(6). 27-47.

<기타 학술연구>
-Kim G. J.(2014). Applying the Service Profit Chain model to the Korean restaurant industry. International Journal of Hospitality Management, 36(1), 1-13.(SSCI 등재 저널)
-Kim G. J.(2021). Does employee satisfaction influence customer satisfaction? Assessing coffee shops through the service profit chain model. International Journal of Hospitality Management, 94, (SSCI 등재 저널)
-Kim G. J.(2023). An exploratory study of changes in consumer dining out behavior before and during COVID-19. 26(5). 700-718.(SCOPUS 등재 저널)
-Kim G. J.(2022). Effects of perceived risk from COVID-19 on food-related behaviors: case study of Daegu, South Korea. 1-21. (SCOPUS 등재 저널)

<카빙데코레이션 저서>
- 2008 전문조리사를 위한 카빙데코레이션 야채조각 과일조각 문운당 (ISBN 978-89-7393-452-2)
- 2012 푸드카빙데코레이션 마스터 자격증 교재 출판 (ISBN 978-89-969390-0-9)

- 2014 푸드카빙데코레이션 자격증 필기시험 문제집 (ISBN 978-8-9963395-4-0)
- 2014 푸드카빙데코레이션 드로잉북 (ISBN 978-89-969390-1-6)
- 2015 푸드카빙데코레이션 마스터 자격증 교재 2쇄 출판 (ISBN 978-89-969390-0-9)
- 2015 2016 푸드카빙데코레이션 자격증 필기시험 문제집 (ISBN 978-89-969390-2-3)
- 2015 과일플레이팅 마스터 자격증 교재 출판 (ISBN 978-89-969390-3-0)
- 2016 2017 푸드카빙데코레이션 자격증 필기시험 문제집 (ISBN 978-89-969390-4-7)
- 2017 2018 푸드카빙데코레이션 자격증 필기시험 문제집 (ISBN 978-89-969390-6-1)
- 2017 푸드카빙플레이팅 자격증 교재 출판 (ISBN 978-89-969390-5-4)
- 2018 수박카빙 마스터 교재 출판 (ISBN 978-89-969390-7-8)
- 2018 동물카빙 마스터 교재 출판 (ISBN 979-11-89071-00-4)
- 2019 푸드카빙데코레이션 드로잉북 출판 (ISBN 978-89-969390-8-5)
- 2019 푸드카빙데코레이션 자격증 필기시험문제집 출판 (ISBN 978-89-969390-9-2)
- 2020 푸드카빙데코레이션 드로잉북 출판 (ISBN 978-11-89071-08-0)
- 2020 푸드카빙 플레이팅 마스터 (ISBN 979-11-89071-07-3)
- 2022 동물카빙 마스터 (ISBN 979-11-89071-09-7)
- 2022 식품조각 & 과일카빙 & 비누카빙 자격증 필기시험 문제집(ISBN 979-11-89071-10-3)

<수상경력>
- 2004 비슬산 얼음조각대회 일반부 금상 (1위)
- 2004 서울국제요리경연대회 야채조각부문 금상 (1위)
- 2005 대구음식박람회 야채조각부문 금상 (1위)
- 2006 서울국제요리경연대회 야채조각부문 금상 (1위)
- 2008 제 3기 중국 용왕컵 카빙대회 금상 (1위)
- 2015 한국국제요리경연대회 국회의원 대상
- 2016 농촌진흥청장상
- 2016 2016 WACS코리아 푸드트렌드페어 최우수지도자상
- 2017 식품의약품안전처장상
- 2017 서울특별시장 대상
- 2018 서울특별시장 대상
- 2018 (사)한국음식관광협회 공로상
- 2019 (사)세계음식문화연구원 & (사)한국푸드코디네이터협회 최우수 지도자상

정용재

정 용 재

<학력>
- 경희사이버대학교 호텔관광대학원 호텔외식MBA 경영학 석사

<일반경력>
- (현) 사)한국카빙데코레이션협회 이사
- (현) 사)한국카빙데코레이션협회 심사위원
- (현) 정용재의 푸드월드 대표
- (현) 엘에스씨푸드 본사 중앙조리팀
- (전) 한가람고등학교 조리장
- (전) KB손해보험 조리사

<수상경력>
2025 대한민국푸드카빙명장배카빙데코레이션경연대회 푸드카빙 개인전시 대상
2025 대한민국푸드카빙명장배카빙데코레이션경연대회 푸드카빙플레이팅 단체전시대상
2025 대한민국푸드카빙명장배카빙데코레이션경연대회 비누카빙 개인전시 대상
2025 대한민국푸드카빙명장배카빙데코레이션경연대회 용카빙 개인전시 대상
2025 대한민국푸드카빙명장배카빙데코레이션경연대회 동물카빙미러 대상
2025 대한민국푸드카빙명장배카빙데코레이션경연대회 수박카빙 단체전시 금상
2025 대한민국푸드카빙명장배카빙데코레이션경연대회 푸드카빙 단체전시 금상
2025 대한민국푸드카빙명장배카빙데코레이션경연대회 푸드카빙플레이팅 개인전시 금상
2025 대한민국푸드카빙명장배카빙데코레이션경연대회 과일플레이팅 개인전시 금상
2025 대한민국푸드카빙명장배카빙데코레이션경연대회 동물카빙 개인전시 금상
2025 대한민국푸드카빙명장배카빙데코레이션경연대회 칵테일가니쉬 개인전시 금상
2025 대한민국푸드카빙명장배카빙데코레이션경연대회 플라워카빙미러 금상
2025 대한민국푸드카빙명장배카빙데코레이션경연대회 스티로폼카빙 개인전시 금상
2025 대한민국푸드카빙명장배카빙데코레이션경연대회 펌킨카빙 개인전시 금상
2025 대한민국푸드카빙명장배카빙데코레이션경연대회 아이스카빙 개인전시 금상
2025 제20회한국카빙데코레이션경연대회 비누카빙 단체전시 대상
2025 제20회한국카빙데코레이션경연대회 비누카빙 비누카빙 개인전시 대상
2025 한국푸드카빙기능대회 푸드카빙단체전시 대상
2025 한국푸드카빙기능대회 푸드카빙비누카빙 단체전시 대상
2025 한국푸드카빙기능대회 비누카빙개인전시 금상
2025 한국푸드카빙기능대회 수박카빙개인전시 금상
2024 대한민국푸드카빙명장배카빙데코레이션경연대회 푸드카빙플레이팅 개인전시 금상
2023 대한민국푸드카빙명장배카빙데코레이션경연대회 펌킨카빙단체전시 금상
2023 온라인한국카빙데코레이션경연대회 동물카빙미러 금상

2021 대한민국푸드카빙명장배카빙데코레이션경연대회 칵테일가니쉬 개인전시 대상
2020 제2회대한민국푸드카빙명장배카빙데코레이션경연대회 칵테일가니쉬 개인전시 대상
2020 제2회대한민국푸드카빙명장배카빙데코레이션경연대회 칵테일가니쉬 개인전시 금상
2020 제2회대한민국푸드카빙명장배카빙데코레이션경연대회 동물카빙미러 금상
2020 제14회한국카빙데코레이션경연대회 푸드카빙플레이팅 개인전시 금상
2020 제14회한국카빙데코레이션경연대회 스티로폼카빙 개인전시 금상
2020 온라인한국카빙데코레이션경연대회 칵테일가니쉬 개인전시 금상
2019 제16회향토식문화대전 푸드카빙 단제전 전시 금상
2019 제1회푸드카빙명장배대회 푸드카빙 단체전 전시 금상
2019 서울푸드페스티벌 스피드스킬 라이브 협회장상(대상)
2019 서울푸드페스티벌 푸드카빙 단체전 전시 대상
2019 서울푸드페스티벌 아이스카빙 라이브 금상
2019 제13회한국카빙데코레이션경연대회 칵테일가니쉬 라이브 대상

<자격증>

-수박카빙 데코레이션 2급/1급/마스터
-이벤트카빙 프로페셔널
-동물카빙데코레이션 2급/1급/마스터
-과일플레이팅 2급/1급/마스터
-푸드카빙플레이팅 1급/마스터
-칵테일가니쉬 1급/마스터
-아이스카빙 2급/1급/마스터
-스티로폼카빙 1급/마스터
-펌킨카빙 2급/1급/마스터
-비누카빙 2급/1급/마스터
-조리기능사(한식,중식,양식,일식,복어)
-조주기능사
-제과기능사
-제빵기능사
-Cs leaders 관리사
-커피바리스타 2급
-믹솔로지스트 2급

조은희

조 은 희

<일반경력>

현) 사)한국카빙데코레이션협회 수박카빙 심사위원
현) 사)한국카빙데코레이션협회 푸드카빙플레이팅 심사위원
현) 사)한국카빙데코레이션협회 동물카빙 심사위원
현) 사)한국카빙데코레이션협회 이사
현) 사)한국카빙데코레이션협회 강의 파트너
현) 인영홍삼 대표
현) 조은사람푸드카빙 아카데미 원장

<수상경력>

2024 대한민국푸드카빙명장배카빙데코레이션경연대회 칵테일가니쉬 개인전시 대상
2024 대한민국푸드카빙명장배카빙데코레이션경연대회 푸드카빙플레이팅 개인전시 최우수상
2024 대한민국푸드카빙명장배카빙데코레이션경연대회 푸드카빙플레이팅 단체전시 금상
2024 대한민국푸드카빙명장배카빙데코레이션경연대회 과일플레이팅 개인전시 최우수상
2024 대한민국푸드카빙명장배카빙데코레이션경연대회 수박카빙데코레이션 개인전시 은상
2024 대한민국푸드카빙명장배카빙데코레이션경연대회 플라워카빙 미러경연 최우수상
2024 제19회한국카빙데코레이션경연대회 동물카빙 미러 개인전시 최우수상
2024 제19회한국카빙데코레이션경연대회 푸드카빙플레이팅 개인전시 금상
2024 제19회한국카빙데코레이션경연대회 용카빙데코레이션 개인전시 금상
2024 제19회한국카빙데코레이션경연대회 동물카빙데코레이션 단체전시 대상
2025 한국푸드카빙기능대회 푸드카빙플레이팅 단체전시 대상
2025 한국푸드카빙기능대회 용카빙담금주 단체전시 대상
2025 한국푸드카빙기능대회 푸드카빙데코레이션 단체전시 대상
2025 한국푸드카빙기능대회 푸드카빙데코레이션 개인전시 대상
2025 한국푸드카빙기능대회 인삼꽃주카빙경연 개인전시 대상
2025 한국푸드카빙기능대회 용카빙담금주 개인전시 대상
2025 한국푸드카빙기능대회 수박카빙데코레이션 개인전시 금상
2025 한국푸드카빙기능대회 푸드카빙플레이팅 개인전시 금상
2025 제20회한국카빙데코레이션경연대회 동물카빙데코레이션 단체전시 대상
2025 제20회한국카빙데코레이션경연대회 봉황카빙 단체전시 대상

2025 제20회한국카빙데코레이션경연대회 당근용주 단체전시 대상
2025 제20회한국카빙데코레이션경연대회 당근용주 개인전시 대상
2025 제20회한국카빙데코레이션경연대회 칵테일가니쉬 단체전시 대상
2025 제20회한국카빙데코레이션경연대회 칵테일가니쉬 개인전시 대상
2025 제20회한국카빙데코레이션경연대회 과일플레이팅 단체전시 대상
2025 제20회한국카빙데코레이션경연대회 수박카빙데코레이션 단체 대상
2025 제20회한국카빙데코레이션경연대회 푸드카빙데코레이션 개인전시 대상
2025 제20회한국카빙데코레이션경연대회 푸드카빙데코레이선 단체전시 대상
2025 제20회한국카빙데코레이션경연대회 불교카빙 단체전시 대상
2025 제20회한국카빙데코레이션경연대회 불교카빙 개인전시 금상
2025 제20회한국카빙데코레이션경연대회 푸드카빙플레이팅 단체전시 대상
2025 제20회한국카빙데코레이션경연대회 수박카빙데코레이션 개인전시 대상
2025 제20회한국카빙데코레이션경연대회 봉황카빙 개인전시 금상
2025 제20회한국카빙데코레이션경연대회 동물카빙미러 경연 개인전시 금상
2025 제20회한국카빙데코레이션경연대회 과일플레이팅 개인전시 금상
2025 제20회한국카빙데코레이션경연대회 동물카빙데코레이선 개인전시 금상
2025 제20회한국카빙데코레이션경연대회 푸드카빙플레이팅 개인전시 은상
2025 대한민국푸드카빙명장배카빙데코레이션경연대회 수박카빙 개인전시 최우수상

<자격증>
-수박카빙데코레이션 2급, 1급, 마스터
-이벤트카빙프로페셔널
-동물카빙데코레이션 2급, 1급, 마스터
-푸드카빙플레이팅 1급, 마스터
-과일플레이팅 2급,1급, 마스터
-칵테일가니쉬 1급, 마스터

이도경

<학력>
- 경산1대학 사회복지학과 졸업
- 경북대학교 농민사관학교 말 산업 전문인 양성과정 졸업
- 경북로스쿨 국가법 정책포럼과정 졸업

이 도 경

<일반경력>
- 이작가푸드카빙아카데미 대표
- 수박카빙특강 강사 Assistant(은평문화정보학교)
- 수박카빙특강 강사 Assistant(대구관광고등학교)
- 영천시 교육문화센터여성새로일하기센터 근무(취업상담)
- 경산시 배드민턴 협회 재무이사 역임
- 경산시 배드민턴 협회 여성회장 역임
- 경산시 배드민턴 협회 소속 하주클럽 7대 회장 역임
- 포항시 해오름 로타리 골프회 총무 역임 중
- 영천시 대한노인회 지회
(어르신 일자리 전담, 경로당 순회프로그램 담당,노인대학운영)
- 대한노인회 경산시 지회 행복선생님 근무(프로그램진행)

<수상경력>
골프지드자상 대상
김관용 경상북도 도지사 표창장 수여
2025 대한민국푸드카빙명장배카빙데코레이션경연대회 수박카빙데코레이션 단체전시 대상
2025 대한민국푸드카빙명장배카빙데코레이션경연대회 칵테일가니쉬 개인전시 대상
2025 대한민국푸드카빙명장배카빙데코레이션경연대회 푸드카빙데코레이션 단체전시 대상
2025 대한민국푸드카빙명장배카빙데코레이션경연대회 용카빙 단체전시 대상
2025 대한민국푸드카빙명장배카빙데코레이션경연대회 동물카빙데코레이션 개인전시 금상
2025 대한민국푸드카빙명장배카빙데코레이션경연대회 동물카빙 미러경연 금상
2025 대한민국푸드카빙명장배카빙데코레이션경연대회 푸드카빙플레이팅 단체전시 금상
2025 대한민국푸드카빙명장배카빙데코레이션경연대회 용카빙 개인전시 최우수상
2025 대한민국푸드카빙명장배카빙데코레이션경연대회 수박카빙데코레이션 개인전시 대상
2025 대한민국푸드카빙명장배카빙데코레이션경연대회 푸드카빙플레이팅 개인전시 금상
2025 대한민국푸드카빙명장배카빙데코레이션경연대회 푸드카빙데코레이션 개인전시 금상
2025 대한민국푸드카빙명장배카빙데코레이션경연대회 수박카빙데코레이션 개인전시 최우수상
2025 제20회한국카빙데코레이션경연대회 푸드카빙데코레이션 단체전시 대상
2025 제20회한국카빙데코레이션경연대회 칵테일가니쉬 개인전시 최우수상
2025 제20회한국카빙데코레이션경연대회 동물카빙 미러개인전시 최우수상
2025 제20회한국카빙데코레이션경연대회 불교카빙 개인전시 최우수상

2025 제20회한국카빙데코레이션경연대회 푸드카빙데코레이션 개인전시 최우수상
2025 제20회한국카빙데코레이션경연대회 푸드카빙플레이팅 개인전시 금상
2025 제20회한국카빙데코레이션경연대회 수박카빙데코레이션 단체전시 금상
2025 제20회한국카빙데코레이션경연대회 칵테일가니쉬 단체전시 금상
2025 제20회한국카빙데코레이션경연대회 불교카빙 단체전시 금상
2025 제20회한국카빙데코레이션경연대회 수박카빙데코레이션 개인전시 은상
2025 한국푸드카빙기능대회 과일플레이팅 개인전시 최우수상
2025 한국푸드카빙기능대회 플라워미러경연 개인전시 최우수상
2025 한국푸드카빙기능대회 수박카빙데코레이션 개인전시 우수상
2025 한국푸드카빙기능대회 수박카빙데코레이션 단체전시 금상

<자격증>

-이벤트카빙 프로세셔널
-과일플레이팅 2급
-수박카빙데코레이션 2급, 1급, 마스터
-칵테일가니쉬 2급, 1급, 마스터
-푸드카빙플레이팅 1급, 2급, 마스터
-사회복지사1급
-보육교사
-요양보호사
-간호조무사
-학교폭력예방지도사 1급
-청소년 생활지도사 1급
-범죄예방지도사 1급
-국민 인성교유강사 1급
-파크골프지도자 2급
-레크레이션 지도사 1급
-다문화 가정상담사
-웃음지도사 1급
-원예치료사 1급
-노인치료사 1급
-웃음치료사 1급
-실버레크레이션 강사 1급
-취업상담사
-리더십스피치 지도사 2급
-펀 리더십 지도사 1급
-실버요가지도사1급
-생활수경지도사 2급
-재활승마지도사
-실버체조강사
-케어복지사1급
-실버요가지도사 1급
-노인심리 상담사 1급
-치매예방 상담사 1급
-워드프로세스 2급
-컴퓨터 활용능력 2급(엑셀)

박근혜

박 근 혜

<일반경력>
- 사)한국카빙데코레이션협회 강의파트너
- 박근혜 포항카빙아카데미 대표
- 수박카빙특강 강사 Assistant(대구관광고등학교)

<자격증>
- 수박카빙 데코레이션 마스터
- 수박카빙 데코레이션 1급
- 수박카빙 데코레이션 2급
- 동물카빙 데코레이션 마스터
- 동물카빙 데코레이션 1급
- 동물카빙 데코레이션 2급
- 푸드카빙플레이팅 마스터
- 푸드카빙플레이팅 1급
- 이벤트카빙 프로페셔널

<수상경력>
- 2025 대한민국푸드카빙명장배카빙데코레이션경연대회 플라워카빙 미러경연 최우수상
- 2025 대한민국푸드카빙명장배카빙데코레이션경연대회 푸드카빙플레이팅 개인전시 대상
- 2025 대한민국푸드카빙명장배카빙데코레이션경연대회 수박카빙 개인전시 금상
- 2025 대한민국푸드카빙명장배카빙데코레이션경연대회 푸드카빙 개인전시 최우수상

최원정

<학력>
- 경기대학교 대학원 미술치료전공 석사
- 파리 원예대학 테이블데코레이션과정 수료

<일반경력>
- 푸드데코아카데미 대표

<자격증>
-수박카빙데코레이션 2급/1급/마스터
-푸드카빙플레이팅 1급/마스터
-이벤트카빙 프로페셔널
-푸드스타일리스트
-컬러테라피 전문가
-색채심리 전문가
-미술치료 심리상담
-테이블 데코레이션 코디네이터
-푸드플레이팅 디자이너
-플로리스트 전문가
-푸드 힐링 전문가
-펫 푸드 전문가
-K-푸드 전문가
-조리사 면허증

최 원 정

<수상경력>
- 2025 대한민국푸드카빙명장배카빙데코레이션경연대회 수박카빙데코레이션 단체전시 대상
- 2025 대한민국푸드카빙명장배카빙데코레이션경연대회 푸드카빙플레이팅 단체전시 대상
- 2025 대한민국푸드카빙명장배카빙데코레이션경연대회 푸드카빙플레이팅 개인전시 금상
- 2025 대한민국푸드카빙명장배카빙데코레이션경연대회 수박카빙데코레이션 개인전시 금상
- 2025 대한민국푸드카빙명장배카빙데코레이션경연대회 플라워카빙미러 개인전시 금상

PART 1
푸드카빙데코레이션 드로잉 이론

제 1장 드로잉의 개요

제 2장 수박카빙 드로잉

제 3장 동물카빙 드로잉

제 1장 드로잉의 개요

드로잉을 잘하려면 정밀하게 묘사하기 위해 노력하지 말아야 한다. 그 이유는 초등학교에서 실물과 비슷한 그림을 그리려다가 자신의 그림이 대상과 큰 차이가 있다는 것을 깨닫게 되면서 우리는 점차 미술과 멀어져 갔기 때문이다.

그리려고 하는 대상의 느낌이나 이미지는 그 대상의 구체적인 형태와 분명 다르다. 사진과 구분이 어려울 정도로 실물과 차이가 없는 초상화라 해도 그림을 보는 사람이 그림의 대상을 느낄 수 없다면 좋은 드로잉이라 보기 힘들고, 1분 만에 그리는 그림이라도 그림을 보는 사람이 그림의 대상을 충분히 느낄 수 있다면 좋은 드로잉이라 할 수 있다. 그림은 말과 다르지 않다. 자세한 설명보다는 간단명료하고 핵심적인 설명이 사람을 이해시키기에 효과적일지 모른다. 마찬가지로 정밀한 묘사는 카빙을 하는 데 큰 도움이 되지 않는다.

또한, 드로잉을 잘하기 위해서는 복잡한 대상을 단순하게 표현할 필요가 있다. 모든 대상들은 저마다 복잡하고 독특한 특징을 가지고 있지만, 우리는 양식화를 통해서 그 대상의 특징과 움직임 혹은 독특한 이미지를 단순한 선으로 쉽게 나타낼 수 있다. 드로잉을 잘하기 위해서는 어려운 그림보다는 쉬운 그림으로 연습을 하는 것이 좋다. 따라서 본서의 가장 쉽다고 느껴지는 드로잉을 선택하여 연습하는 것을 권장한다. 어느 정도 선 표현에 자신감이 생기면 점점 더 복잡한 그림을 따라 그리면 된다.

드로잉을 잘하기 위한 또 하나의 방법으로 같은 그림을 반복해서 여러 번 그리는 방법이 있다. 드로잉은 근육에 기억된 동작의 습관에 의해 이루어진다고 할 수 있다. 특히 팔과 손의 근육이 무의식적으로 움직일 때 좋은 드로잉을 할 수 있다. 따라서 여러분의 손과 팔도 같은 드로잉을 여러 번 반복하면 선과 형태의 이미지를 분명하게 기억할 수 있게 된다. 충분히 기억되고 습관화된 드로잉은 영원히 자신의 것이 되어 언제 어디서든지 상상만으로 그림을 그릴 수 있고, 새로운 대상을 접하더라도 두려움 없이 그릴 수 있는 든든한 기초가 된다. 특히 수박카빙 드로잉과 동물카빙 드로잉의 경우 수박카빙 드로잉은 원리를 알게 되면 쉽게 배울 수 있지만, 동물카빙 드로잉은 직접 해보아야 미세한 특징들을 이해할 수 있고, 다른 동물들과의 차이도 구분해 내는 눈을 갖게 된다. 백번 보는 것보다 한번 그려보는 것이 대상을 빠르고 확실하게 이해할 수 있다.

드로잉을 잘하는 마지막 방법은 완성된 그림을 아무에게도 보여주지 않는 것이다. 누군가에게 보여주기 위해서 그림을 그리게 되면, 실패에 대한 걱정과 부담이 앞서게 된다. 연습하는 동안 그려지는 드로잉은 폐기하는 것이 좋다. 금방 사라질 그림이라면

걱정이나 부담을 가지지 않고 마음을 비운 상태에서 드로잉에 몰입할 수 있기 때문이다.

1. 드로잉의 준비물

연필의 종류는 모두 17등급이 있는데, 드로잉을 위한 연필은 4B, 2B와 같은 부드러운 연필이 좋다. 심이 너무 무른 연필은 쉽게 부러지게 되고, 너무 강한 연필은 지우개로 잘 지워지지 않는다. 연필 끝이 너무 뾰족하지 않도록 하고, 필요하다면 뾰족한 부분을 사포 등에 갈아서 사용하는 것도 좋다. 연필은 연필 깎기 기계를 이용하여 깎는 것보다 칼로 직접 깎는 것이 좋다. 연필을 깎을 때는 부드럽게 밀어내듯이 깎는 것이 좋다. 드로잉에서는 굵은 심을 써야 한다는 것을 기억하도록 한다.

지우개는 될 수 있으면 부드러운 것이 좋다. 문구점에 팔고 있는 미술용이라고 쓰인 지우개면 무난하다. 하지만 카빙 드로잉을 할 때는 지우개 사용을 최대한 자제해야 한다. 왜냐하면, 카빙을 하면서 칼이 들어간 자리에 지우개를 사용할 수가 없기 때문이다.

종이는 많은 연습이 필요하므로 A4 크기의 복사용지를 한 묶음씩 구매하여 사용하거나, 이면지를 사용하면 좋다.

2. 드로잉의 기초

드로잉은 눈과 손을 훈련시키는 것이다. 대상의 특징을 관찰하고 파악하는 눈의 훈련이 매우 중요하다. 대상이 동물이면 사진이 아닌 이상 고정된 자세로 포즈를 취해주기를 바라는 것은 과한 욕심이다. 따라서 신속하게 정확한 관찰력으로 동물의 골격과 외형을 파악해야 한다. 카빙드로잉의 전문가 수준이 되기 위해서는 동물의 해부학적 특성에 대한 지식도 필요하지만, 먼저 전체적인 윤곽과 비율을 파악하는 요령을 습득해야 한다. 드로잉에 익숙해지기 위해서는 손을 이용한 S라인, 곡선 선 긋기 연습을 꾸준히 반복하는 것이 중요하다.

동물드로잉을 할 때 가장 어려운 점은 계속 움직인다는 것이다. 따라서 원하는 대상의 원하는 포즈를 사진으로 찍어 출력하거나, 인터넷상에 원하는 포즈가 있는지 검색하여 따라 그리는 연습을 하는 것이 좋다. 여기서 동물의 기본적인 골격이나 질감 및 특징적인 부분들을 잘 관찰하여 익히면 좋다. 드로잉이 너무 힘들 때는 얇은 종이를 그림 또는 사진 위에 두고 비치는 윤곽선을 따라서 그려보는 것이 라인을 이해하는 데 큰 도움이 된다. 카빙을 하는 데는 정해진 방법이 없다. 마찬가지로 드로잉을 하는 데도 정해진 방법이 없다. 자신이 가장 편한 방법으로, 자신있는 방법으로 그리면 된다.

드로잉에는 실제와 같은 형태의 전통적인 드로잉도 있지만, 실제와 완전히 다른 만화 같은 형태도 있다. 카빙에서의 드로잉은 이 중간 정도라고 할 수 있을 것이다. 하지만, 드로잉을 연습할 때에는 전통적인 방법으로 실제 그 대상의 모습을 그대로 그리는 훈련을 하는 것이 좋다. 그 이유는 기본적인 선과 느낌, 대상의 특징을 파악하는 눈의 훈련이 필요하기 때문이다.

제 2장 수박카빙 드로잉

수박카빙을 하기 위해서는 기본적인 진행원리를 이해해야 한다. 수박카빙에서 드로잉을 해야 하는 몇 가지 중요한 이유를 살펴보면, 첫째, 꽃잎이 진행되는 원리를 이해하기 위해서이다. 둘째, 기본적인 꽃잎의 곡선을 이해하기 위해서이다. 셋째, 드로잉을 할 때 연필을 잡는 방법과 샤토나이프를 잡는 방법이 비슷하여 손의 꽃잎을 그리는 감각을 키우기 위해서이다.

1. 꽃잎 곡선의 이해

수박카빙의 꽃잎 모양은 정해진 틀이 없다. 하지만, 꽃잎을 그릴 때 기본적으로 사용되는 곡선을 이해해야 한다. 기본 꽃잎의 곡선은 2번 굴곡을 가져야한다.

2. 꽃잎의 진행원리

수박카빙을 하기 위해서 필수적으로 알아야 할 것은 꽃잎이 진행되는 원리이다. 이 원리를 이해하지 못하면, 꽃잎의 위치를 규칙적으로 그리기 힘들다. 수박카빙의 센터를 중심으로 꽃잎 몇 개를 넣을지 결정한다. 이때, 자신이 알 수 있도록 짧게 표시해주는 것이 좋다. 아래 좌측사진의 경우 6개 꽃잎이 들어갈 위치를 짧게 표시하였고, 우측사진의 경우 6개 꽃잎이 들어갈 위치를 길게 표시하였다.

O	X
	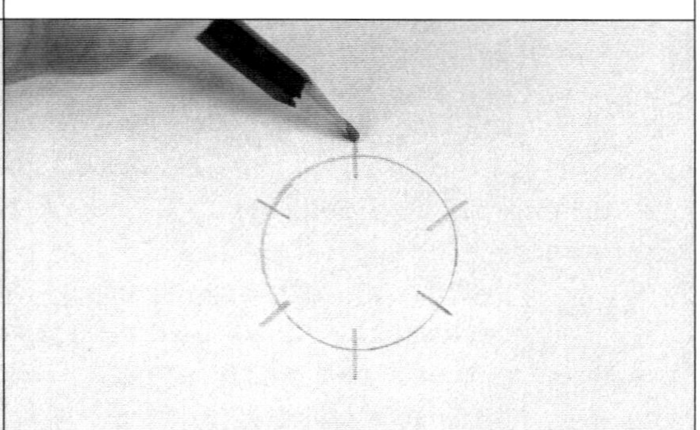

만약 길게 그렸더라도, 꽃잎을 그릴 때 표시의 선을 따라 꽃잎을 그려서는 안 된다. 아래 좌측의 사진과 같이, 꽃잎 개수를 나누기 위해 표시한 선과 원의 교차지점에서 꽃잎의 선을 시작해야 한다. 우측의 경우 꽃잎 개수를 나누기 위해 표시한 선에서 꽃잎을 시작하였다. 이러한 방법으로 꽃잎을 시작해서는 안 된다.

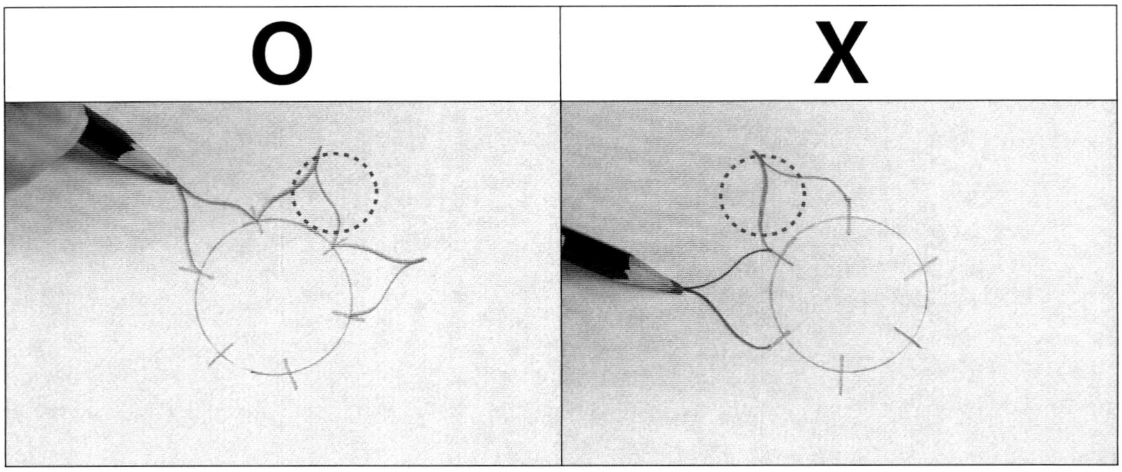

다음에는 꽃잎을 그린다. 첫 번째 층에서 그려진 꽃잎들 사이에 꽃잎을 다시 그리게 된다. 이때, 꽃잎과 꽃잎 사이에 꽃잎을 그리게 되며, 꽃잎을 그리는 선의 시작은 그 전 꽃잎의 7~9부 정도의 위치에서 시작되어야 한다. 만약 5부에서 시작될 경우 꽃잎의 크기는 동일하게 진행되며, 5부 미만에서 시작될 경우 꽃잎의 크기는 점점 작아지게 된다. 가장 적절한 방법이 사진처럼 7~9부의 위치에서 시작하는 것이다.

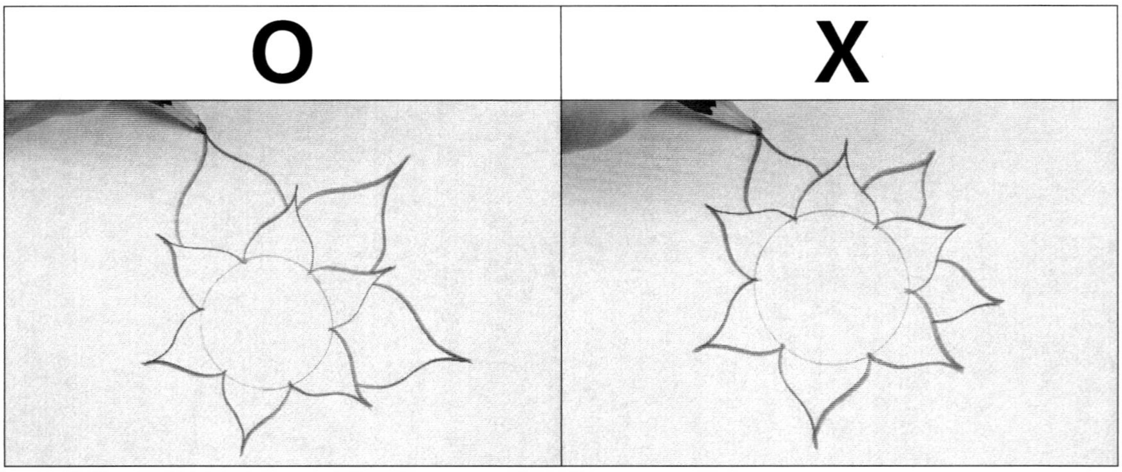

제 3장 동물카빙 드로잉

1. 동물카빙 드로잉 이론

1) 두 가지 형태의 드로잉

토끼 드로잉 두 개가 있다. 하나는 순수한 윤곽선 드로잉이고, 또 다른 하나는 밑그림을 이용한 윤곽선 드로잉에 약간의 명암을 추가하였다. 드로잉의 기초를 익히기 위해서는 우선 윤곽선 스케치에 많은 시간을 투자하여 전체적인 윤곽과 비례를 파악하는 능력을 키워야 한다. 순수윤곽선 드로잉은 보조선이나 별도 그림 없이 드로잉 대상의 윤곽을 그대로 옮기는 방식의 드로잉이다.

토끼 윤곽선 그림　　　　토끼 윤곽선에 명암 넣은 그림

2) 원을 이용한 드로잉

원 하나를 밑그림으로 강아지 얼굴 정면을 스케치하는 연습을 시작한다. 그림은 A4용지가 가득 차도록 크게 그리는 것이 좋다. 먼저 나중에 지우기 쉽도록 연하게 원을 그린다. 수직 중심선은 얼굴의 좌우 중심을 결정하고, 수평중심선은 눈의 높이를 나타내도록 한다. 다음으로 수평선 위에 두 눈동자 위치를 동일한 간격으로 표시하고, 앞으로 튀어나온 주둥이 부분을 구분한다. 또한, 대략적인 귀, 눈, 코, 입의 형태를 드로잉한다. 얼굴의 외곽선은 자연스럽게 연결해준다. 마지막으로 형태를 더 다듬고 불필요한 보조선을 지우면 드로잉이 완성된다. 약 5분 이내에 한 개의 윤곽선 드로잉을 완성할 수 있도록 여러 번 반복하는 것이 좋다.

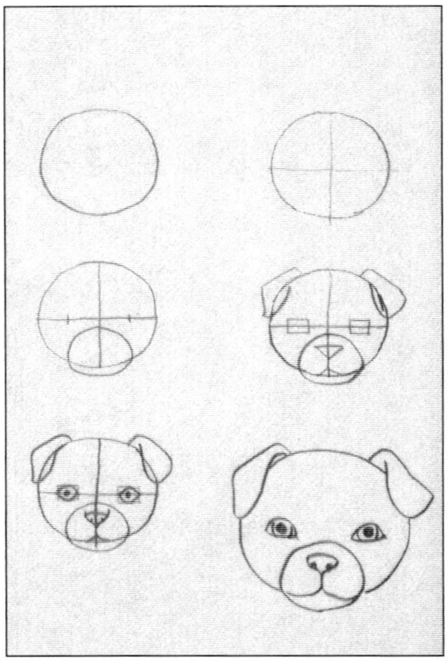

3) 동그라미와 중심선을 이용한 동작 드로잉

포유동물의 몸은 대부분 척추로 연결된 머리뼈와 갈비뼈, 그리고 엉덩이뼈의 기본적인 골격으로 이루어져 있다. 카빙을 할 때는 대부분 동물의 옆모습을 대상으로 드로잉하게 되는데, 이때 척추의 이미지를 중심선으로 하고, 각 뼈들을 보조선으로 하여 3개의 원을 그려주면 안정감 있는 표현을 할 수 있다. 먼 곳을 응시하고 있는 암사자의 옆모습 스케치이다. 골격은 윤곽선으로 리듬감 있게 표현하고 근육 덩어리는 볼륨감을 살리는 것이 중요하다.

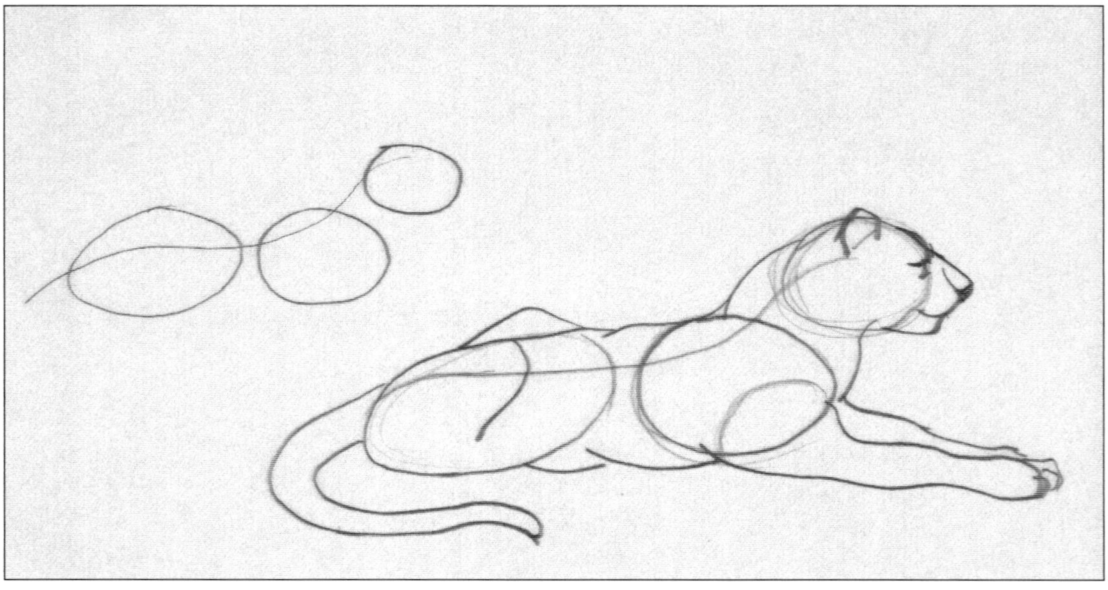

말이나 사슴 같은 동물들은 털이 짧으므로 골격이나 근육이 명확하게 드러난다. 반면, 목과 다리가 길어서 비례를 잘 나타내기 어렵고 스케치하기에 비교적 어려운 대상이다. 카빙에서는 말의 힘차고 압도적인 모습을 표현하기 위해 앞다리를 들고 헛발질을 하는 동작을 주로 조각한다. 이때 말의 다리는 서로 엇갈려 있는 모습으로 표현하는 것이 느낌을 살리기 좋다.

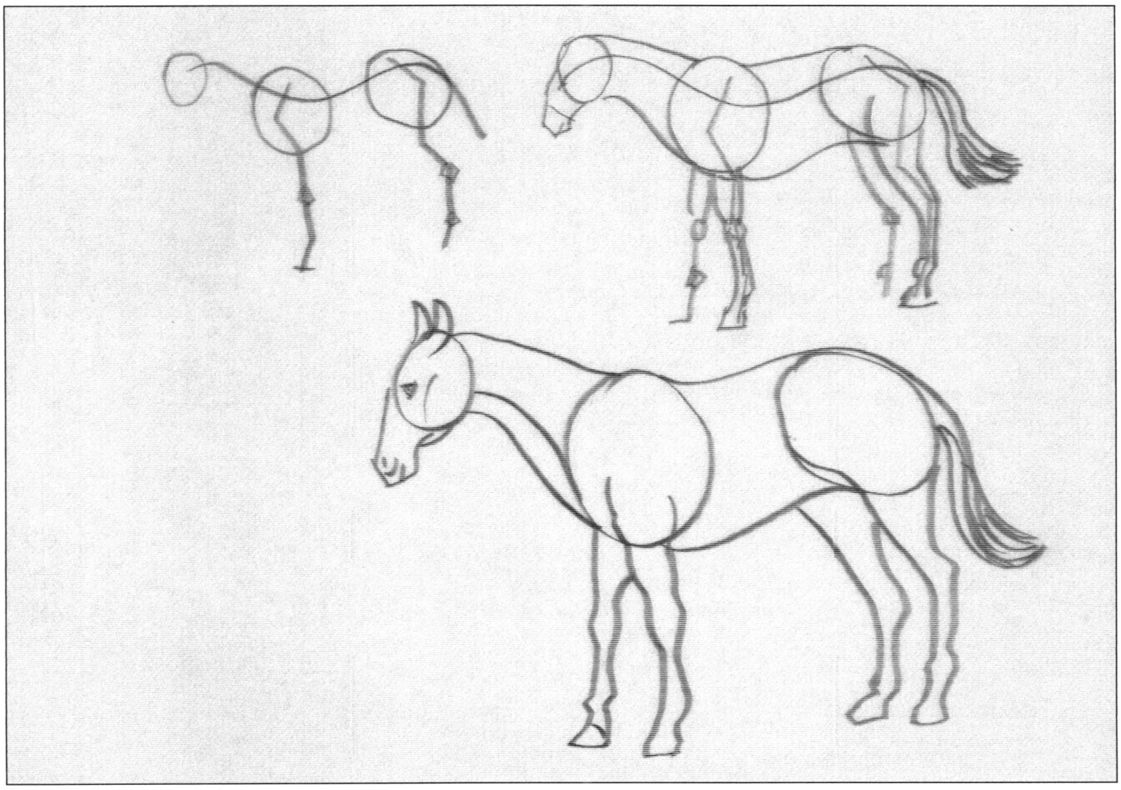

4) 순수윤곽선 드로잉

원과 같은 밑그림이나 보조선 없이 시작해 선과 선을 연결하여 윤곽선으로만 동물의 형상을 완성하는 드로잉을 연습하는 것도 동물을 카빙 하는 데 많은 도움이 된다. 처음 드로잉을 하는 사람에게서 자주 나오는 문제점은 얼굴부터 그린 다음 몸을 그린다는 것이다. 이때 얼굴과 몸의 비율이 맞지 않는 문제가 발생하기 쉽다.

대상의 전체 형태를 배경과 분리하는 것이 좋다. 순수윤곽선 드로잉은 대상을 세밀하게 묘사하는 것이 아니라 그림처럼 대상을 실루엣으로 인식하여 윤곽선의 흐름과 비례를 나타내는 방법이다. 또한, 중간의 선이 끊어져도 상관없지만, 여러 개의 선을 겹쳐 그리는 것은 좋지 않다. 잘 그리지 못하더라도, 한 선으로 드로잉을 해야 한다. 그 이유는 카빙을 할 때도 칼을 하나의 선으로 넣을 수밖에 없기 때문이다. 얼굴, 몸통, 다리와 꼬리가 자연스럽게 연결되도록 반복해서 연습한다. 눈, 코, 입 등은 전체 윤곽선을 만든 다음에 그려주는 것이 좋다.

5) 동물의 동작

일반적으로 동물카빙은 동물의 동작을 관찰하여 그 동물을 잘 표현할 수 있는 시점의 동작을 카빙 하게 되는데, 실제 동물의 동작을 관찰하면 그 동물의 어떤 부분을 그려야 하고 또 어떤 부분을 그리지 않아도 된다는 걸 깨닫게 된다. 즉 다리가 활짝 펴지면서, 땅에 닿지 않은 모습을 표현한다면 동물이 최고의 속력을 내고있는 상태를 묘사하게 되는 것이다. 대부분의 동물들은 가만히 걸을 때보다 달릴 때의 모습을 더 많이 카빙하게 된다.

위의 그림은 달리고 있는 중에 착지하는 동물의 모습이다. 이때 동물의 뒷다리는 모두 공중에 떠 있고 앞다리는 땅에 닿아 있는데, 동시에 닫는 모습보다 한쪽이 먼저 닿는 모습으로 표현하는 것이 생동감 있다. 앞다리와 뒷다리는 전체적으로 평행이다.

6) 고양이과 동물의 기본구조

카빙은 상징성이 있는 동물카빙을 많이 하게 되는데, 대표적인 동물이 정글의 왕으로 알려진 사자와 숲속의 왕으로 알려진 호랑이이다. 사자와 호랑이는 고양이과 동물이다. 대체로 고양이과 동물은 몸체가 키보다 조금 더 길다. 고양이와 호랑이, 사자, 재규어, 표범 등의 고양이과 동물들은 대부분 크기와 관계없이, 종류와 관계없이 형태와 동작 등에서 동일한 특징을 가지고 있다. 얼굴 주위로 갈퀴를 가진 사자와 검은 줄무늬를 입은 호랑이는 옷 모양이 다를 뿐 동일한 형태를 가지고 있다. 만약 호랑이와 사자의 껍질을 벗겨두면 일반인들은 구분이 힘들 정도이다. 그러므로 호랑이 및 사자와 같은 고양이과 동물에 대한 감각을 키우기 위해 고양이를 관찰하는 것이 큰 도움이 된다.

카빙에서는 사자와 호랑이의 용맹함을 극대화하여 표현하기 위해 입을 벌려 으르렁거리는 얼굴을 조각한다. 동물의 표정이 더욱 확연히 드러나도록 얼굴에 각을 주어 과장하고 이빨을 크게 표현하기도 한다.

PART 2
푸드카빙데코레이션 드로잉 연습

수박카빙드로잉

센터봉오리 드로잉

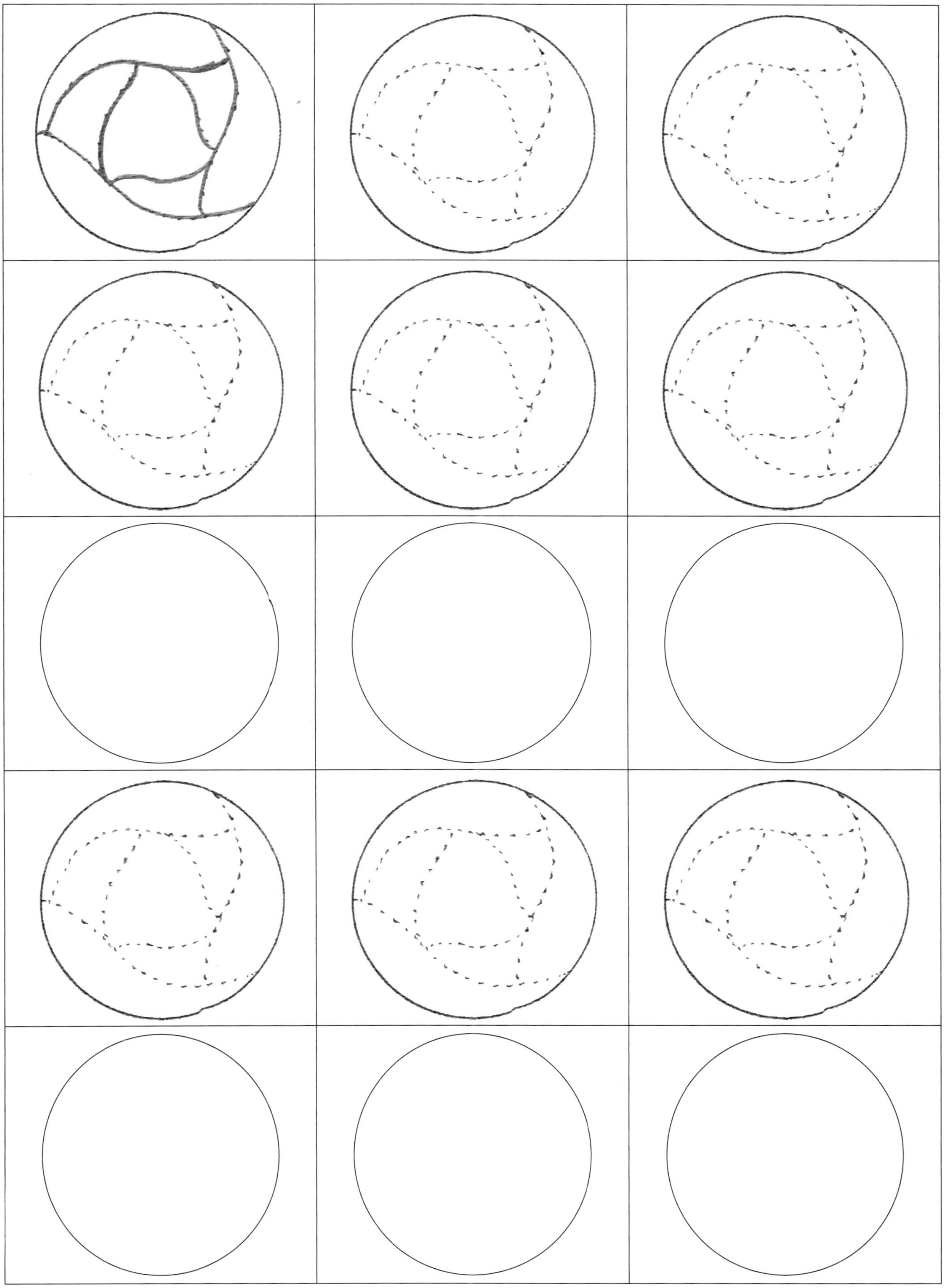

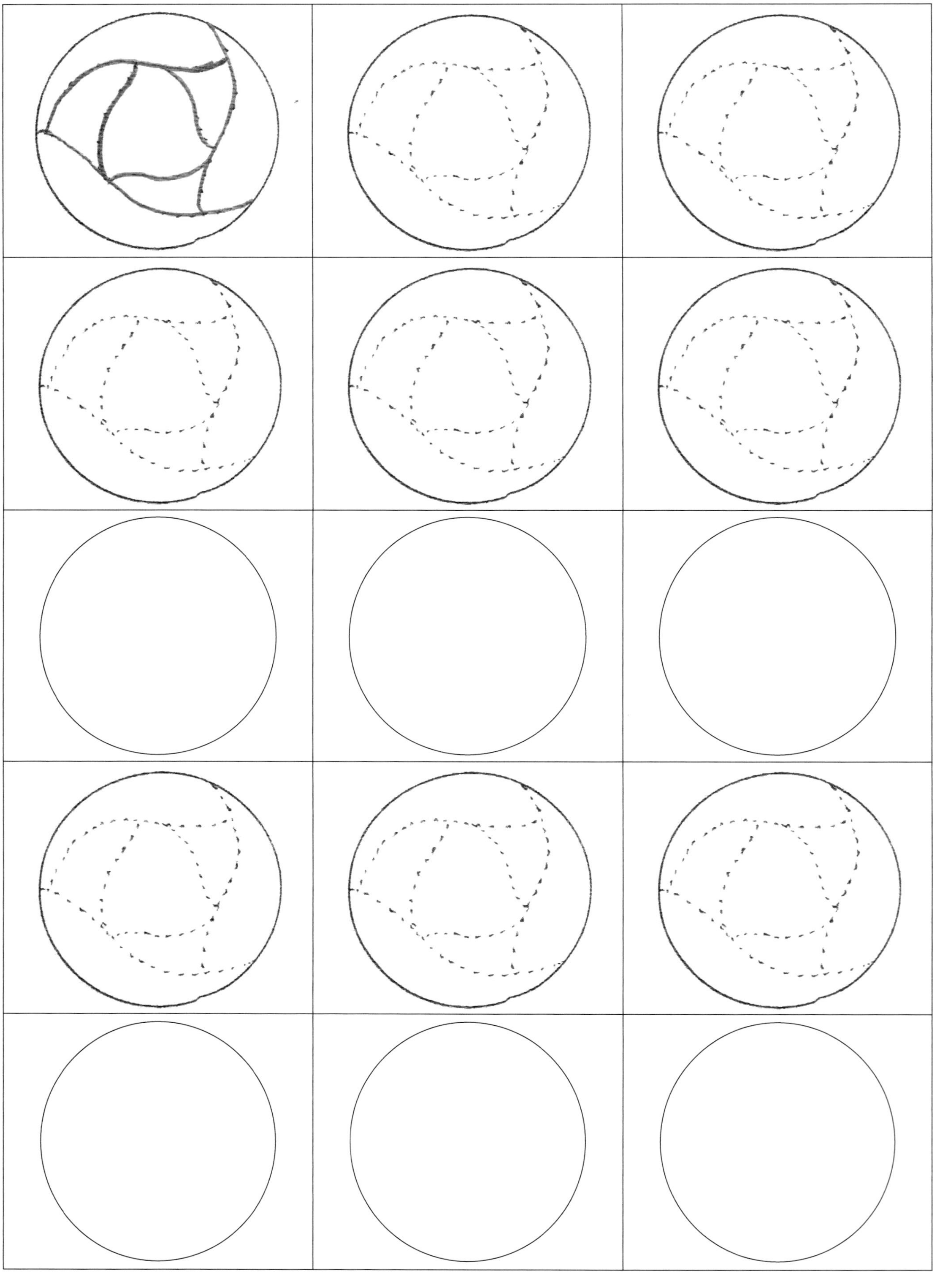

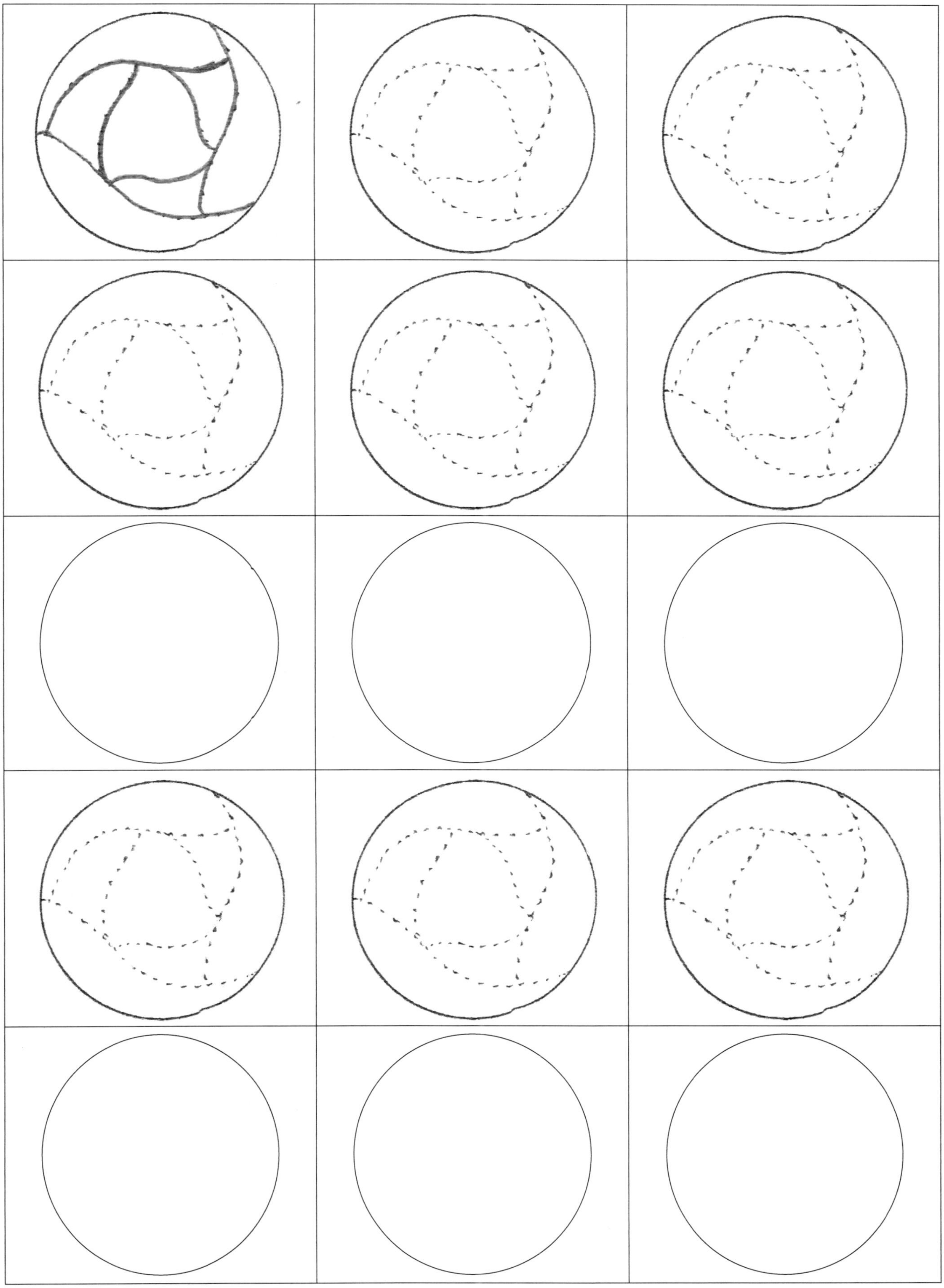

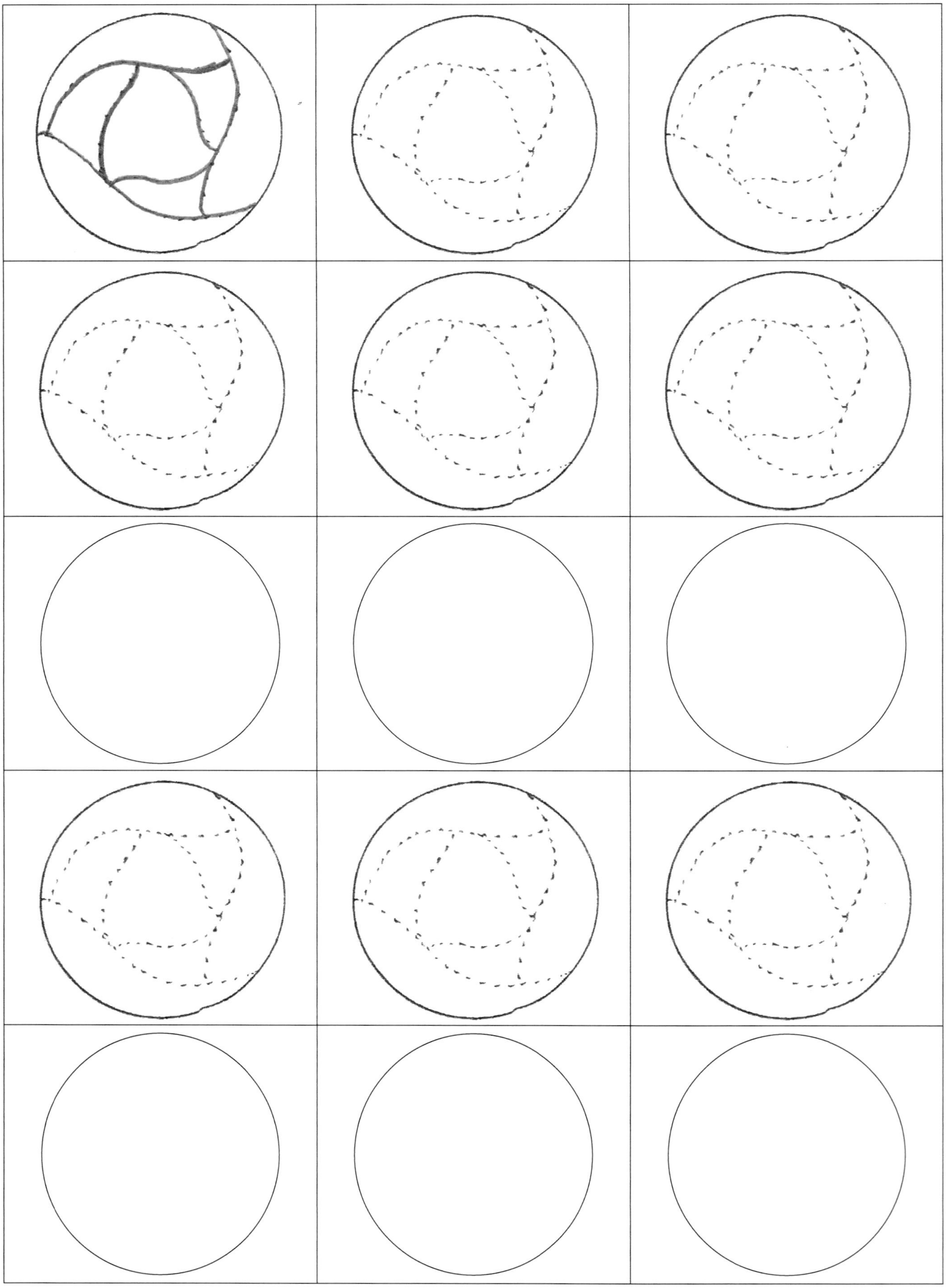

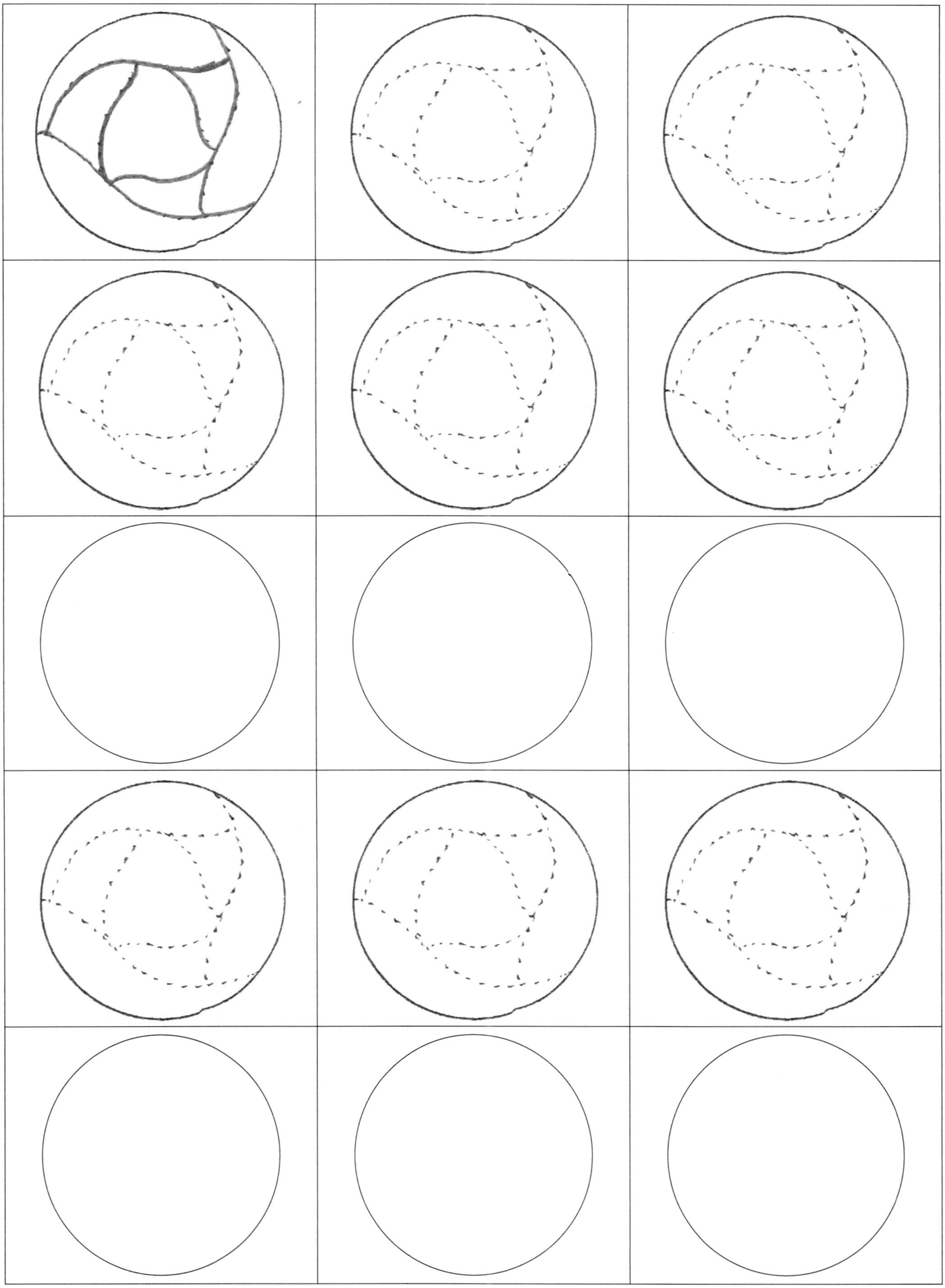

기본꽃잎 드로잉

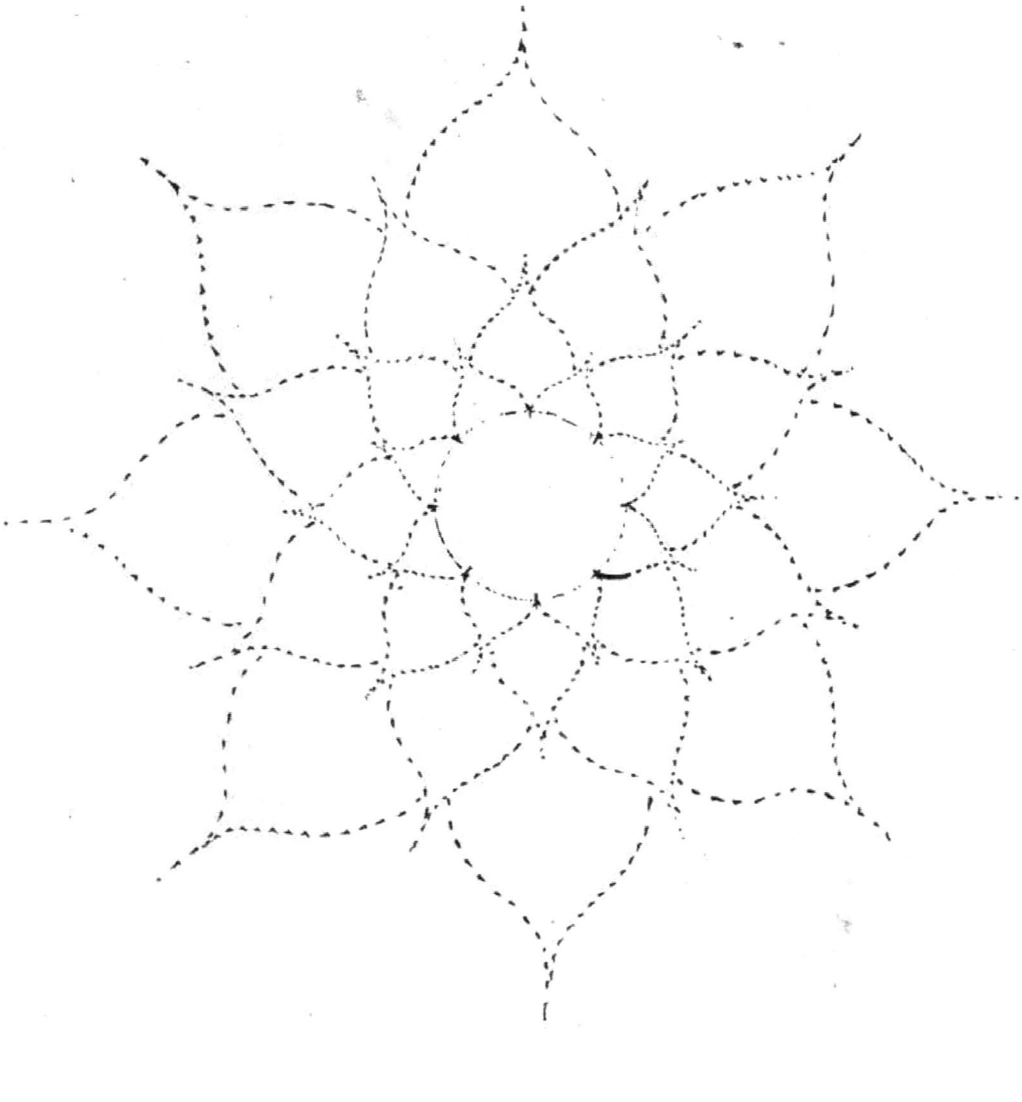

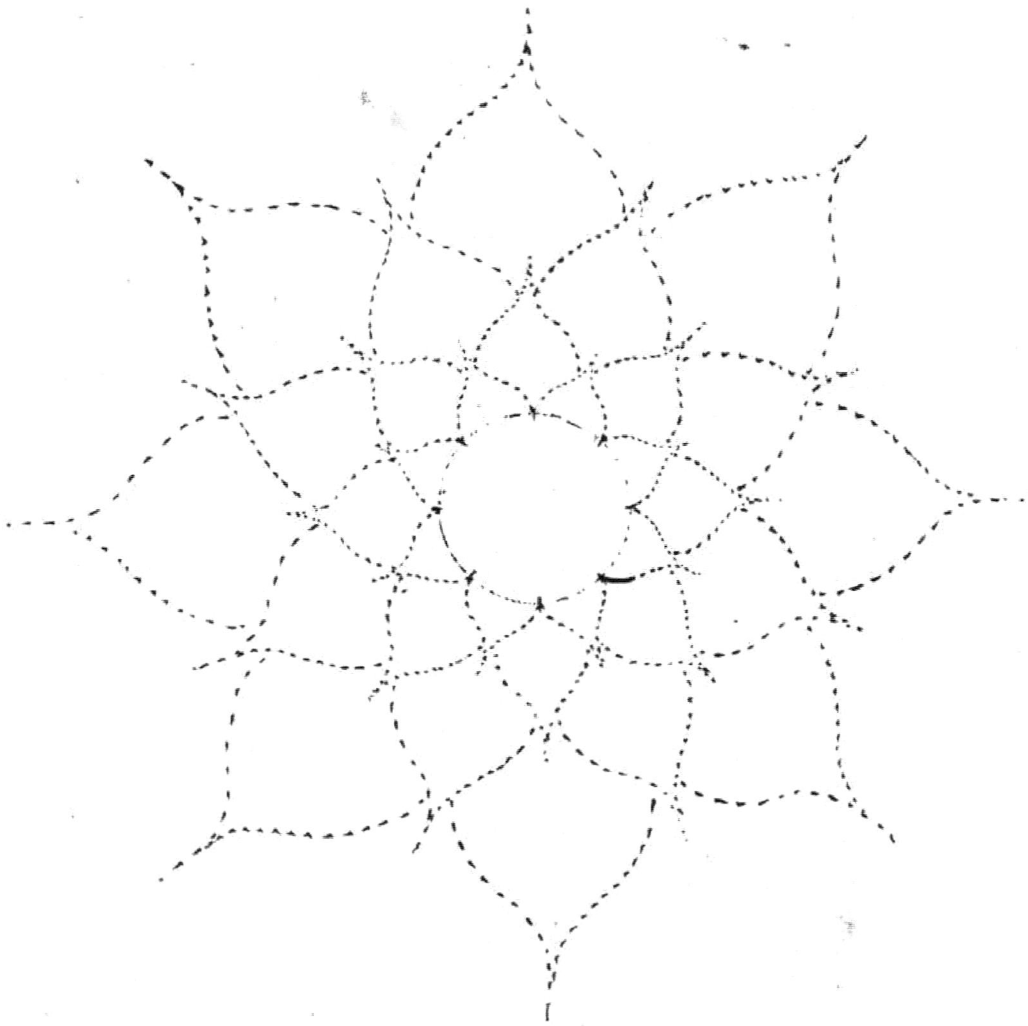

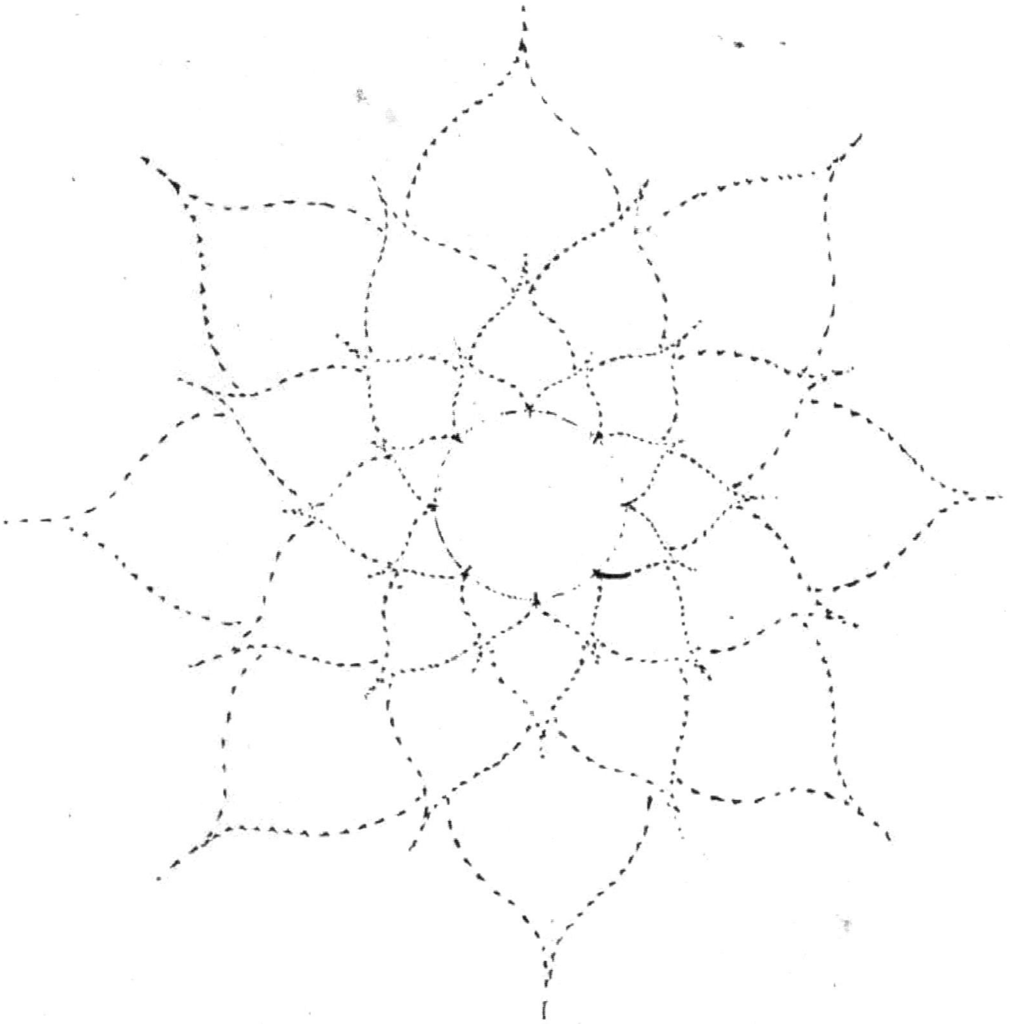

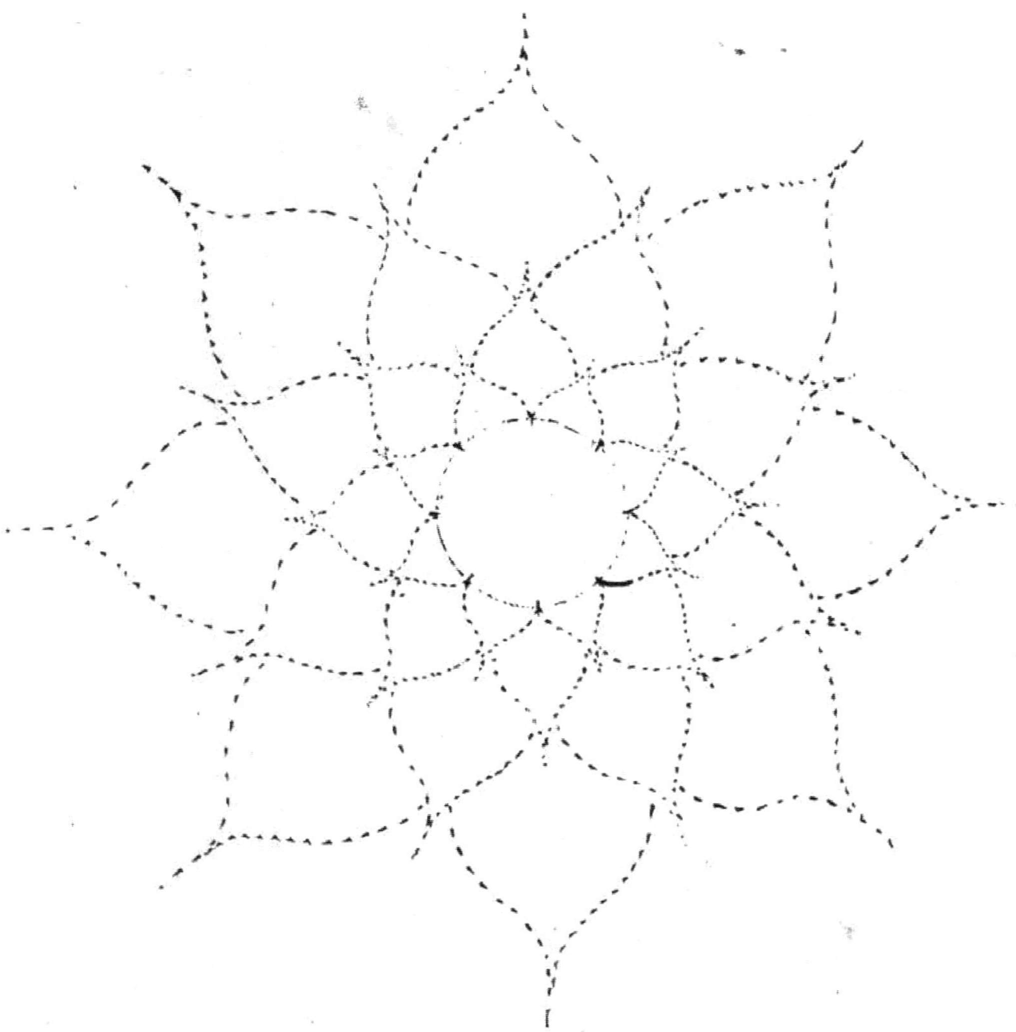

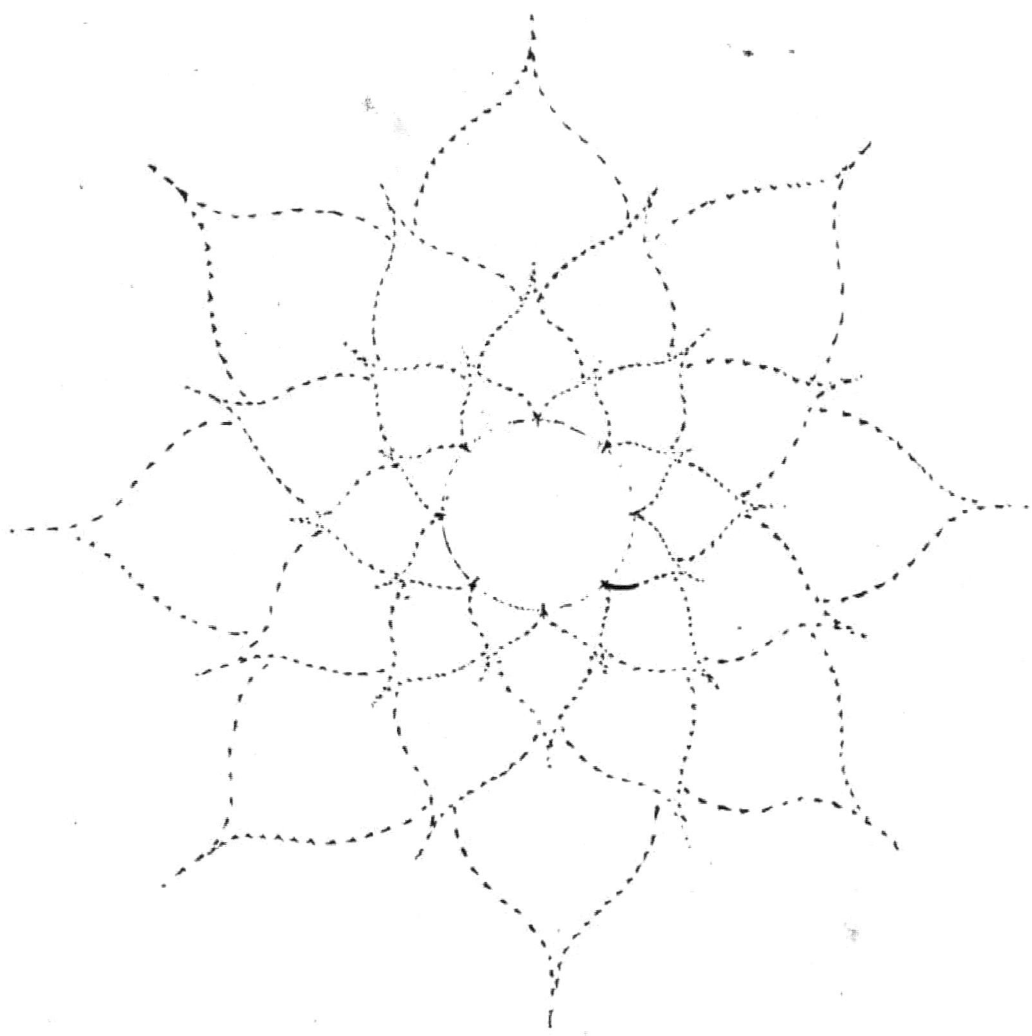

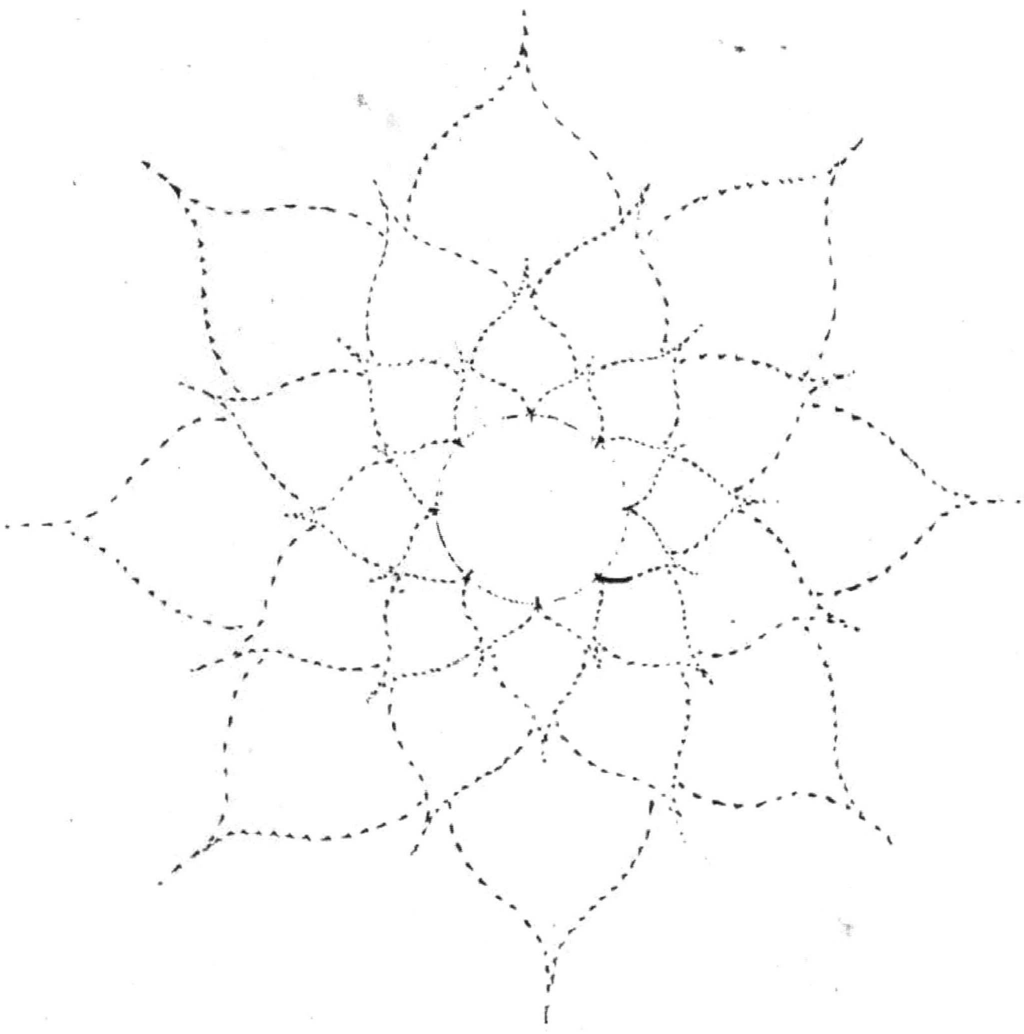

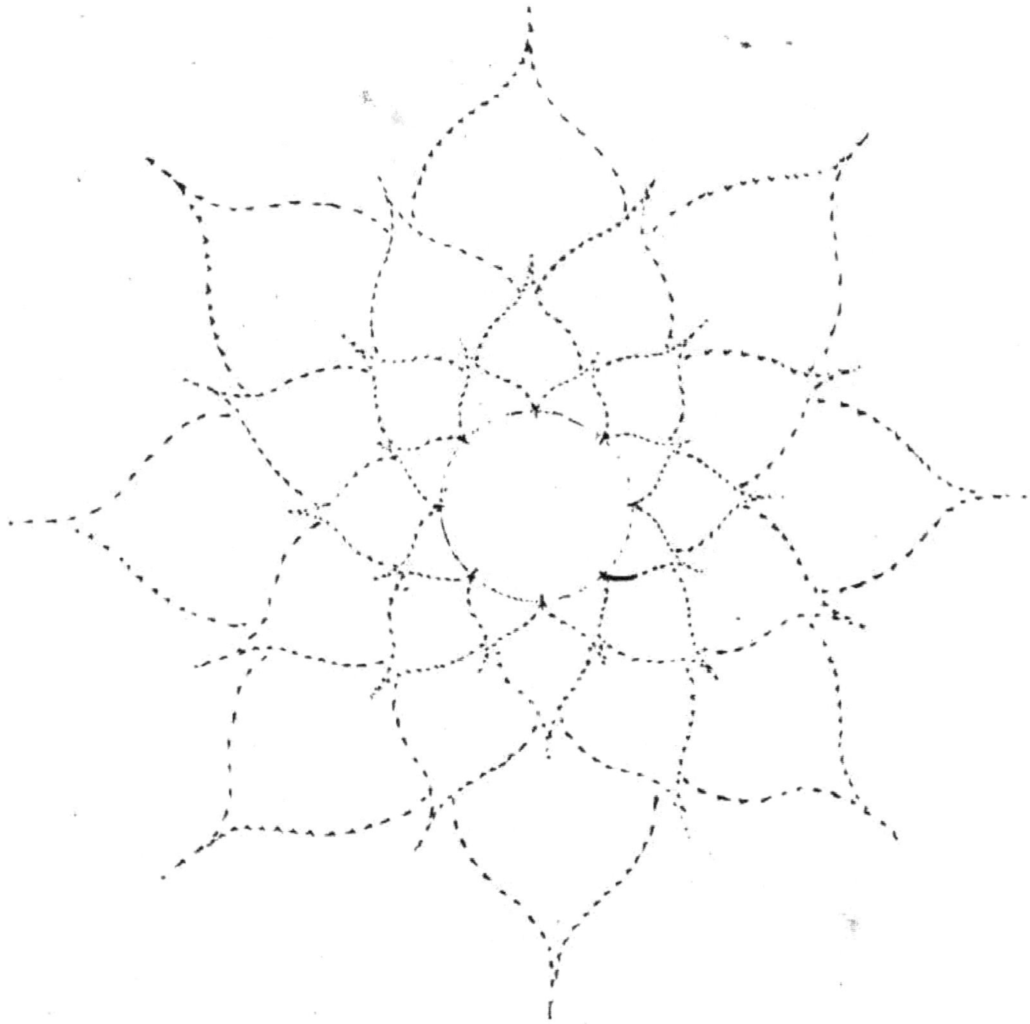

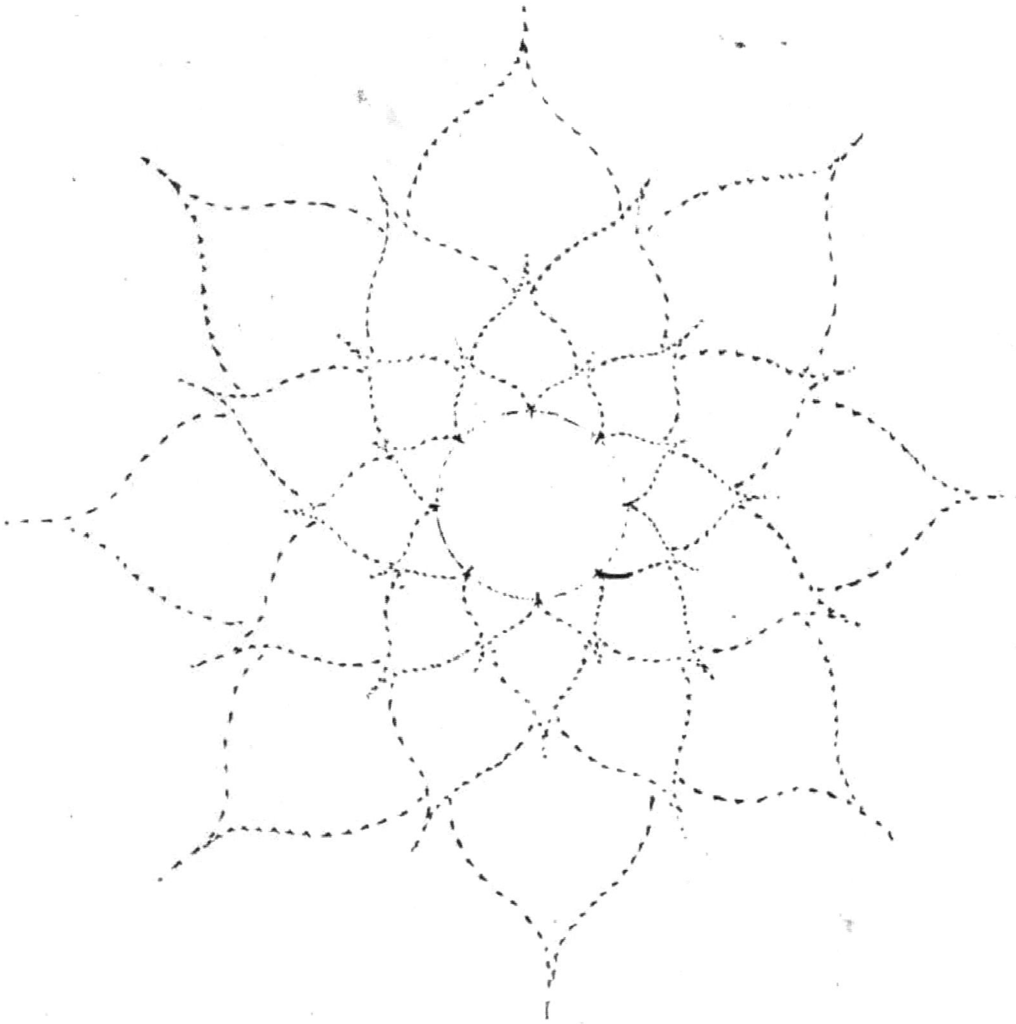

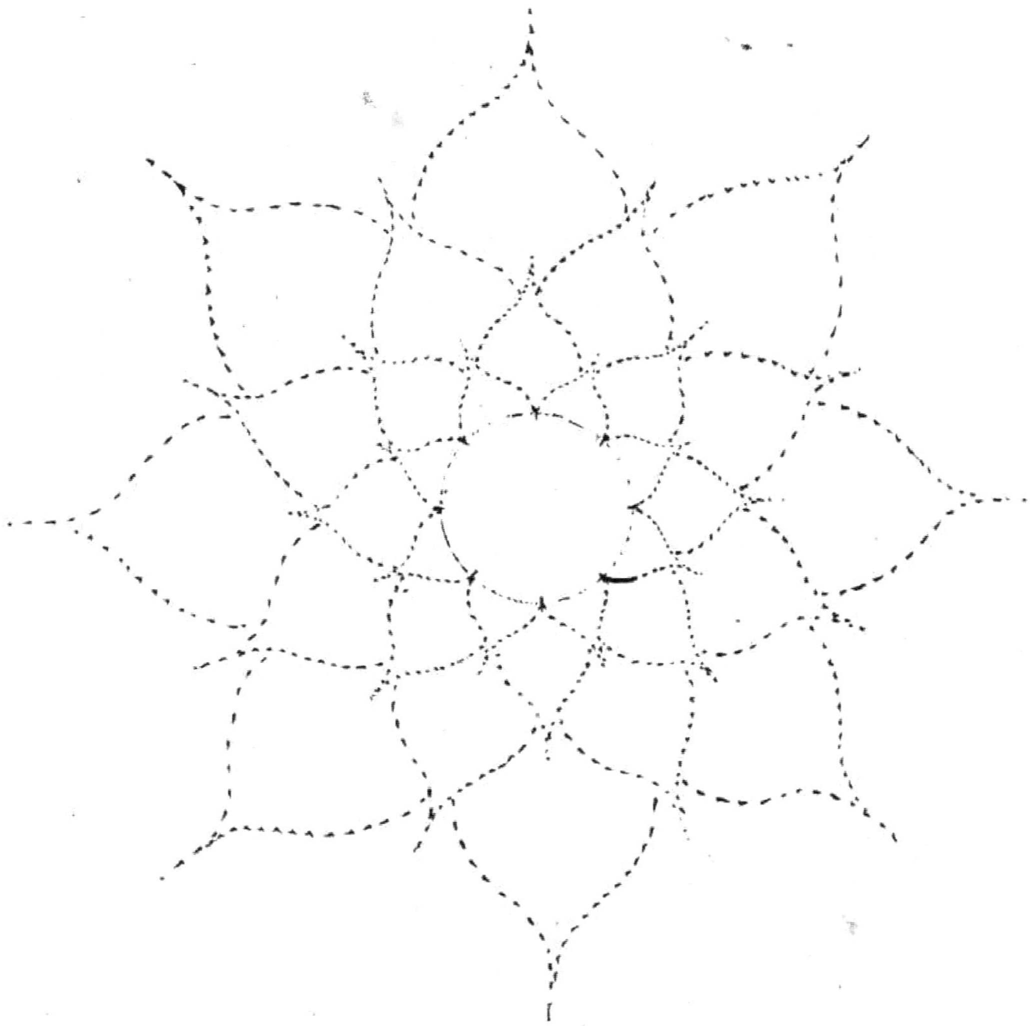

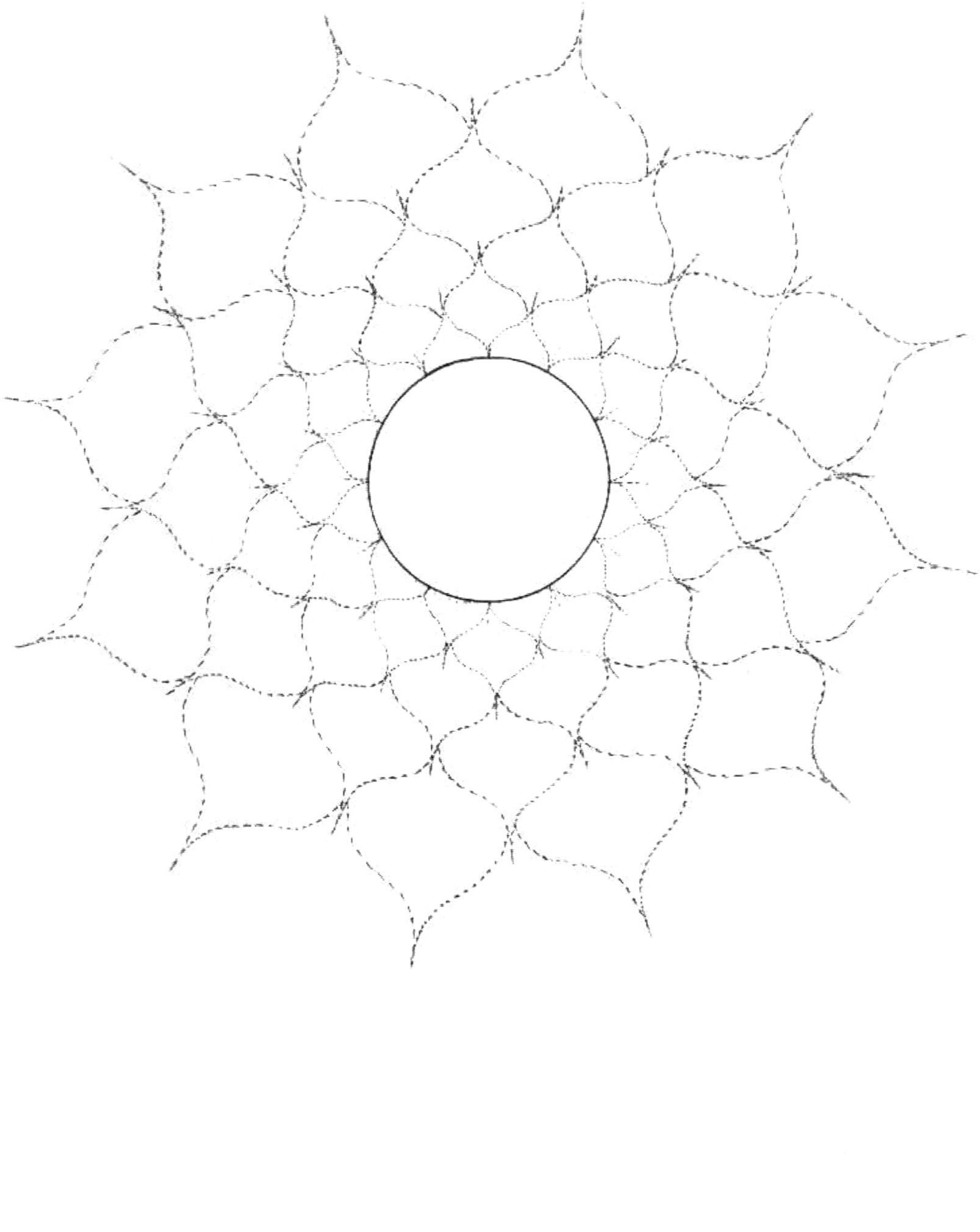

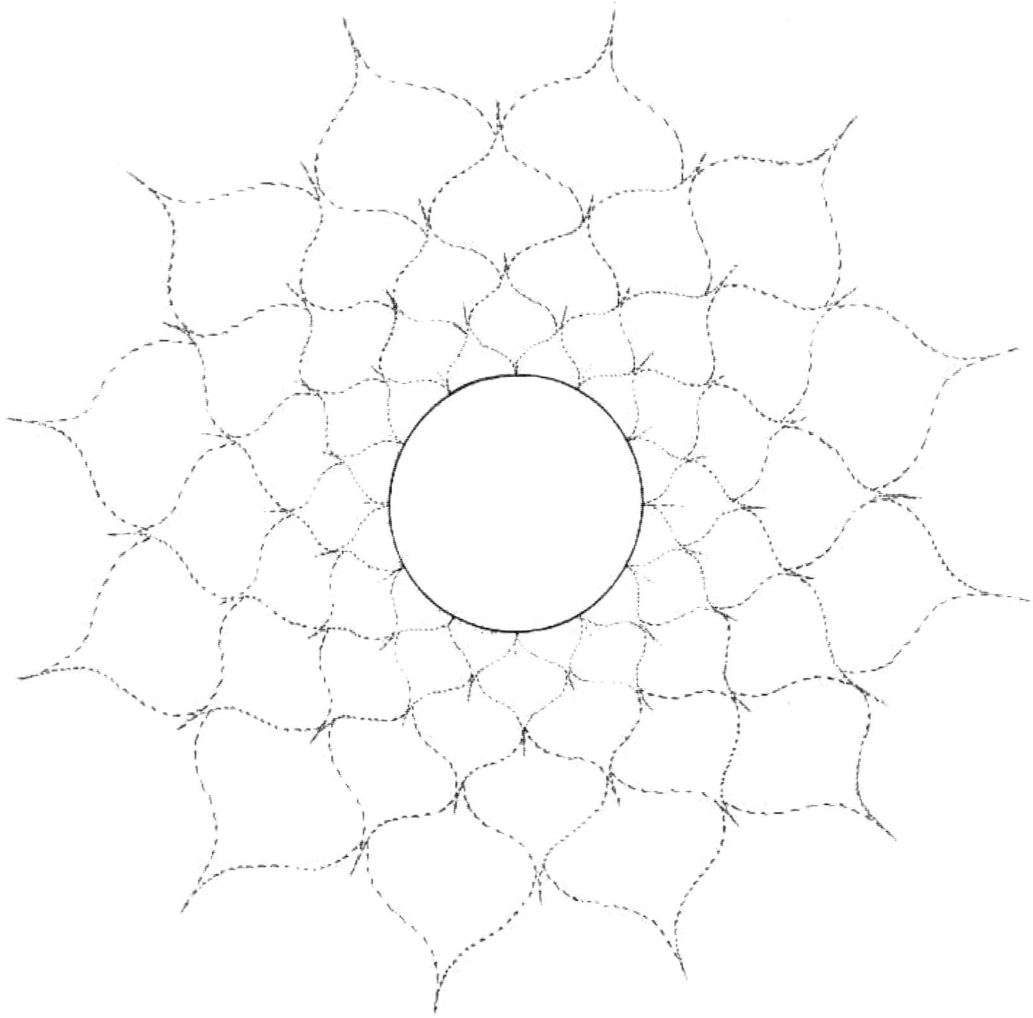

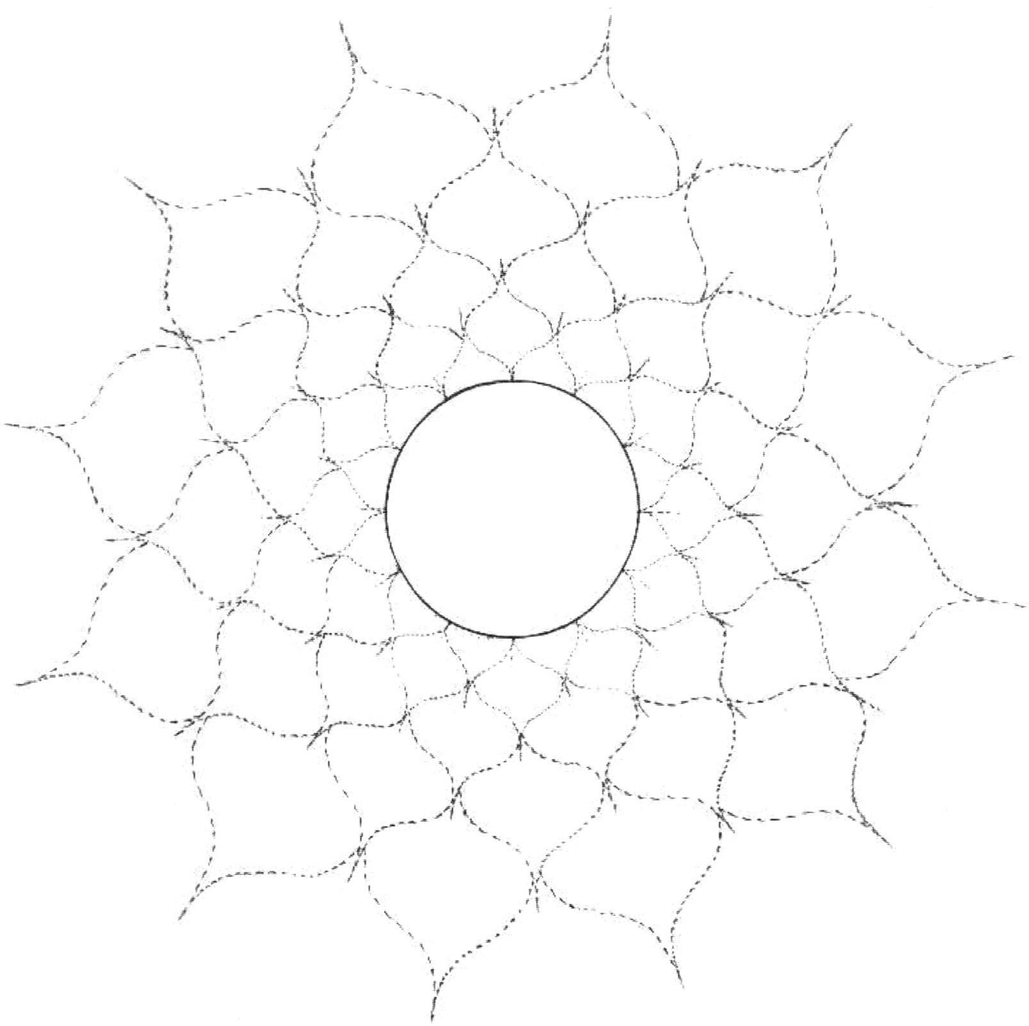

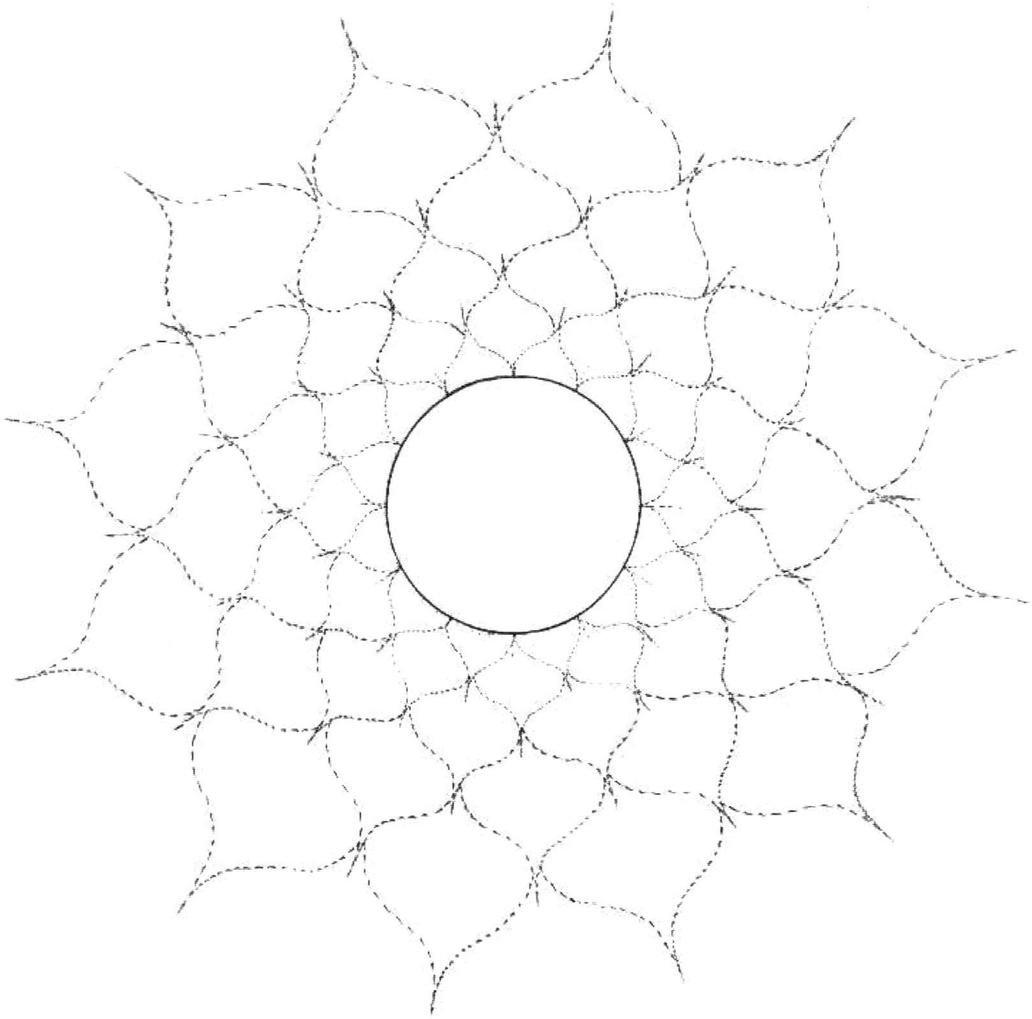

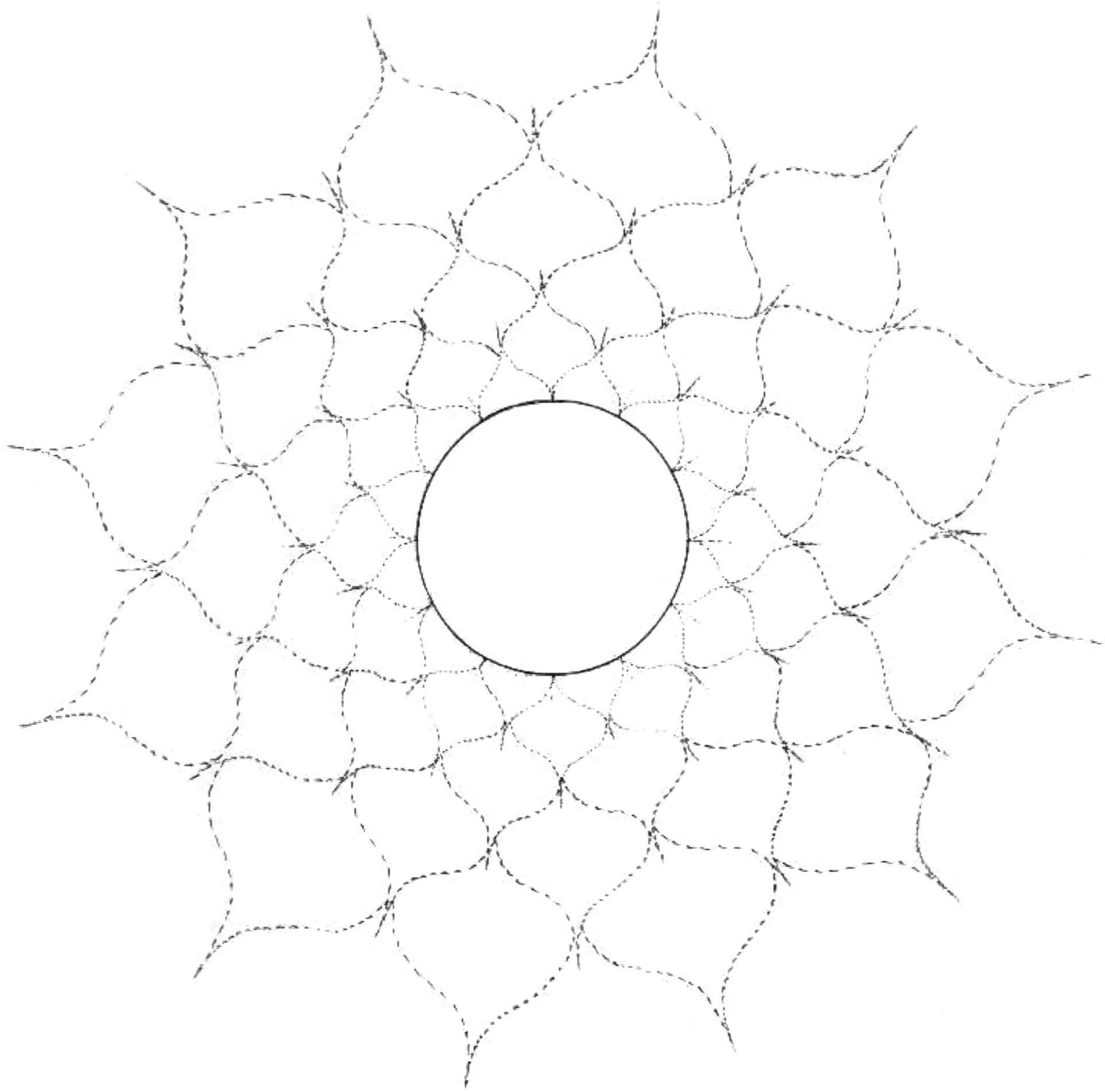

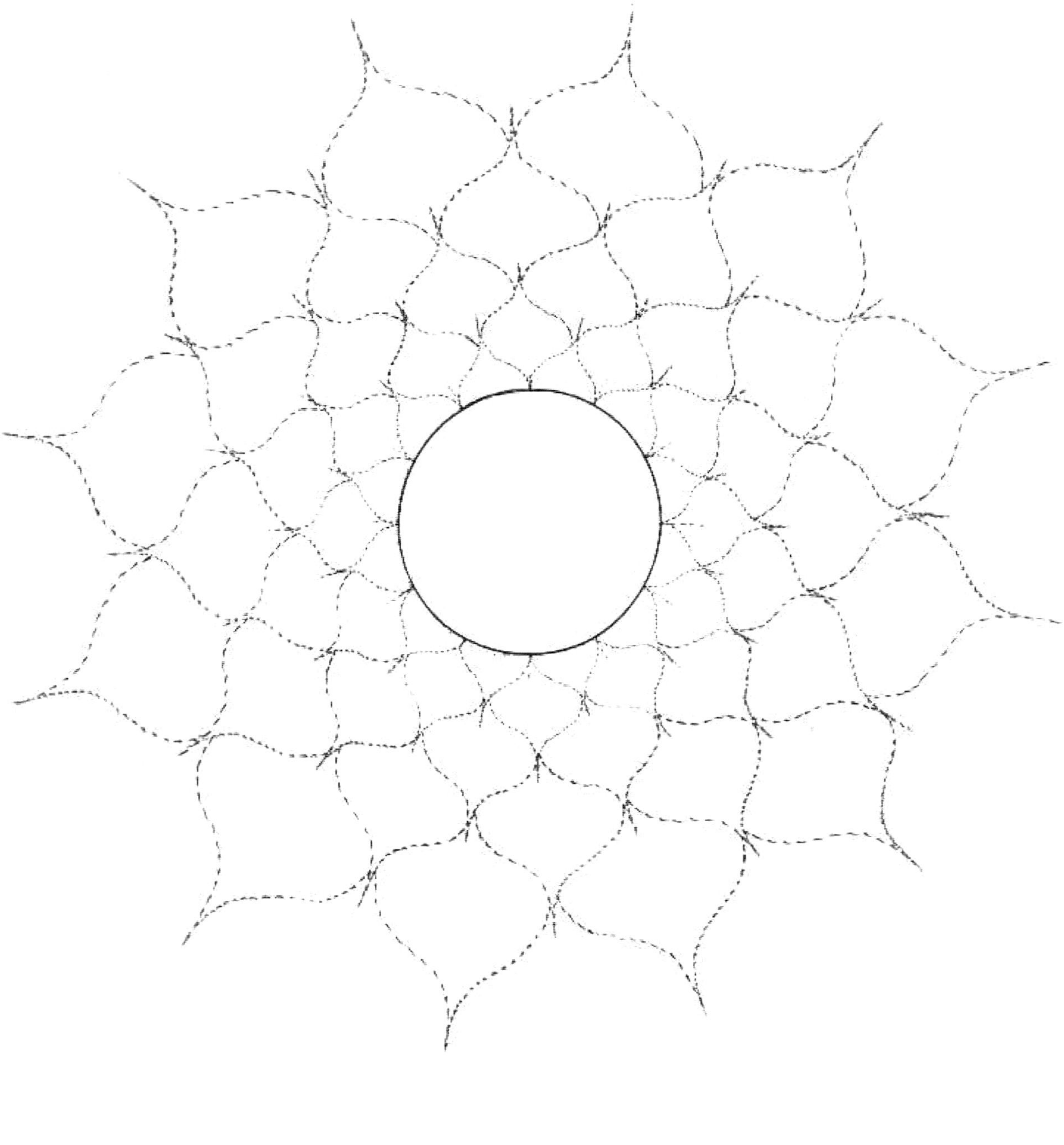

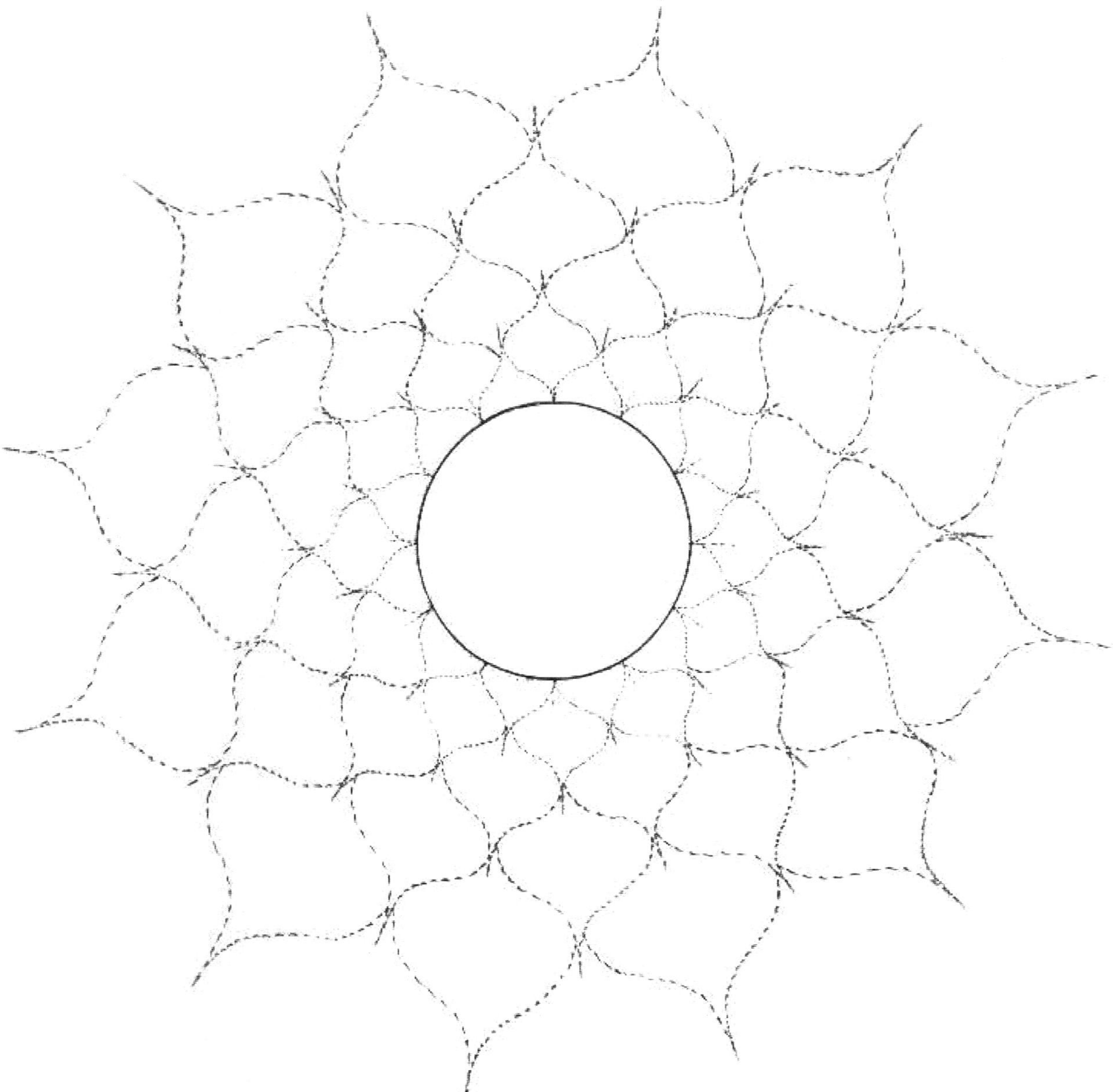

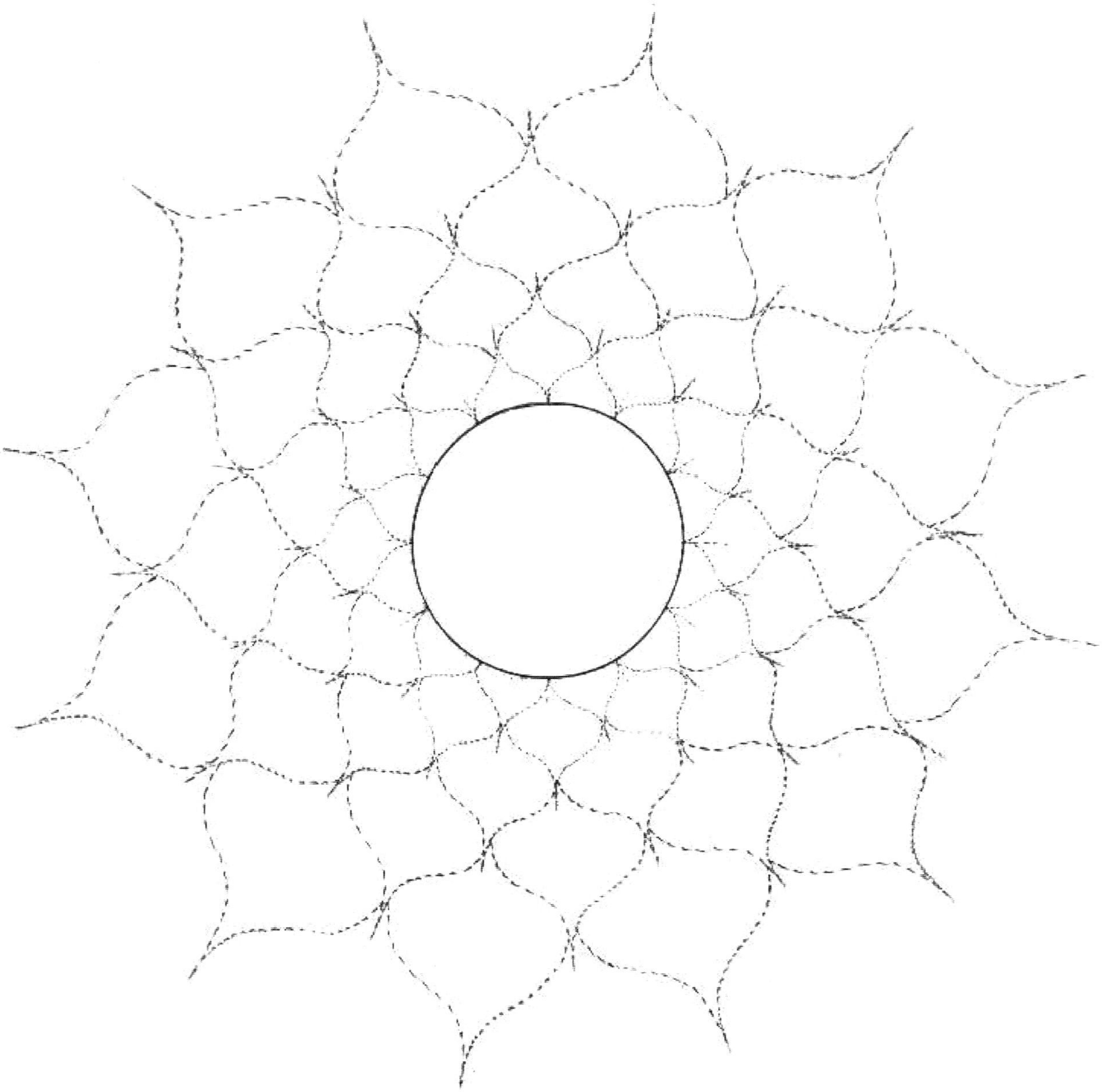

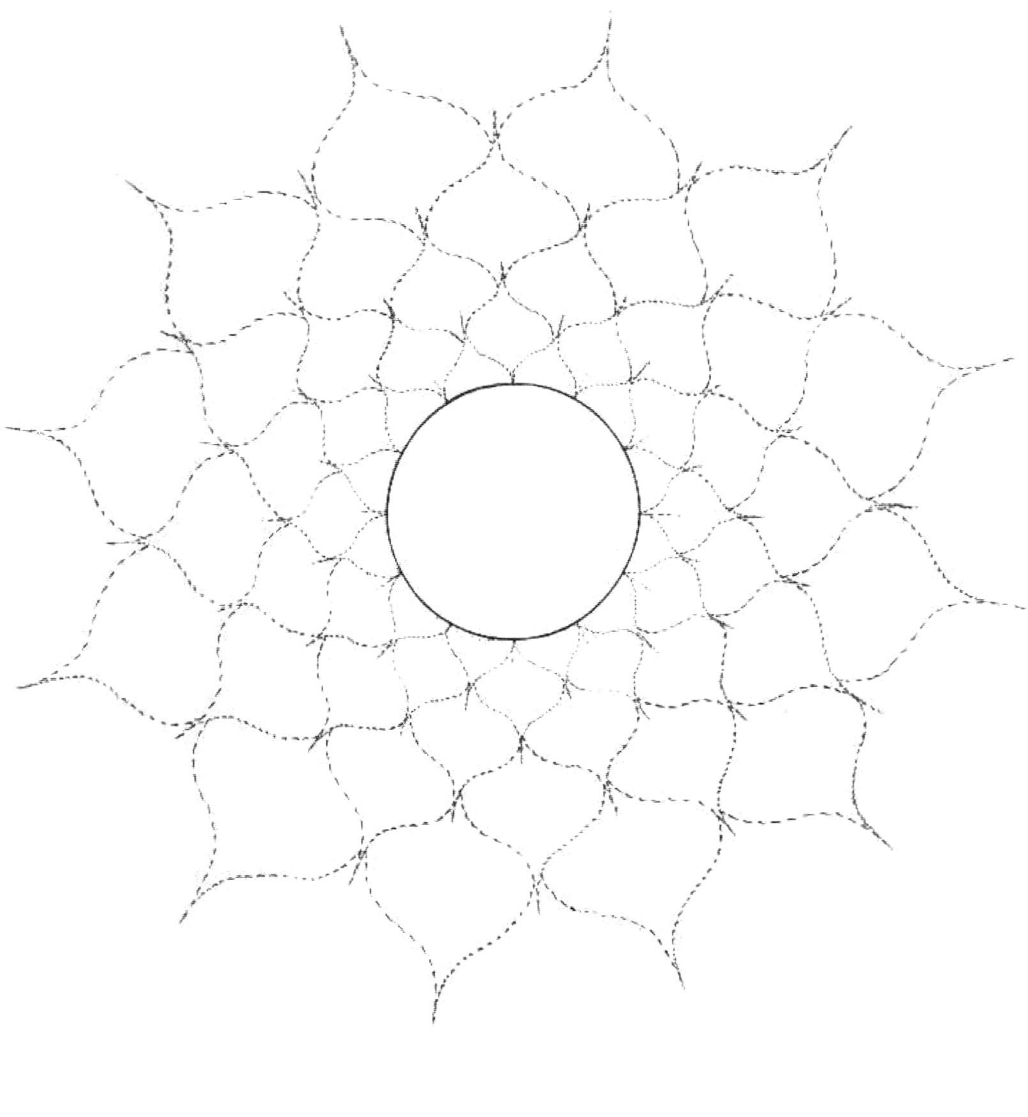

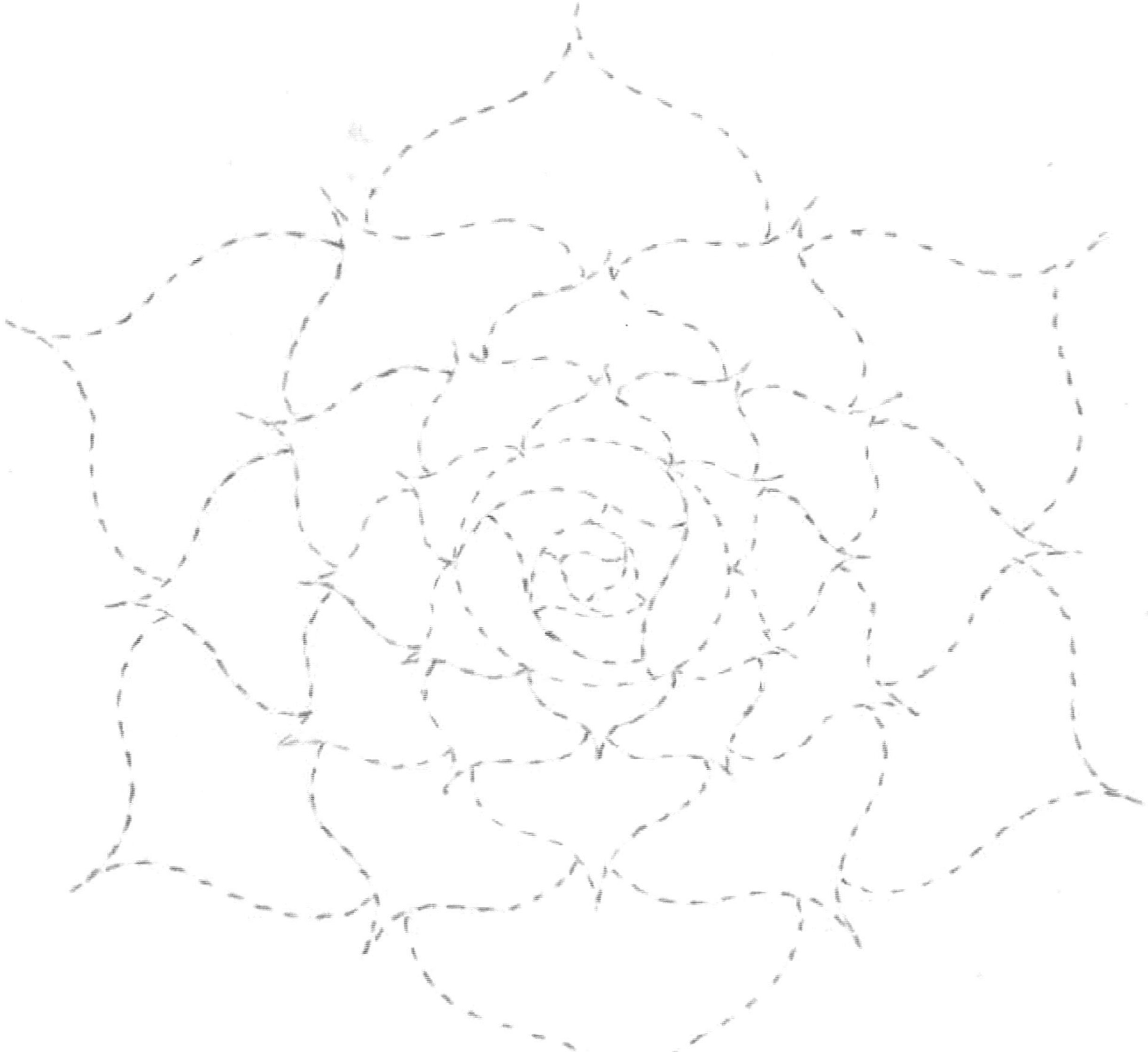

사이드 봉오리 드로잉

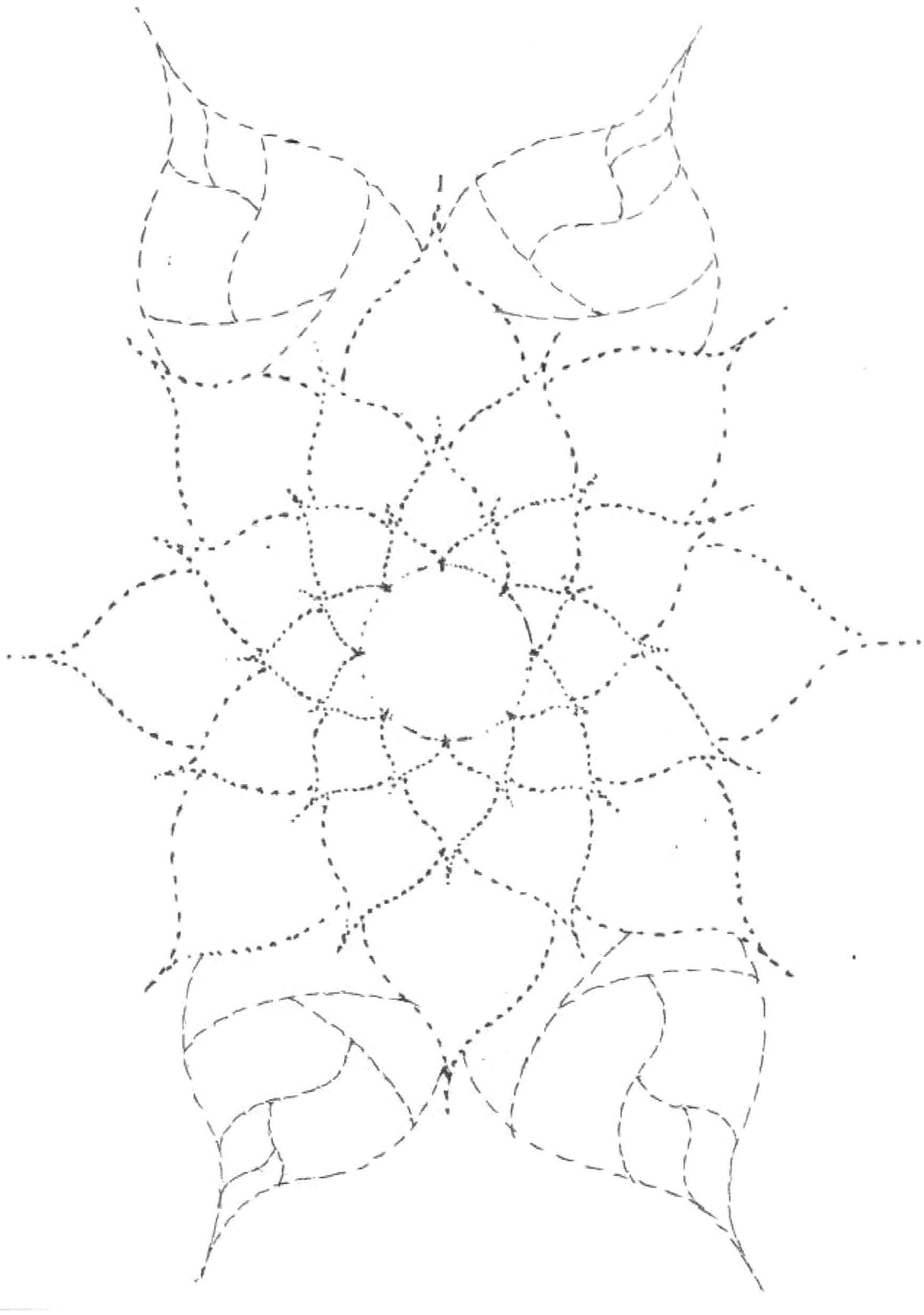

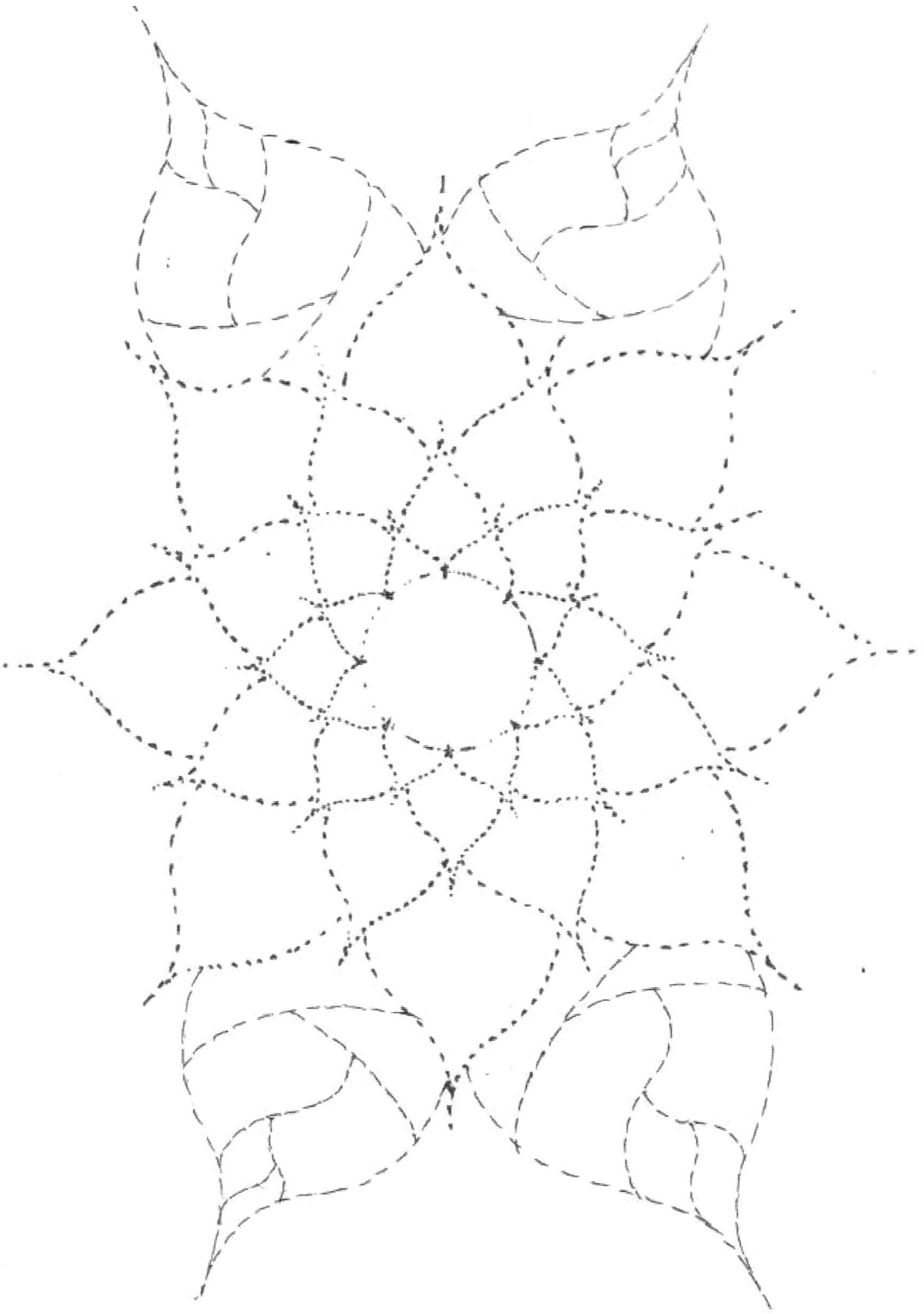

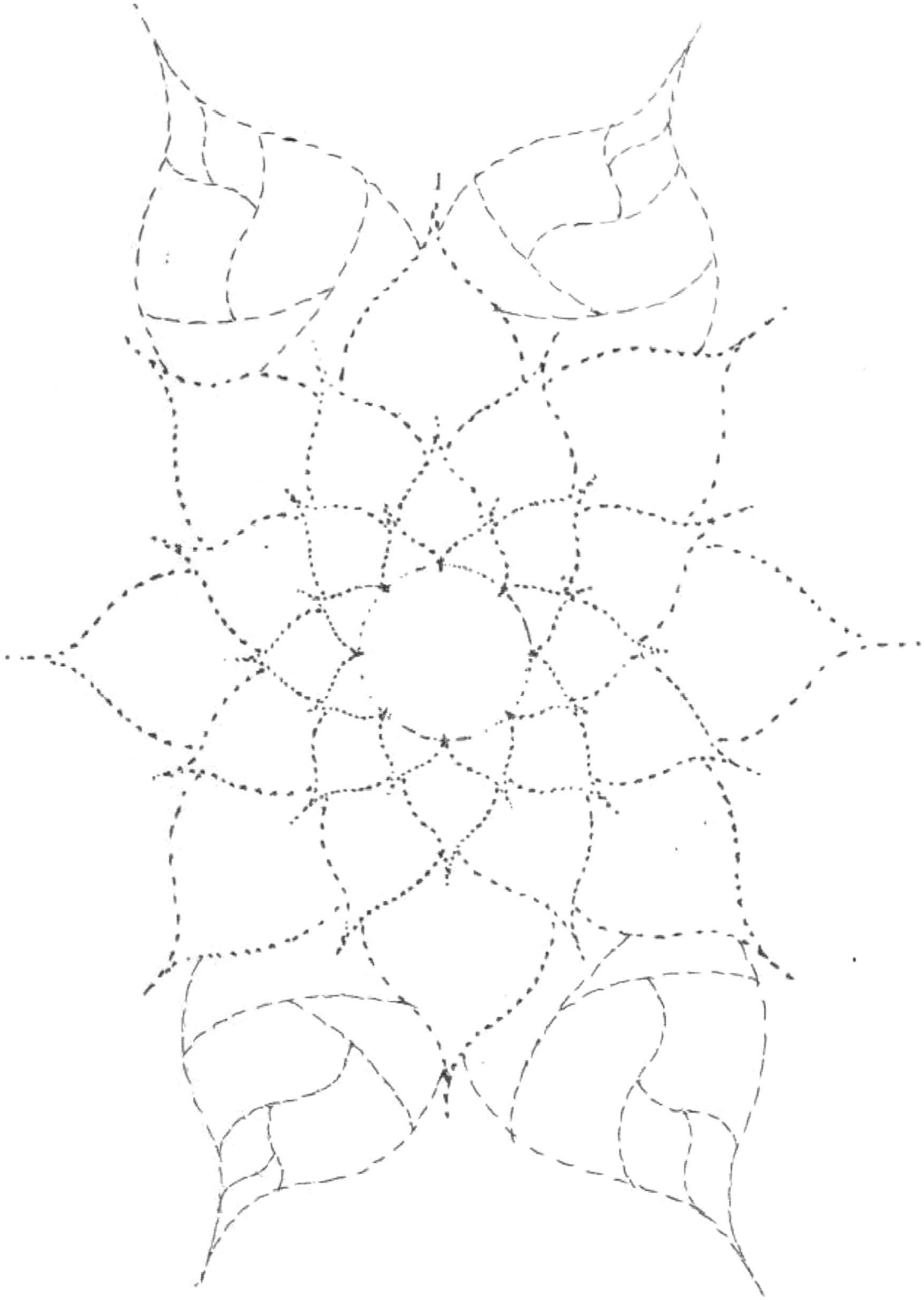

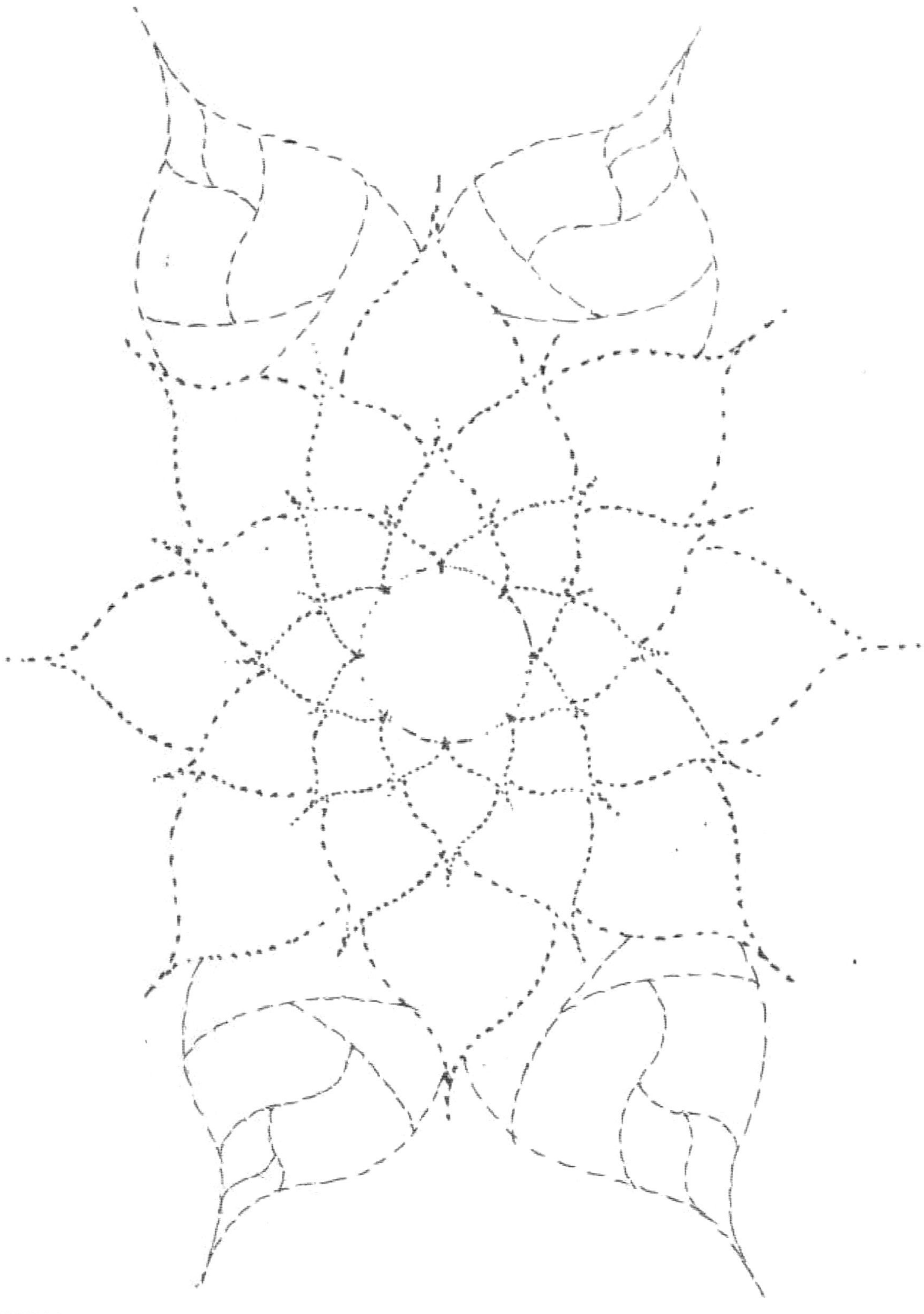

PART 3
푸드카빙데코레이션 드로잉 연습

동물카빙드로잉

백조 드로잉

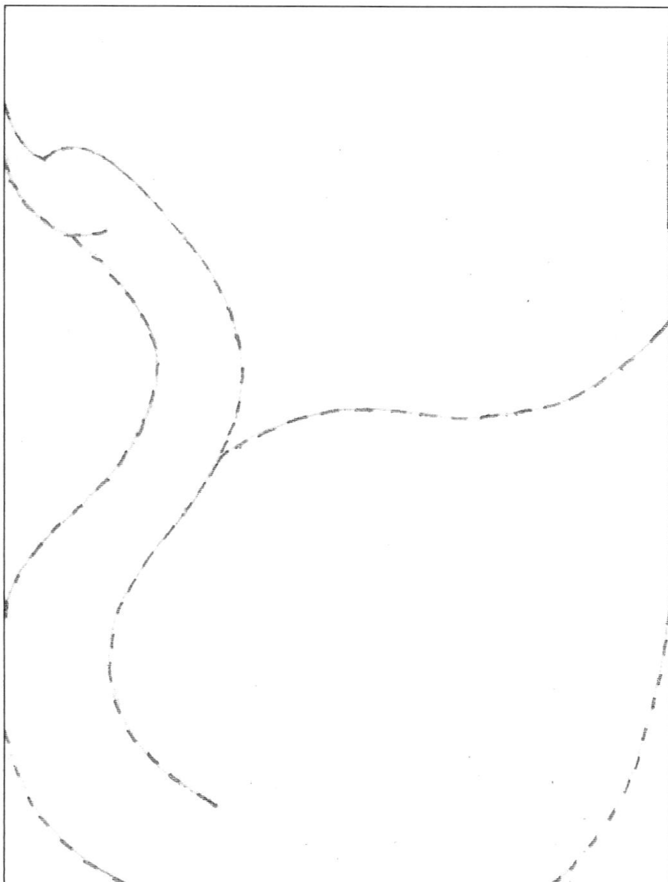

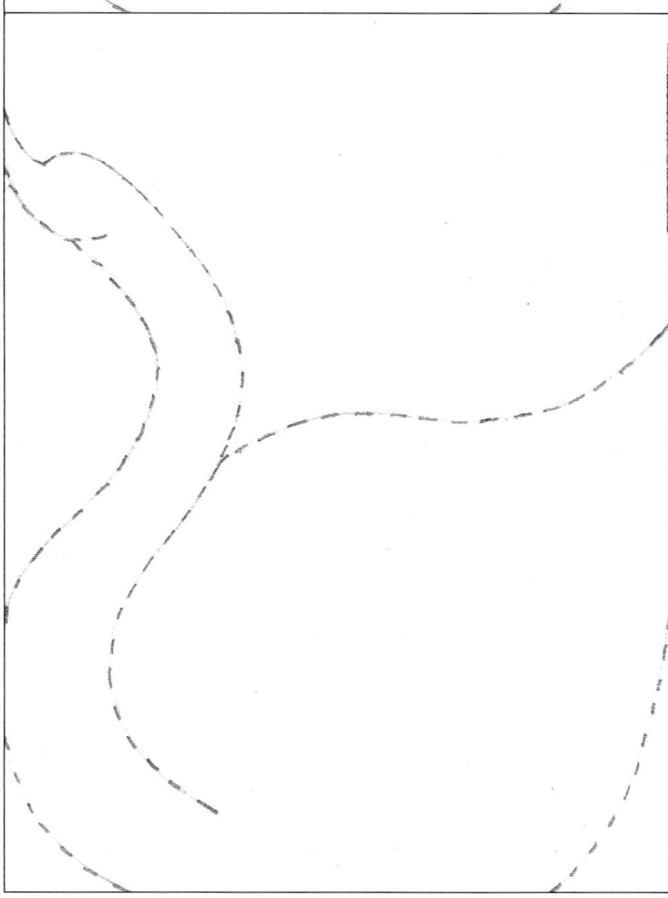

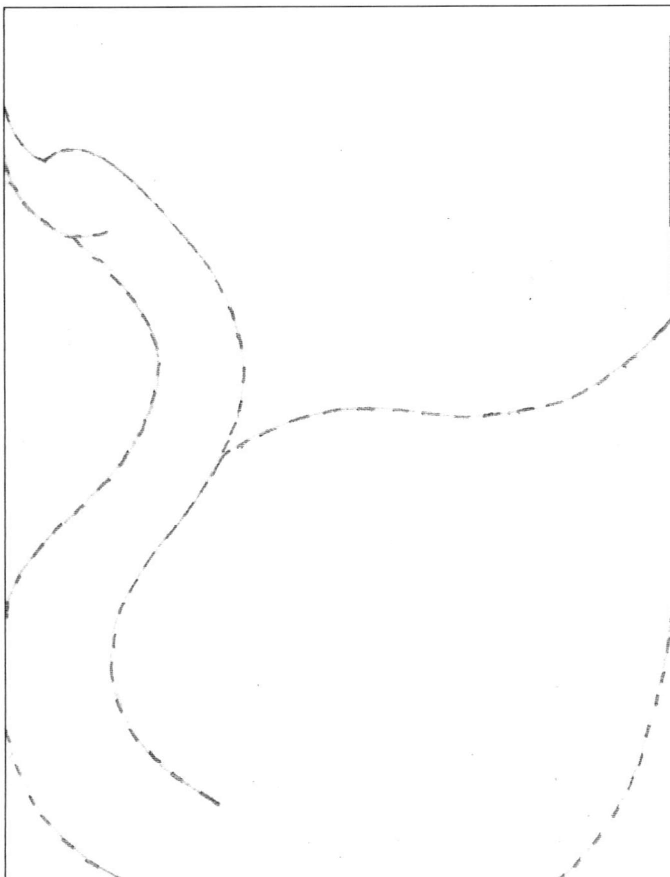

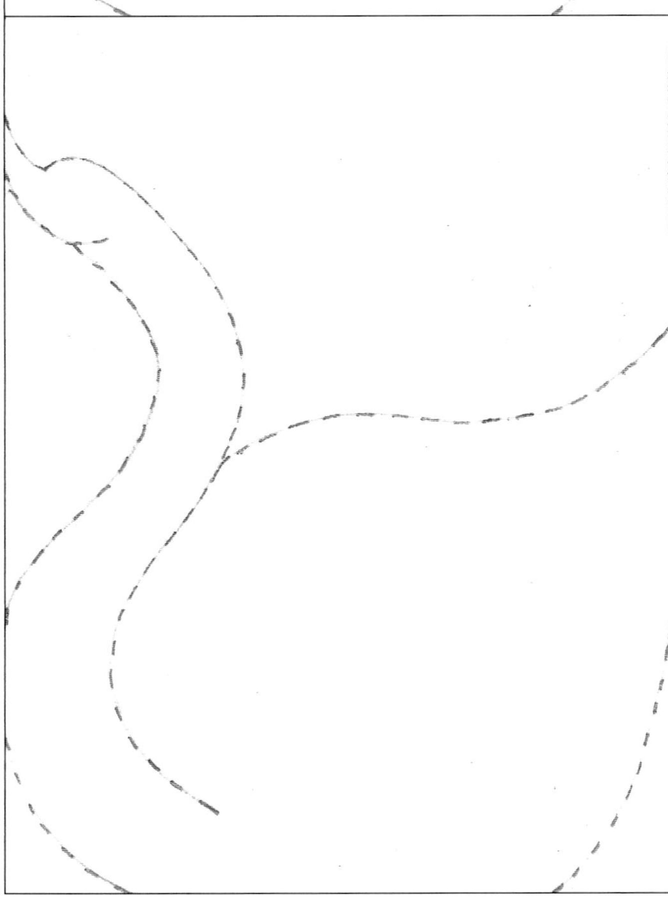

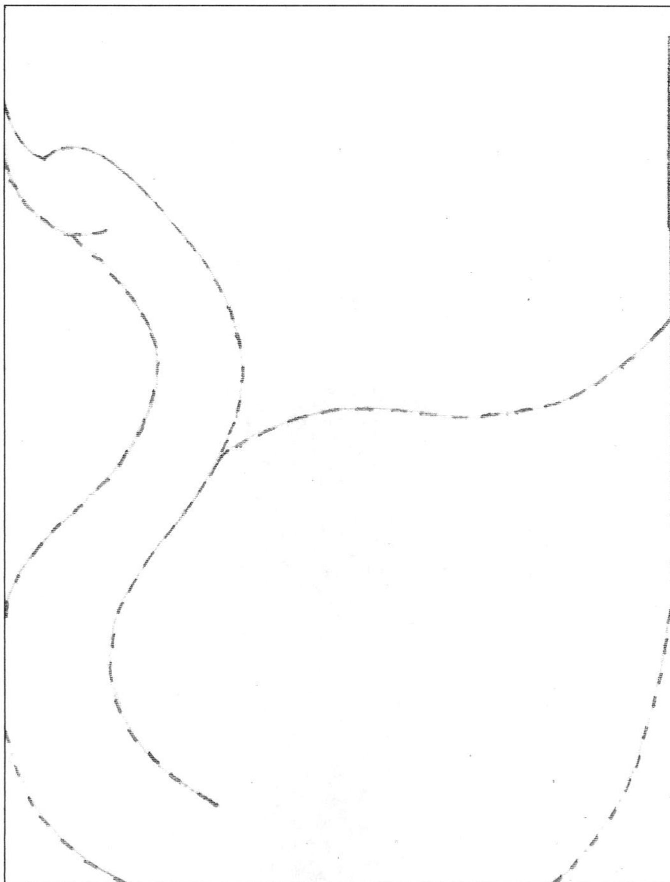

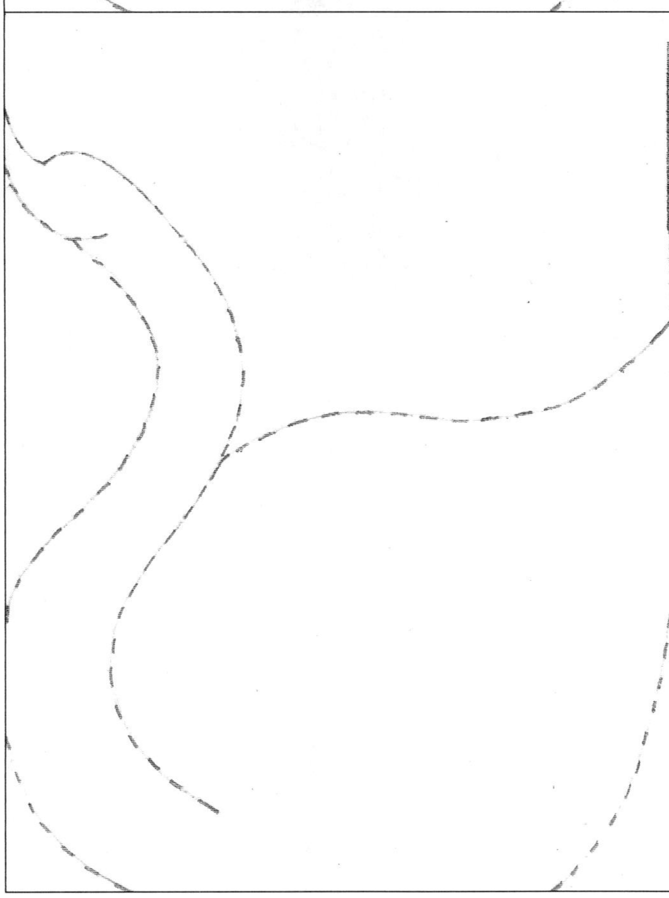

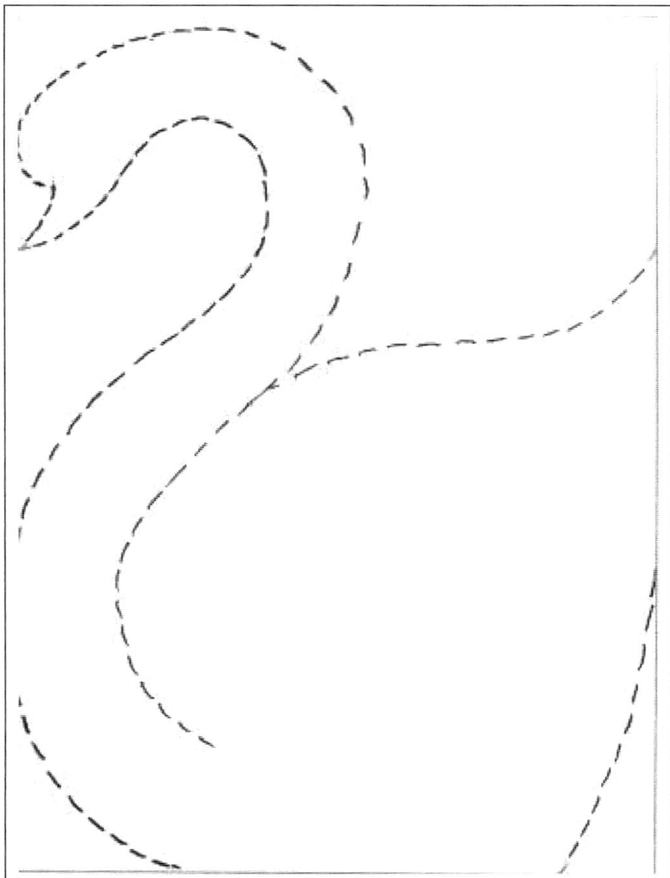

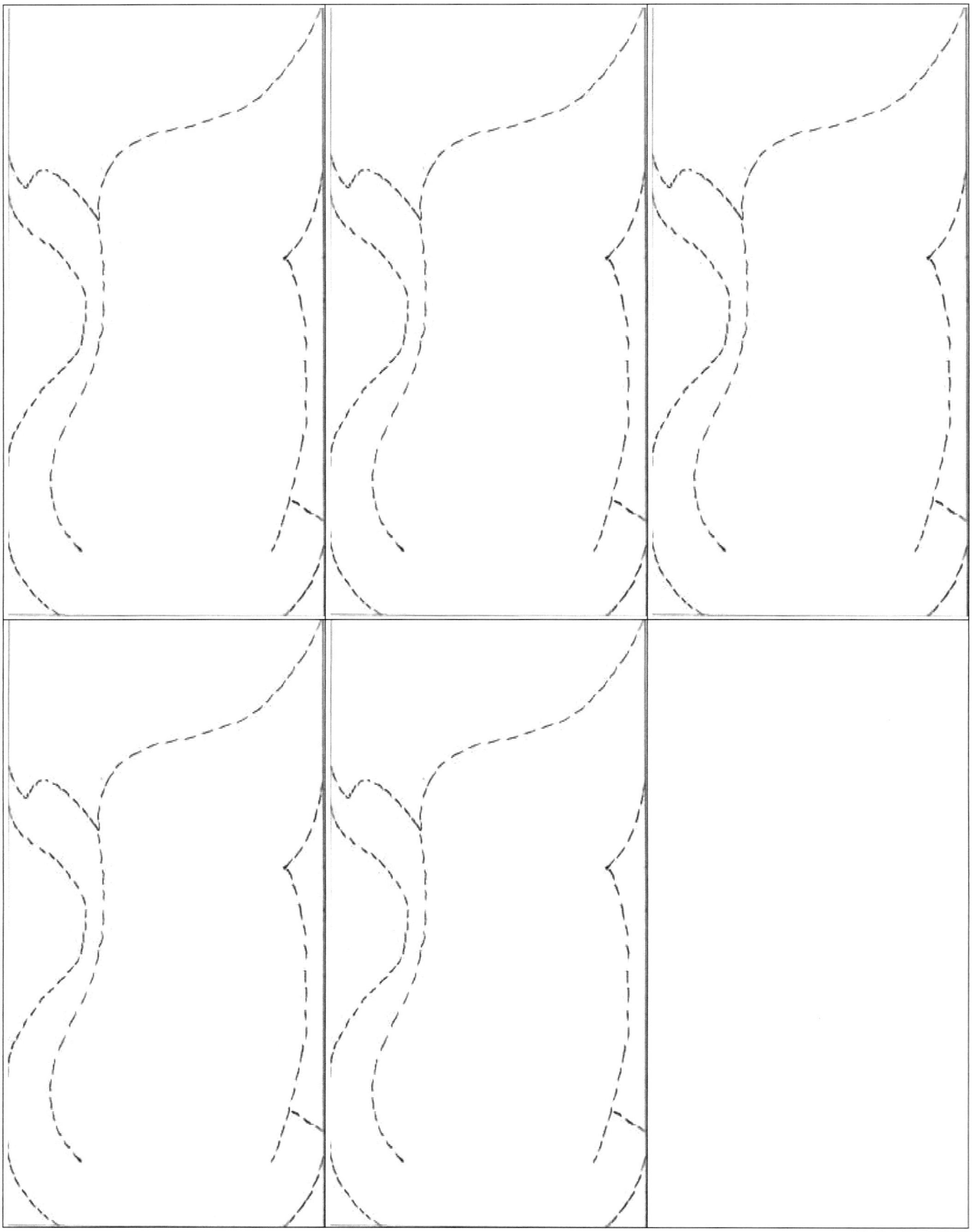

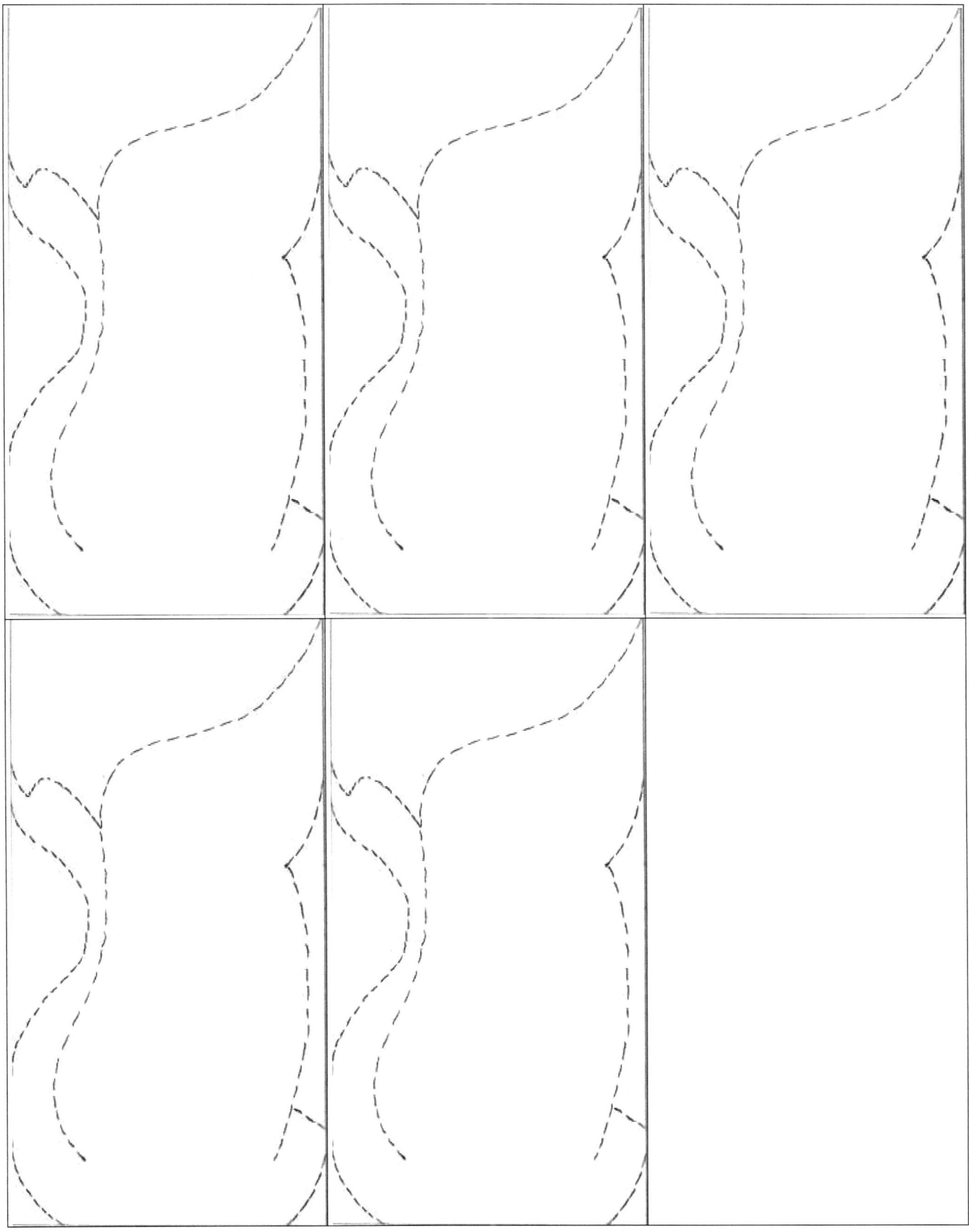

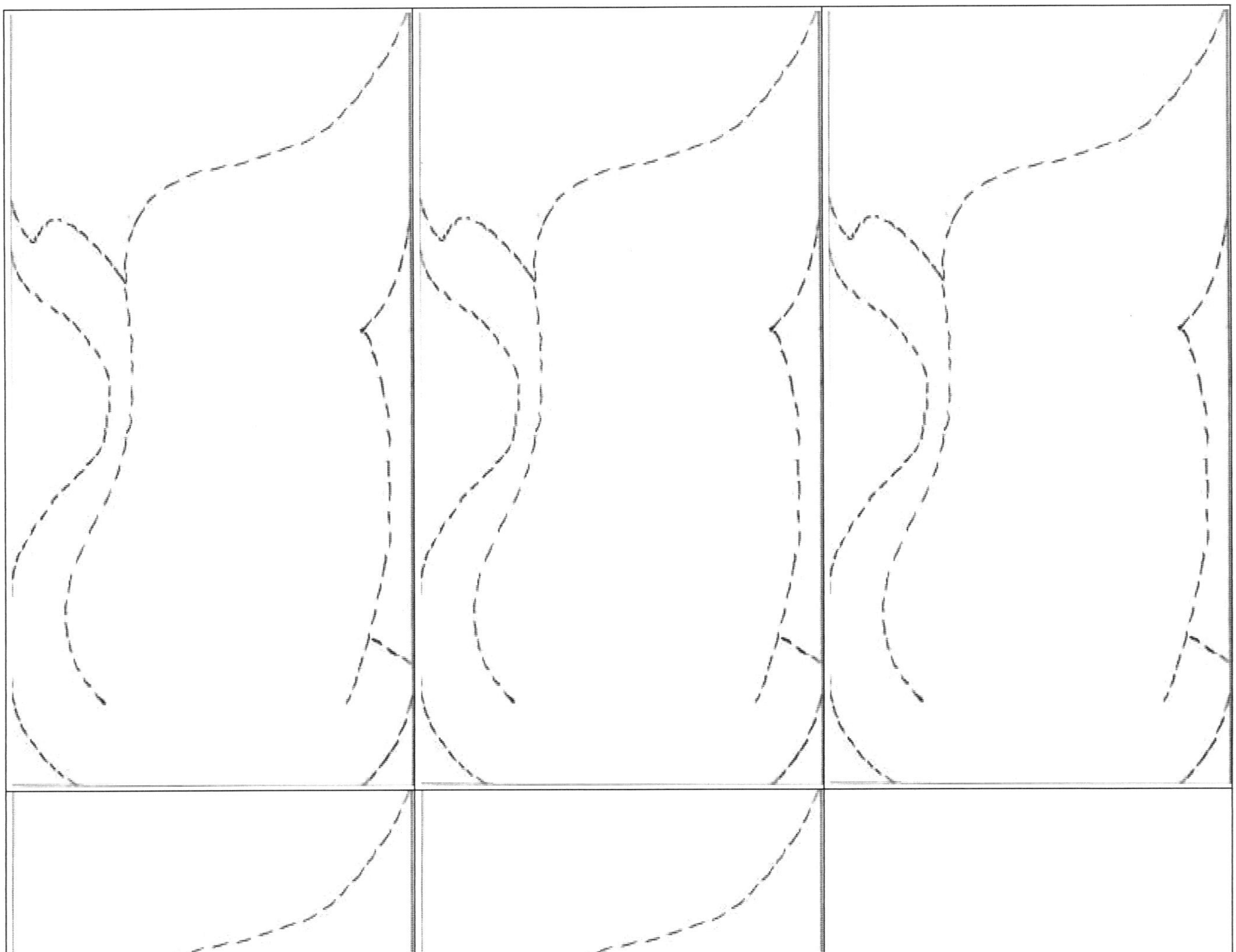

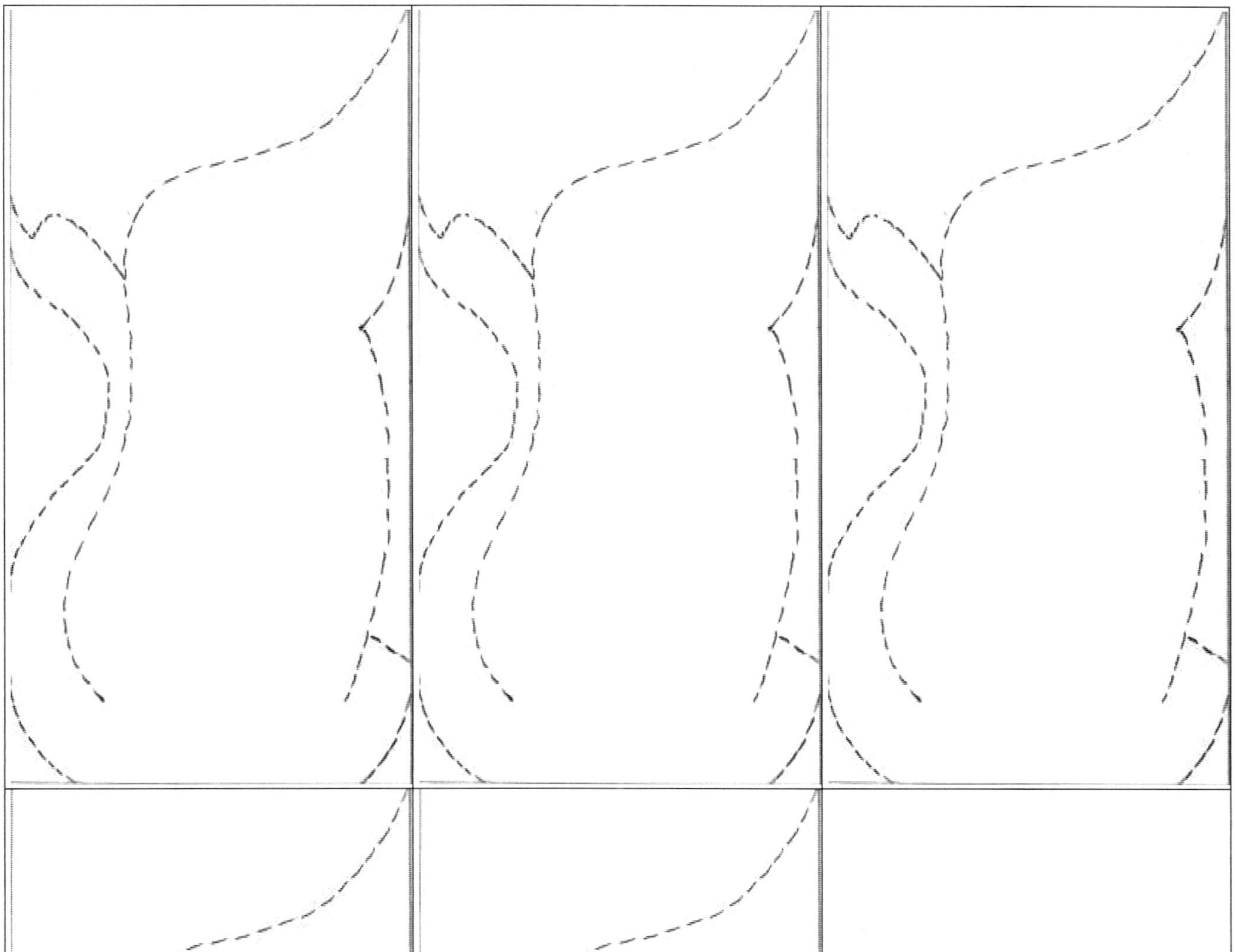

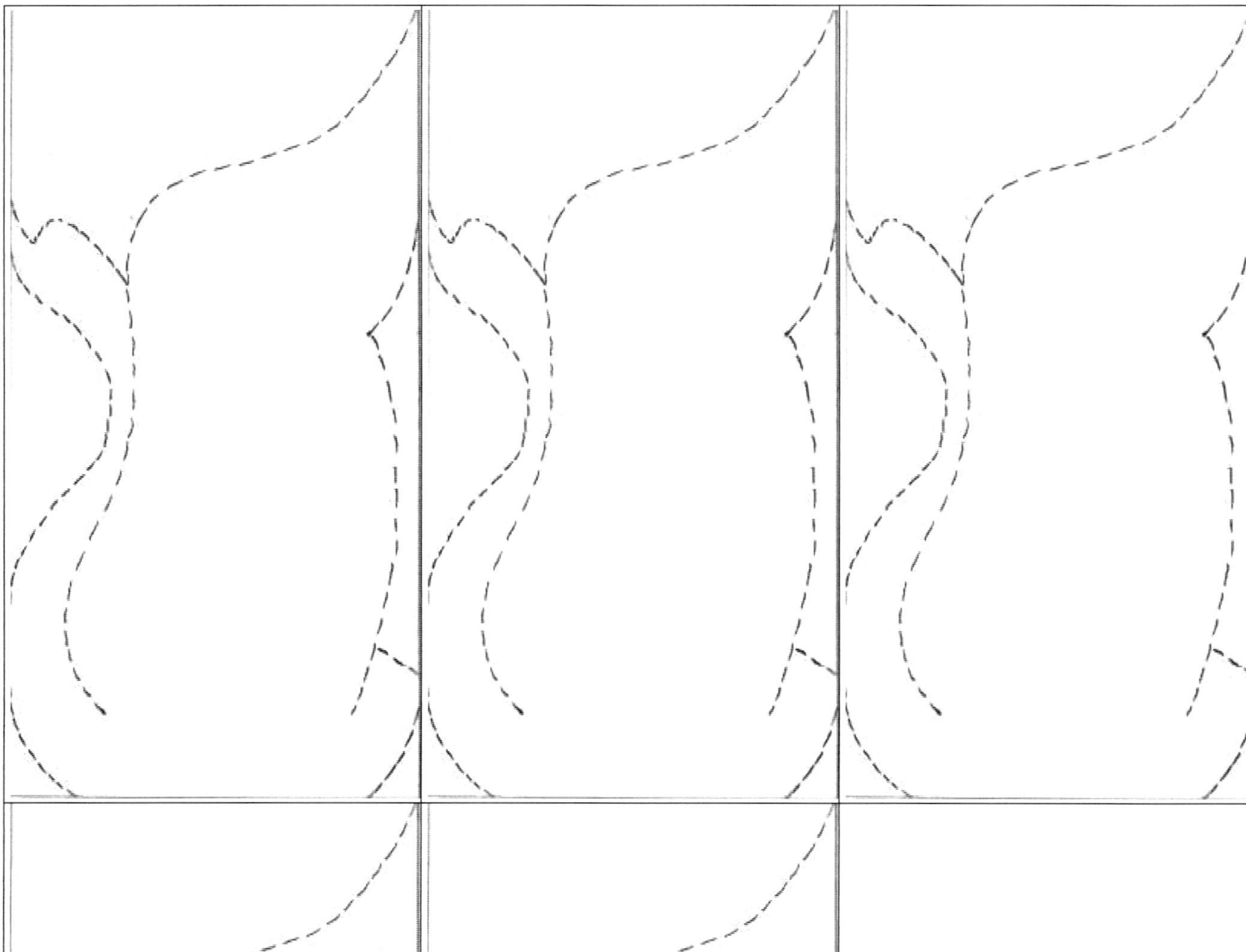

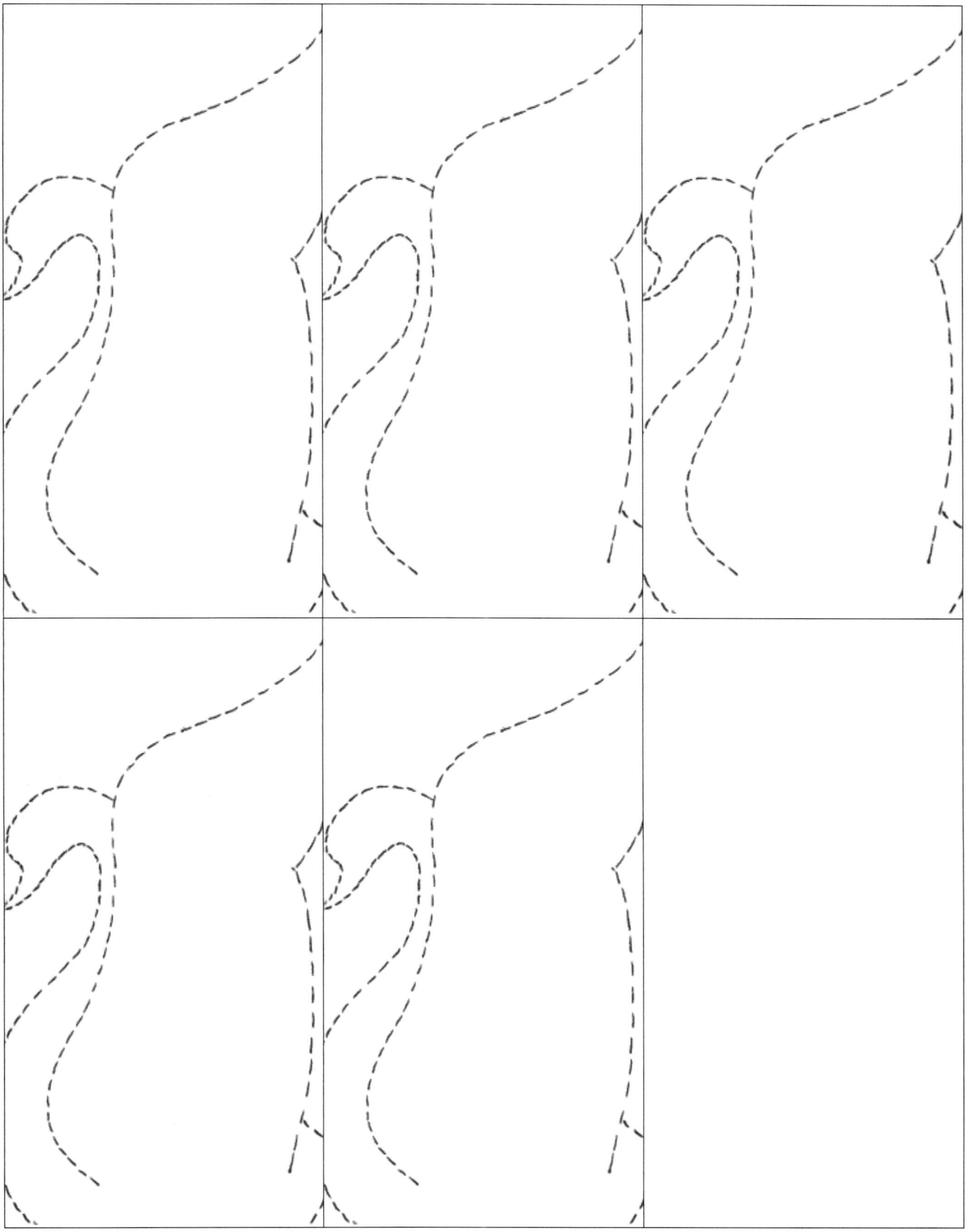

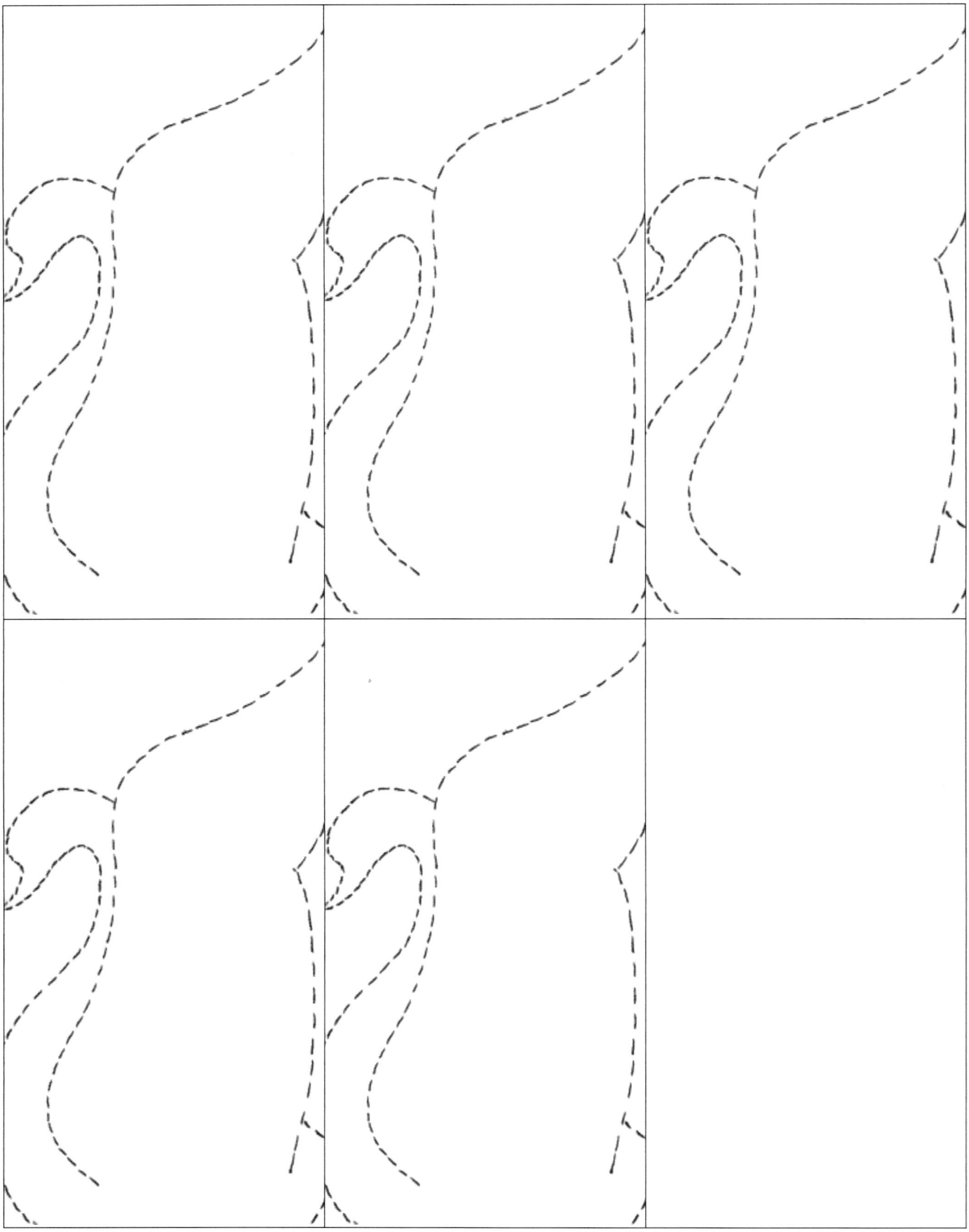

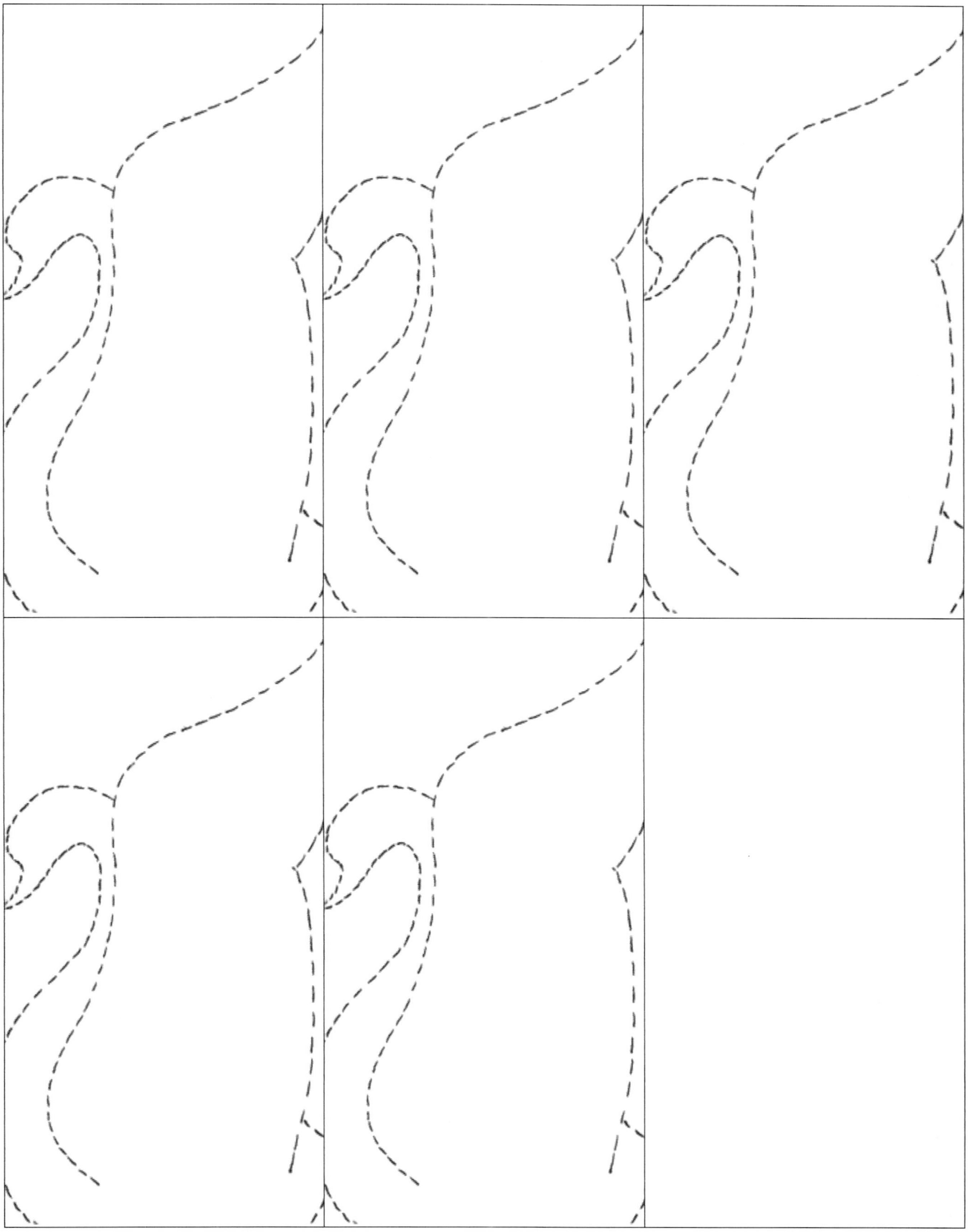

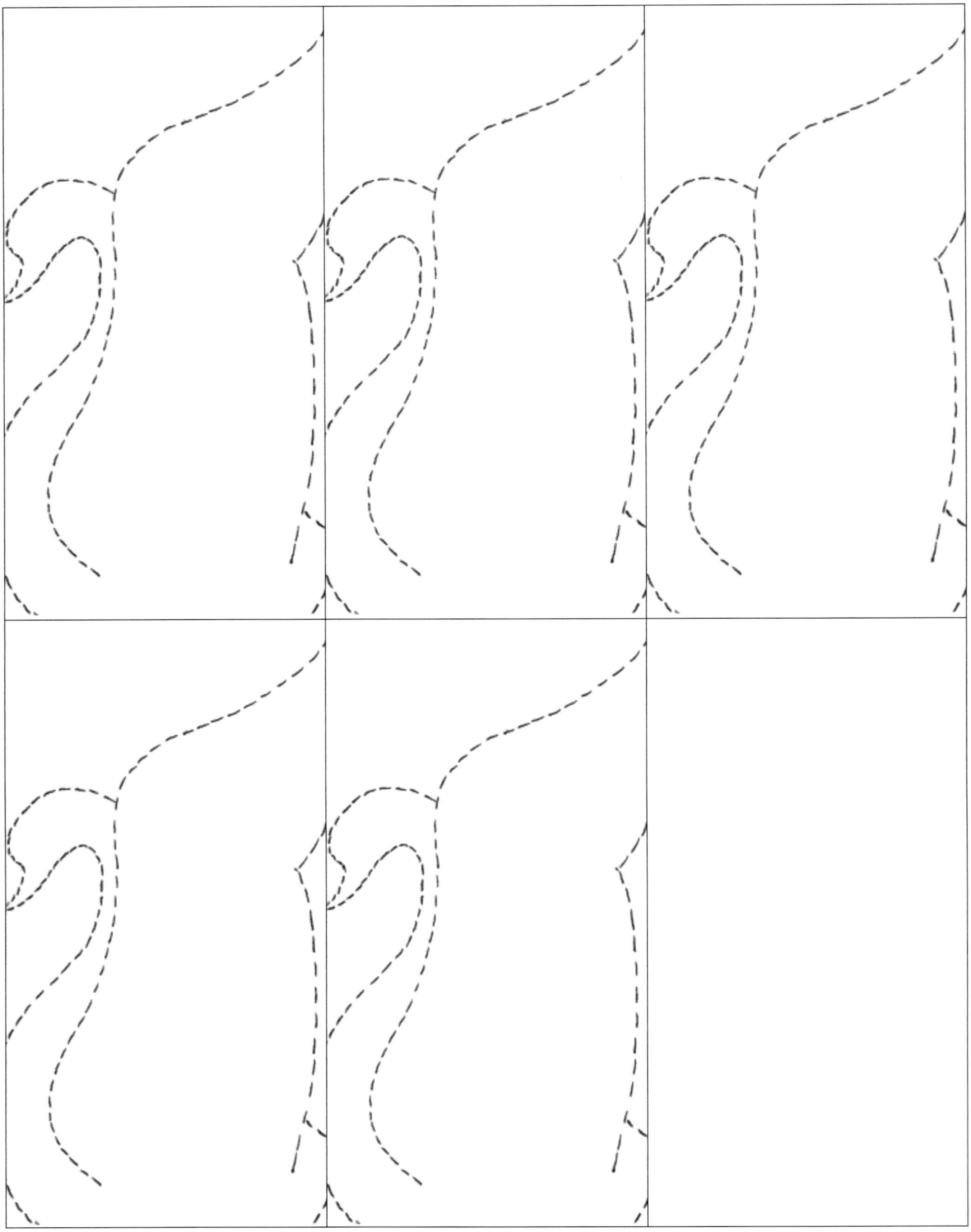

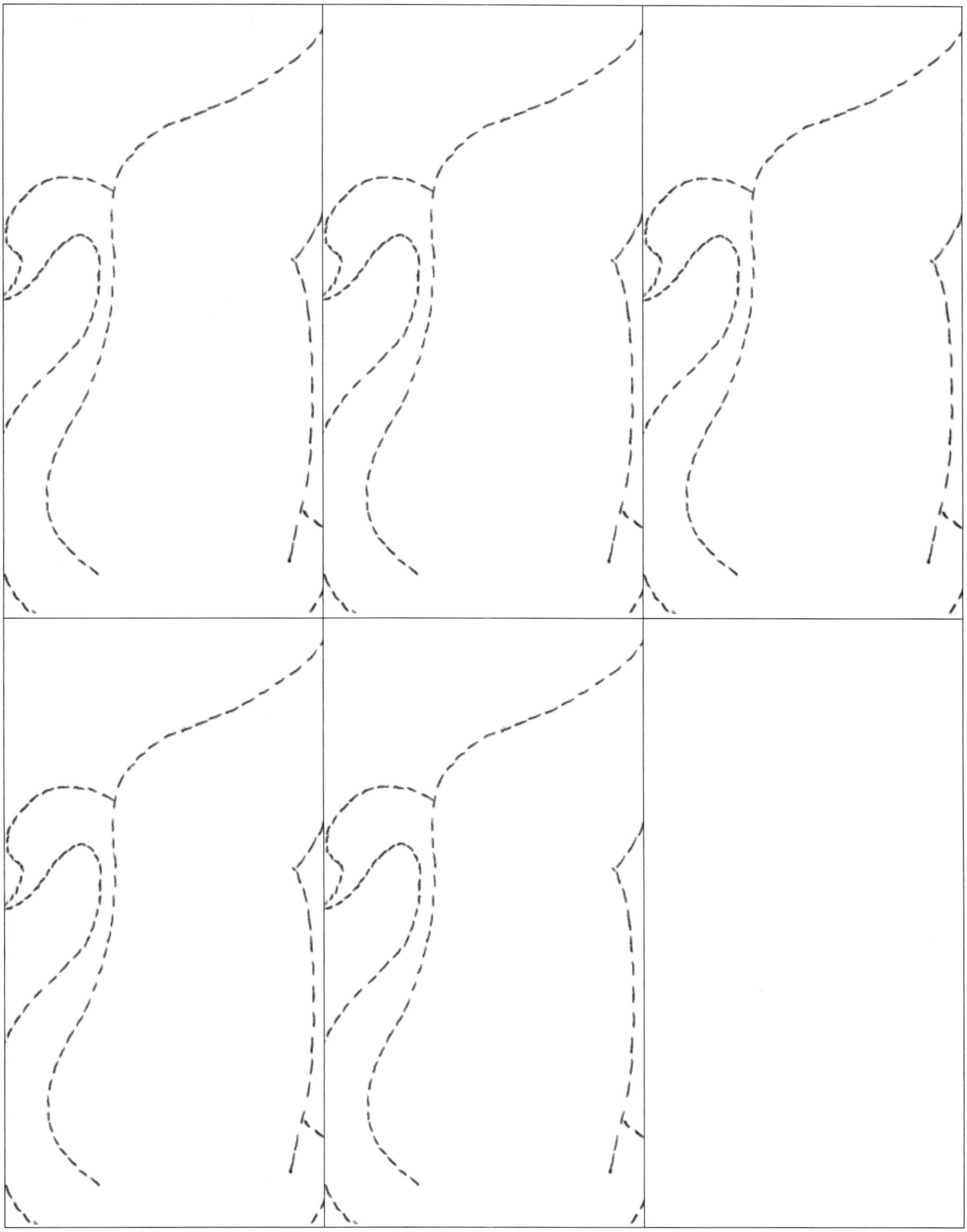

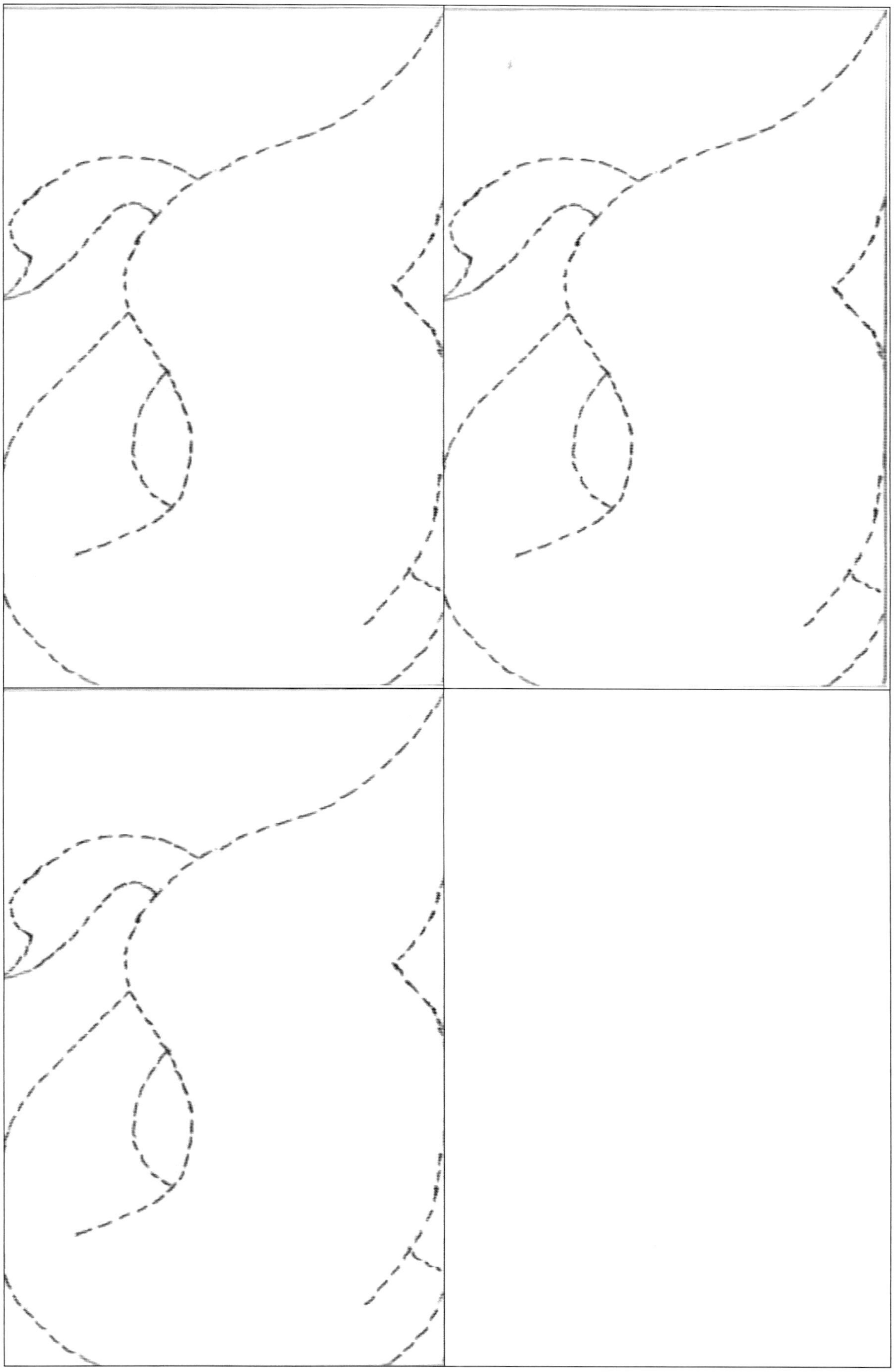

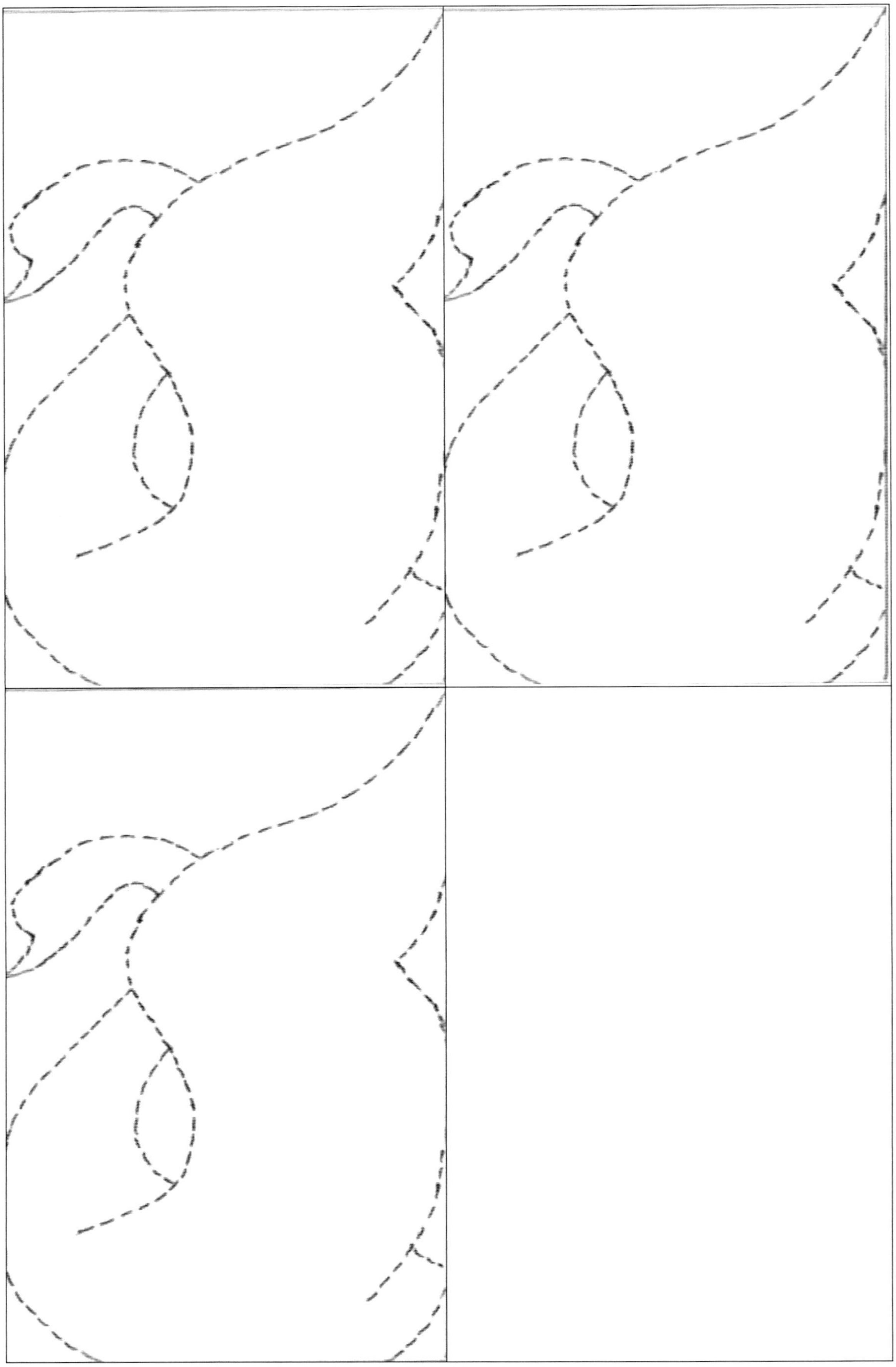

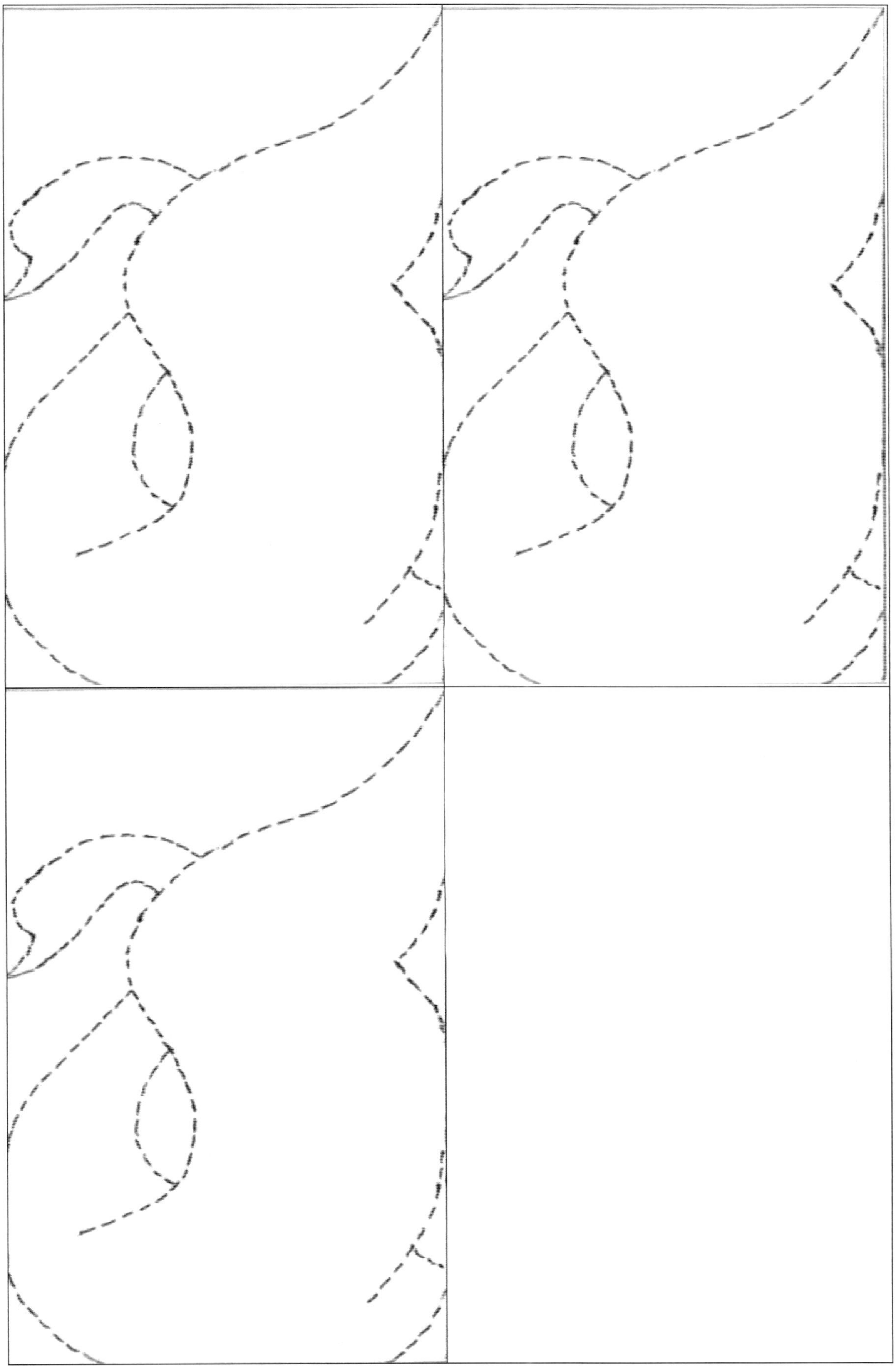

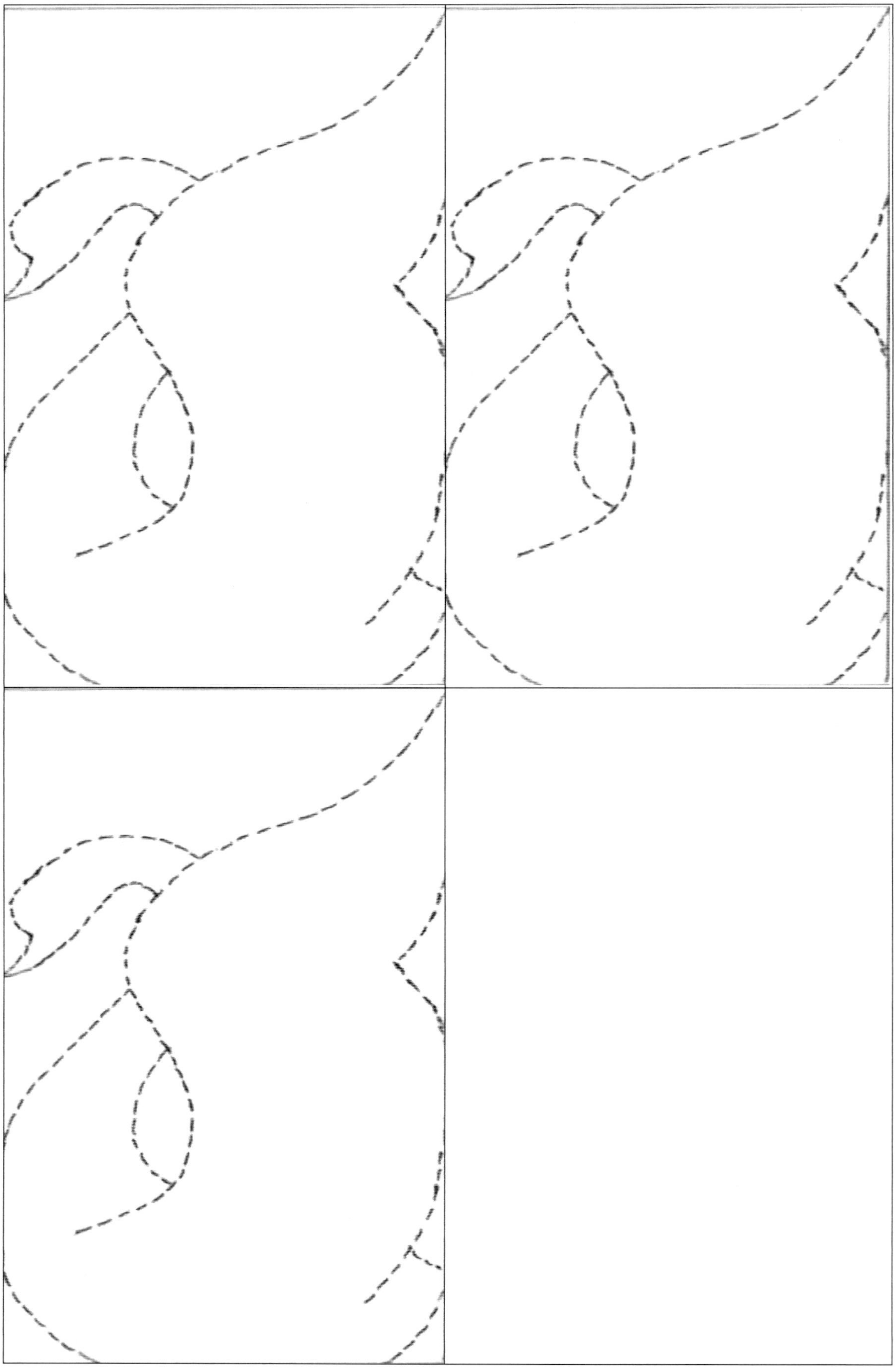

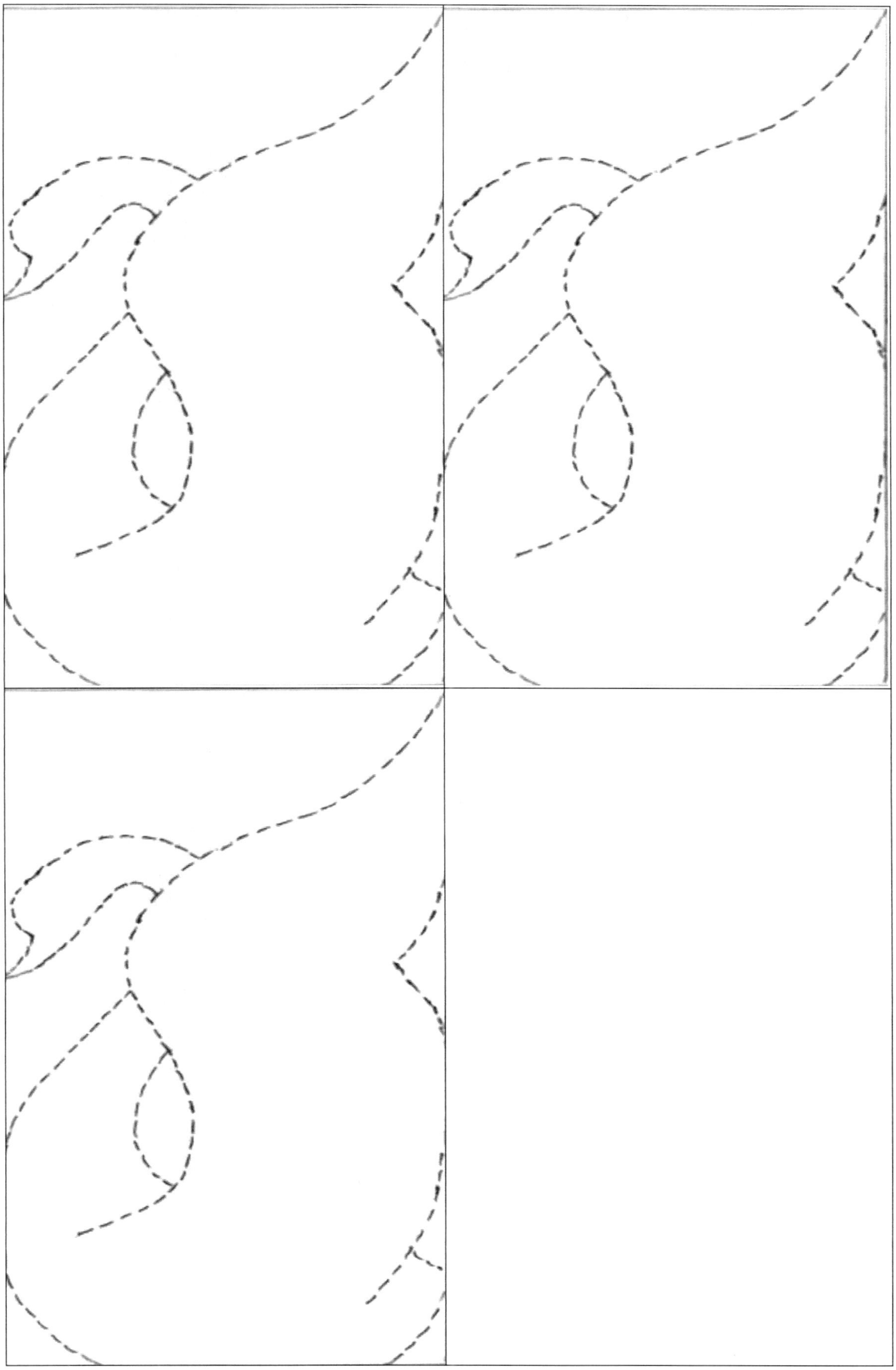

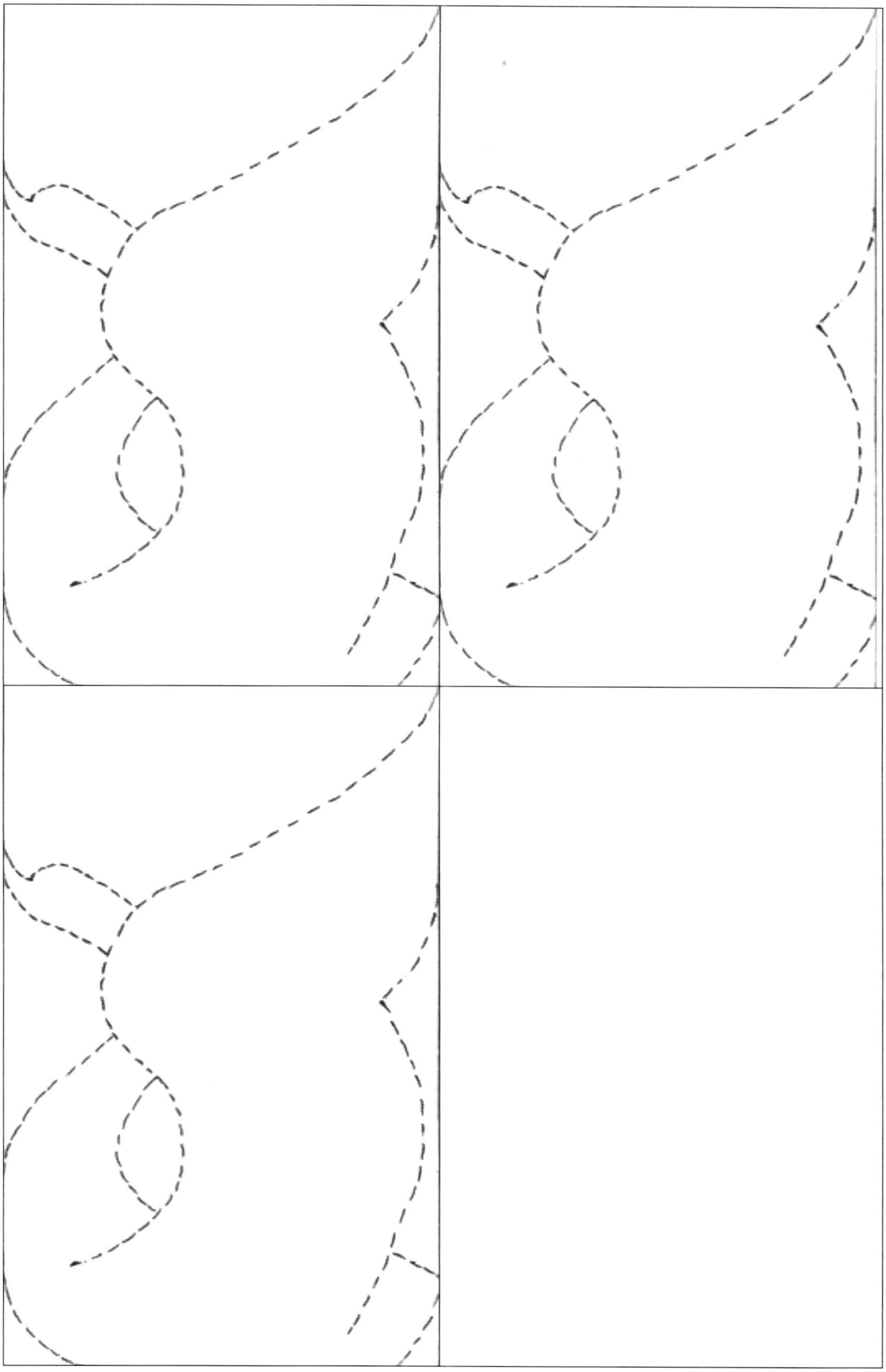

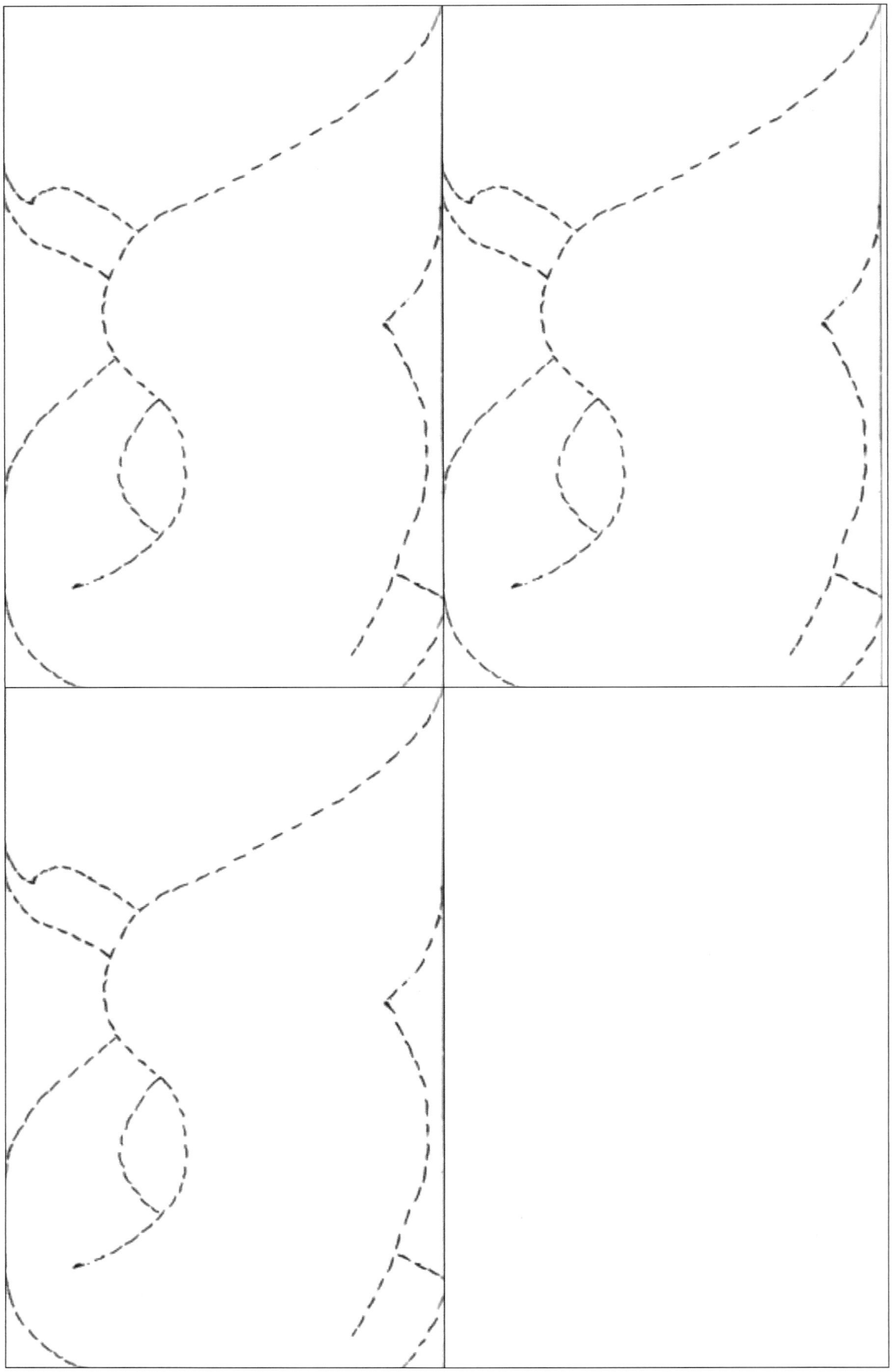

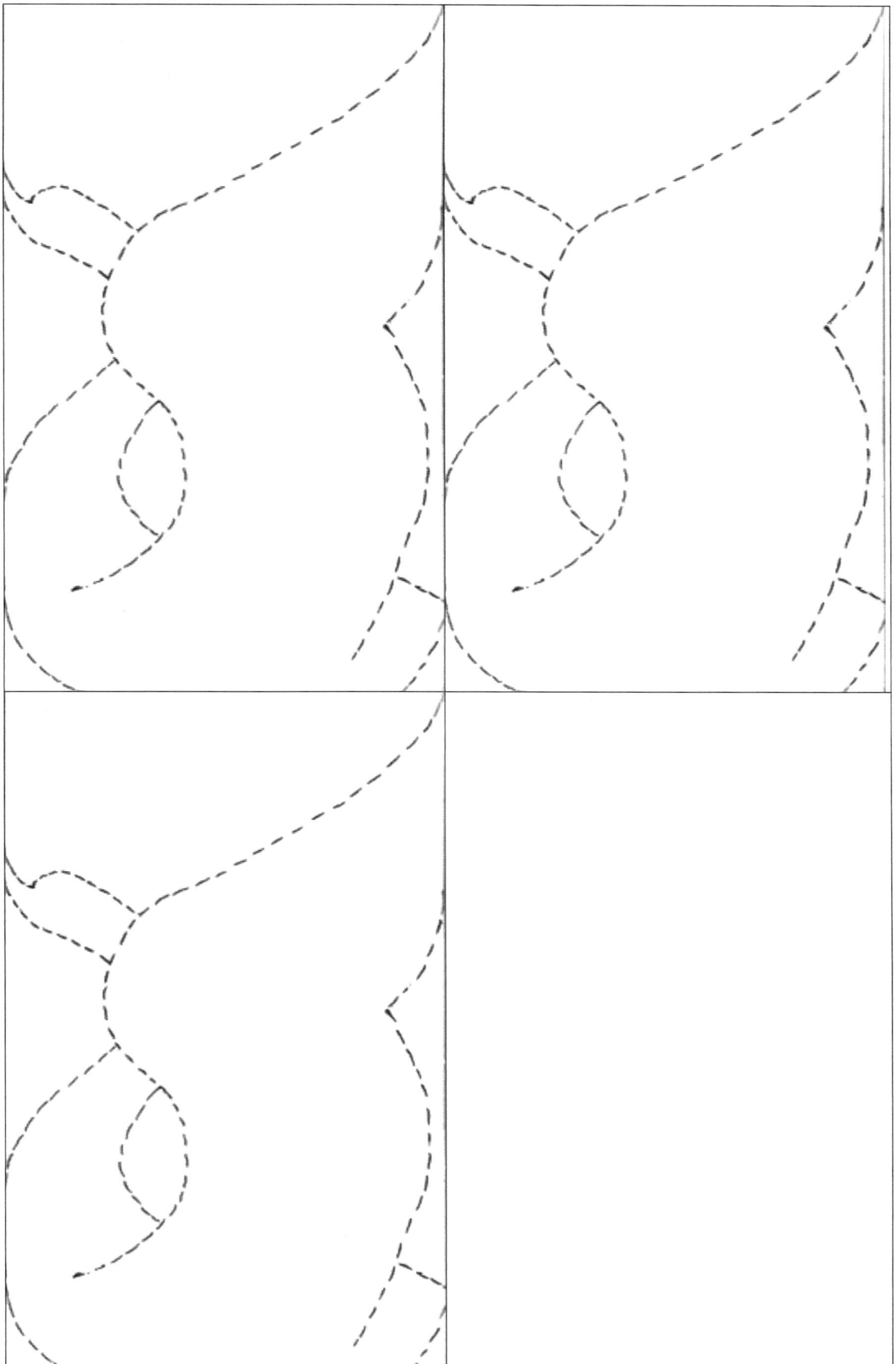

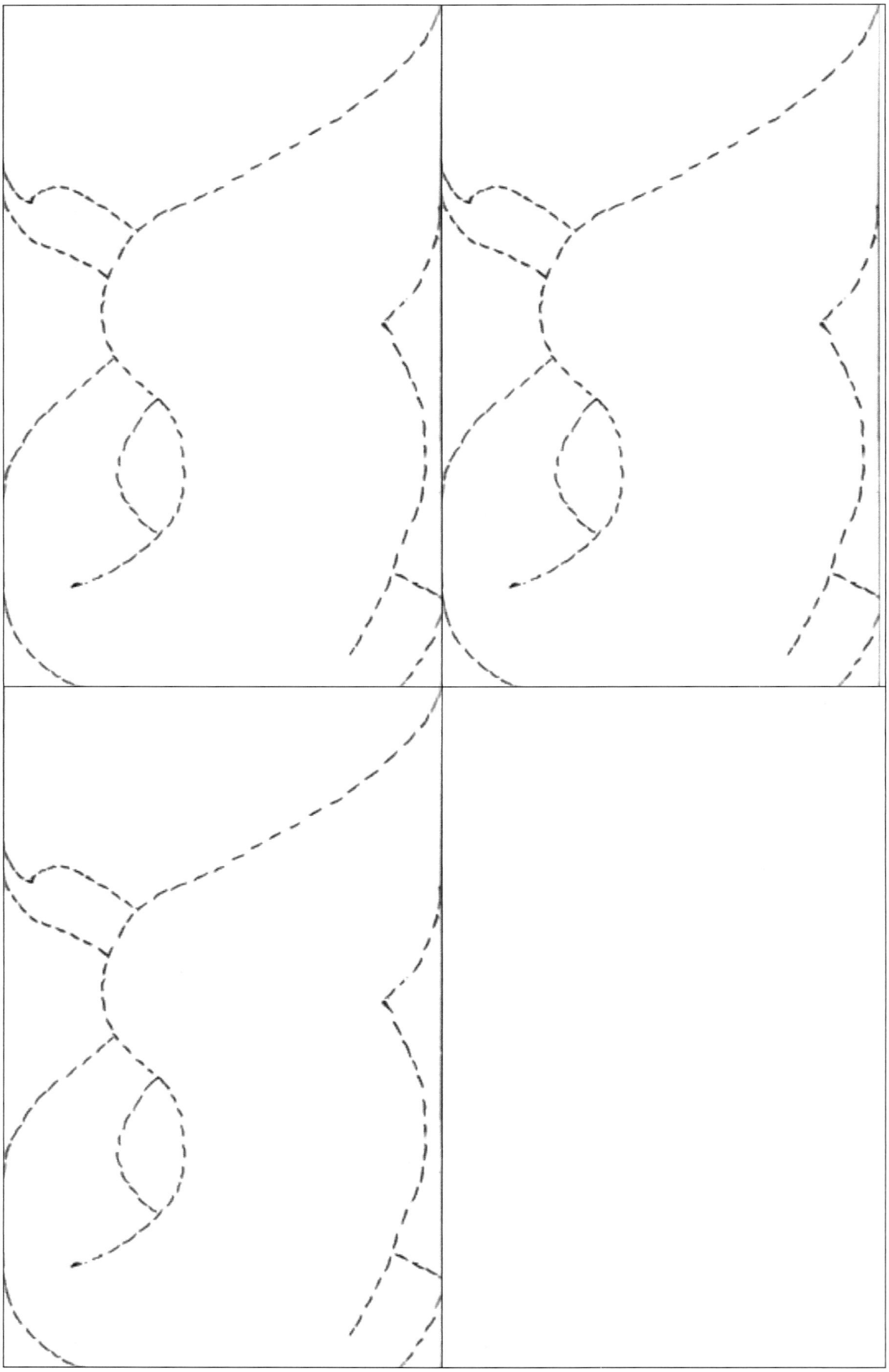

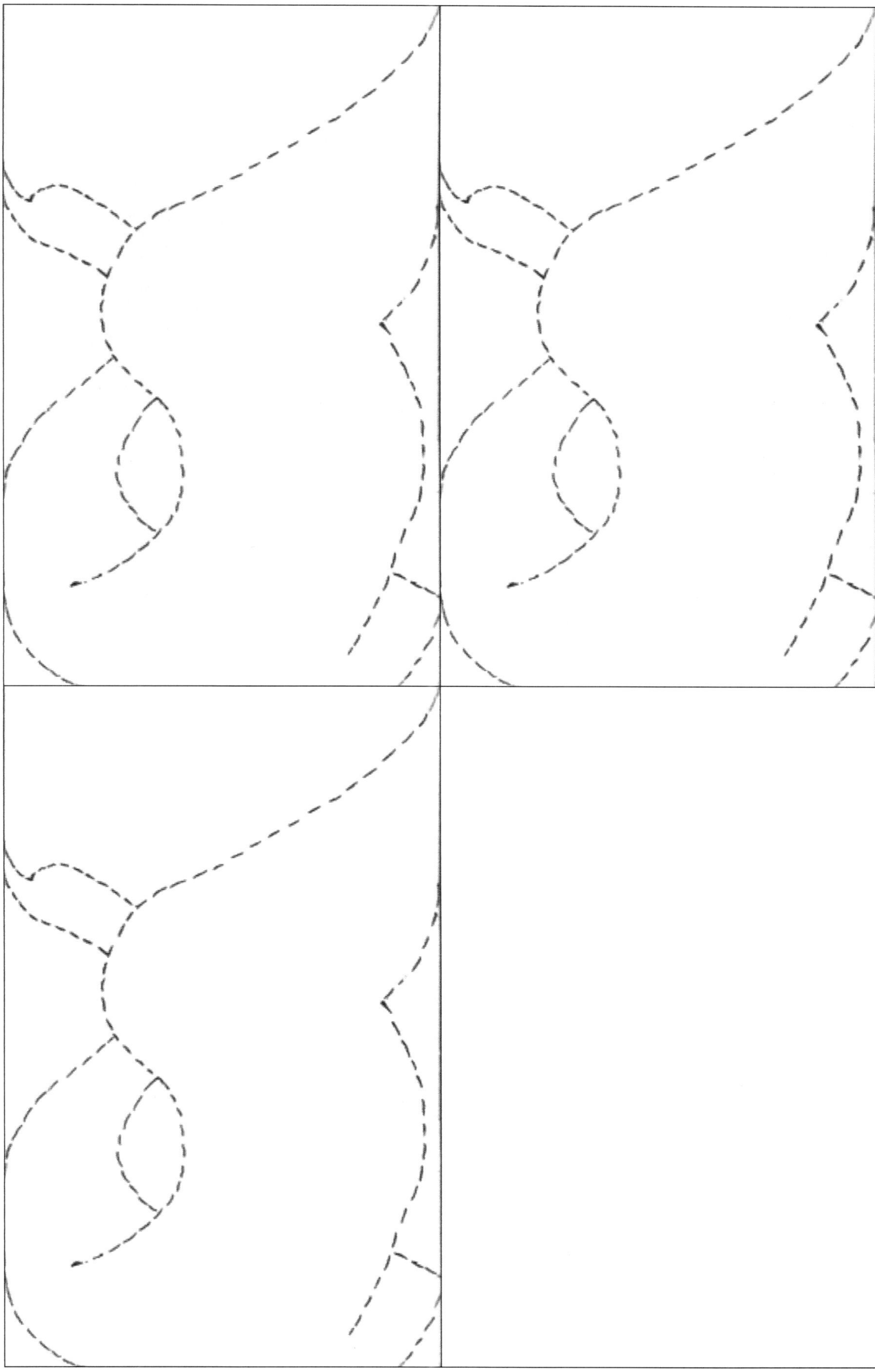

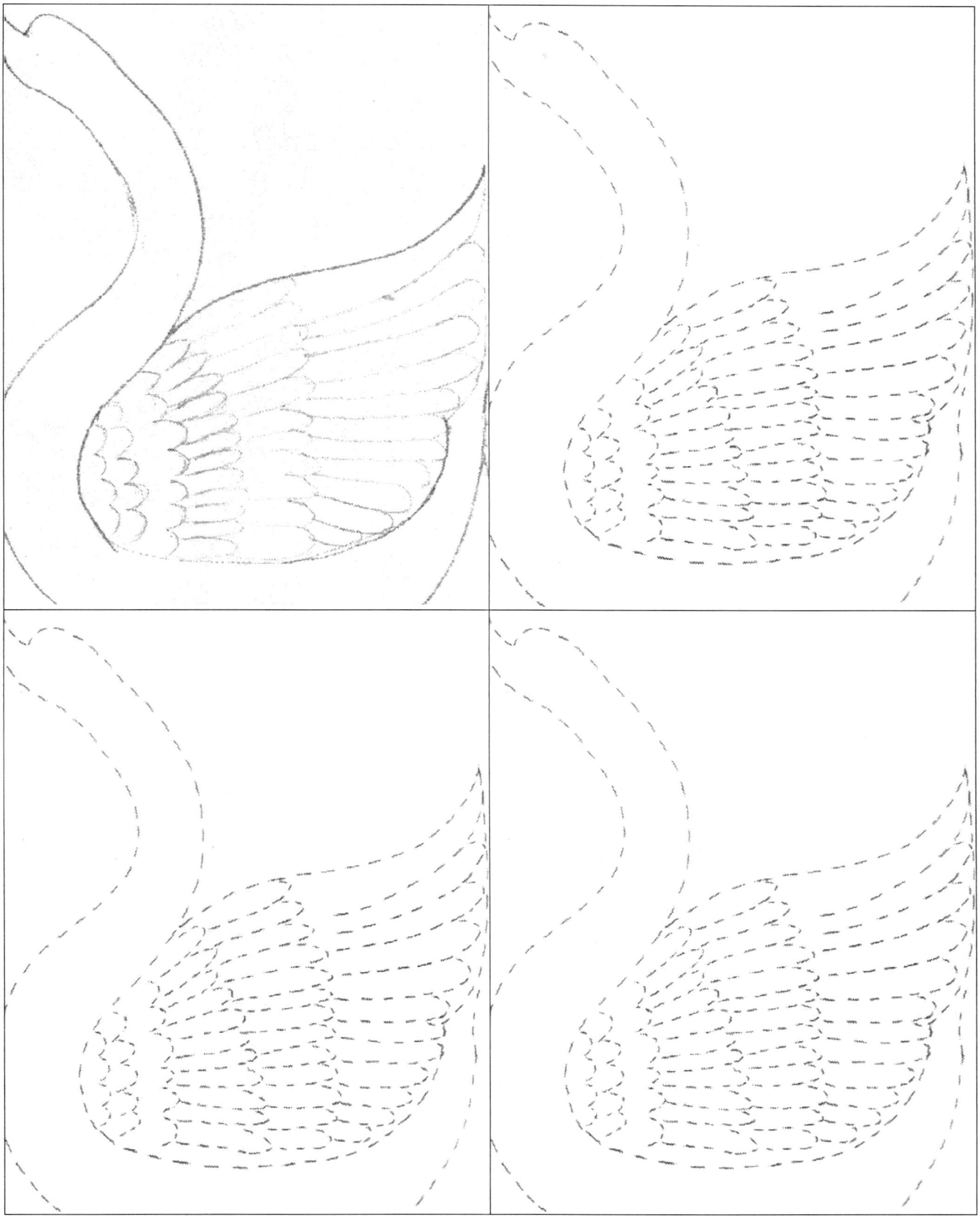

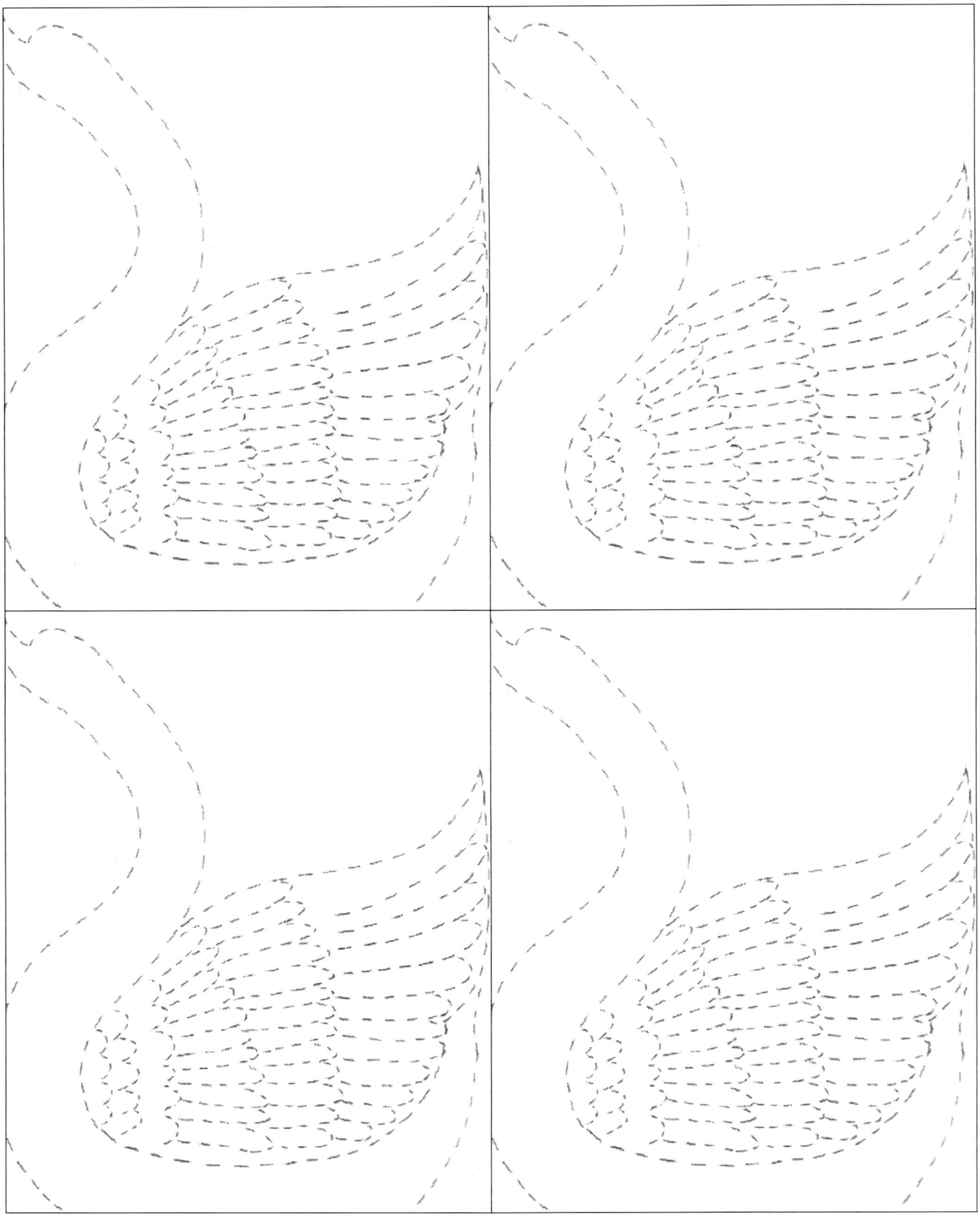

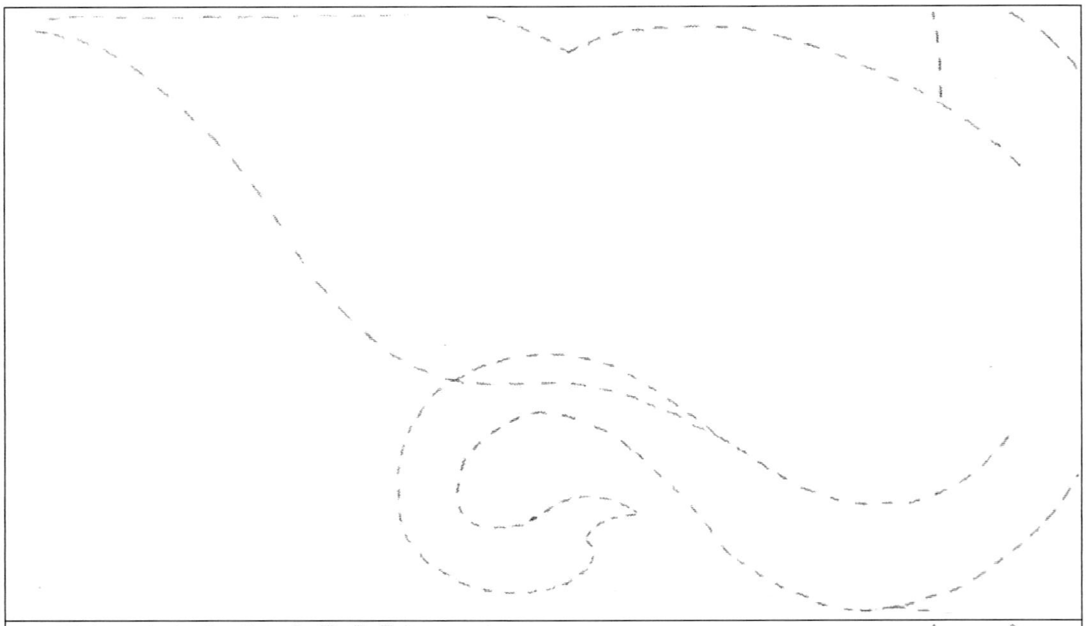

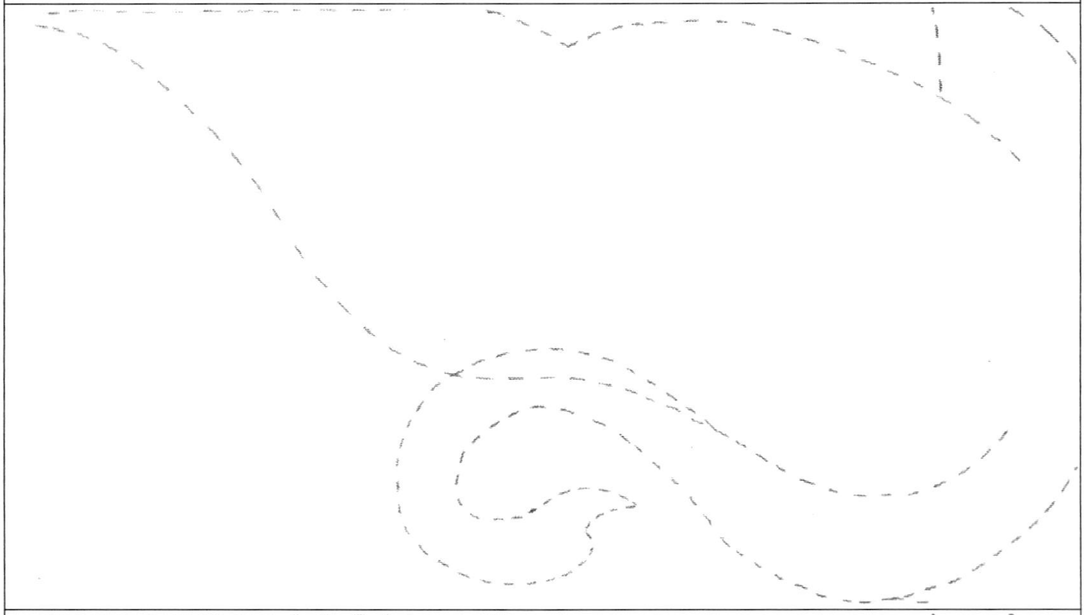

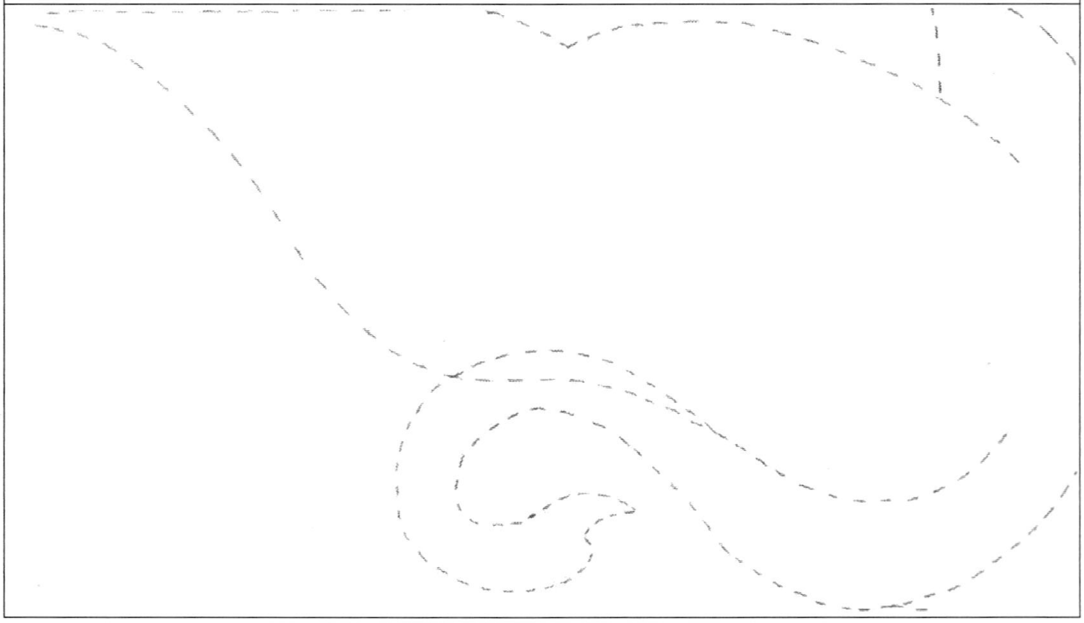

ICE CARVING
얼음조각 지정교육장
ICE CARVING
얼음조각 지정교육장

학 드로잉

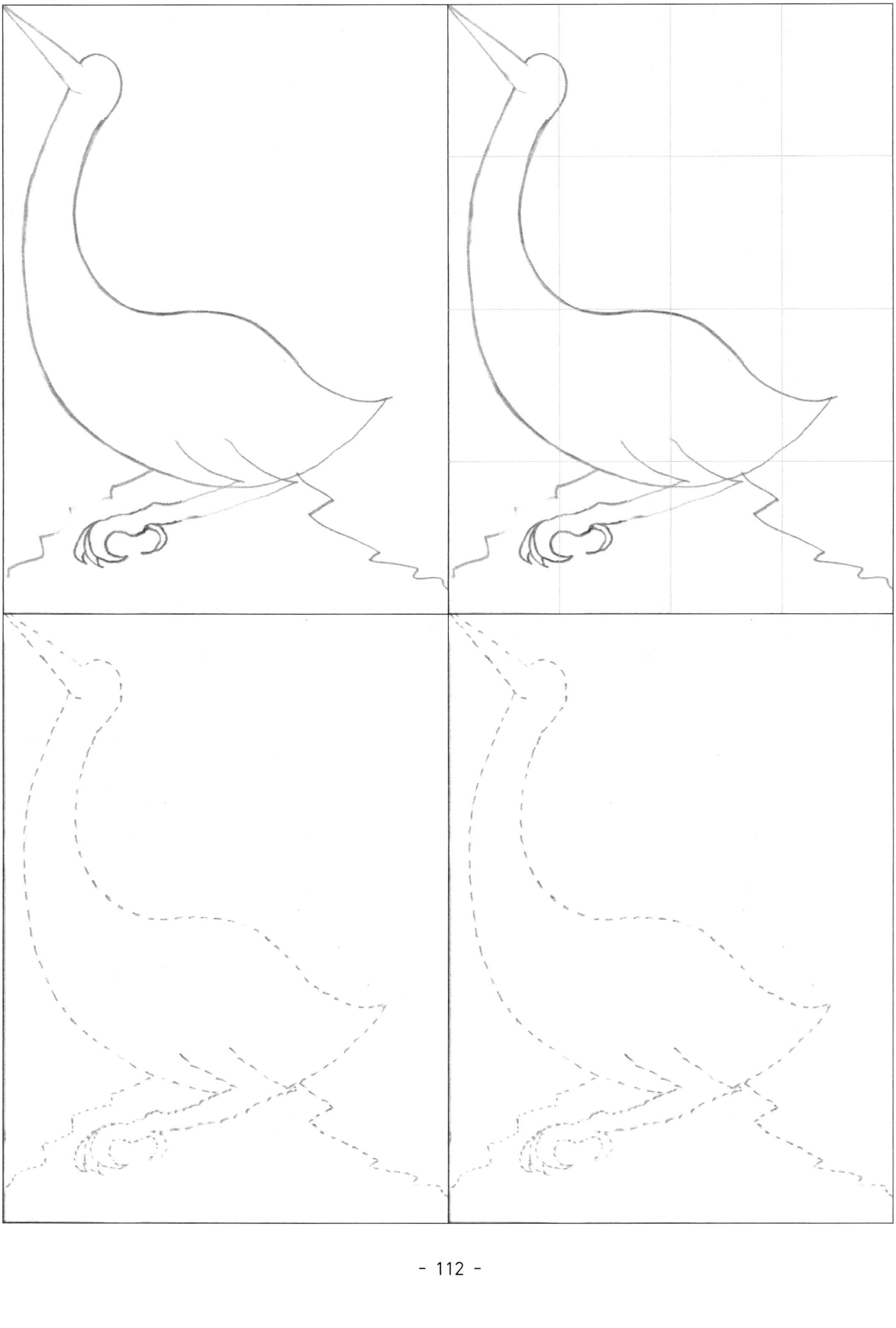

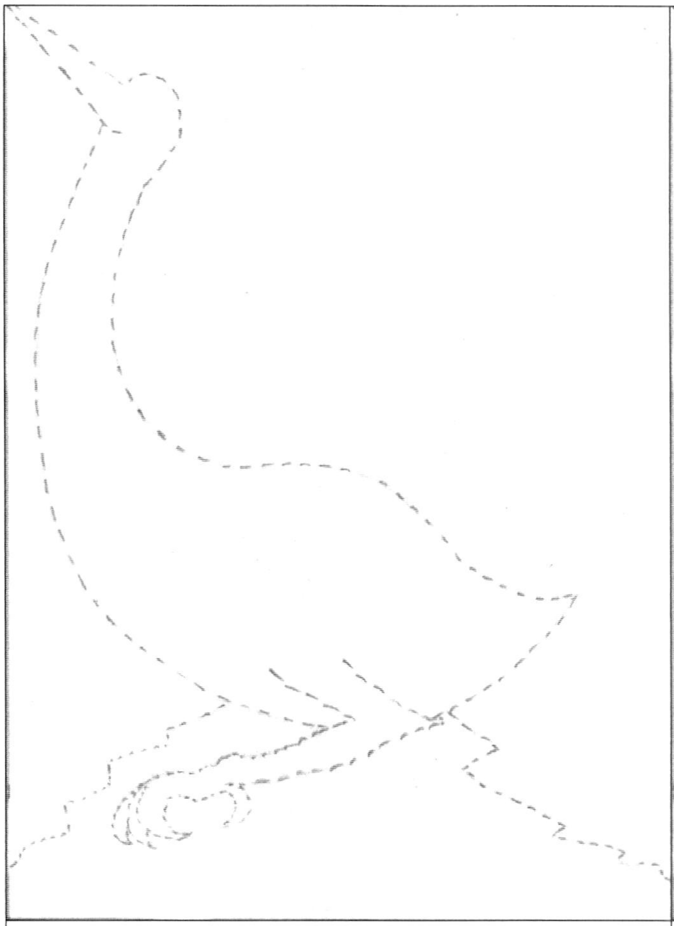

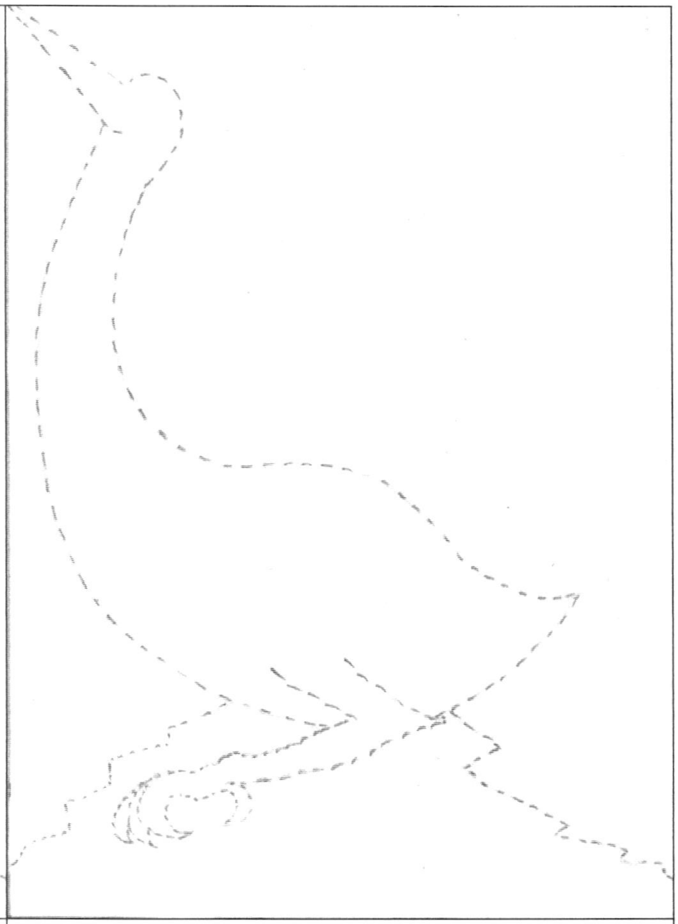

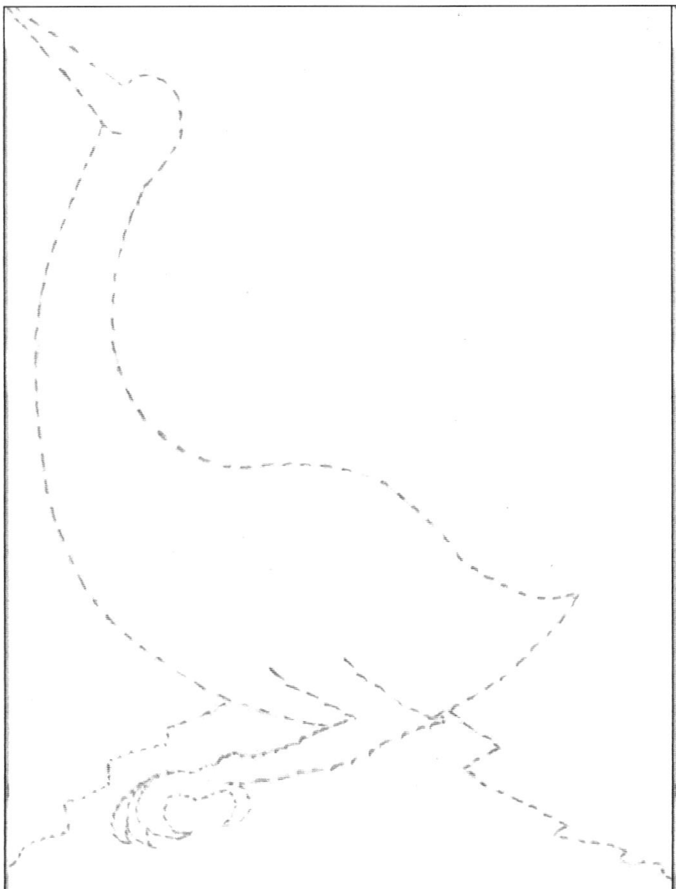

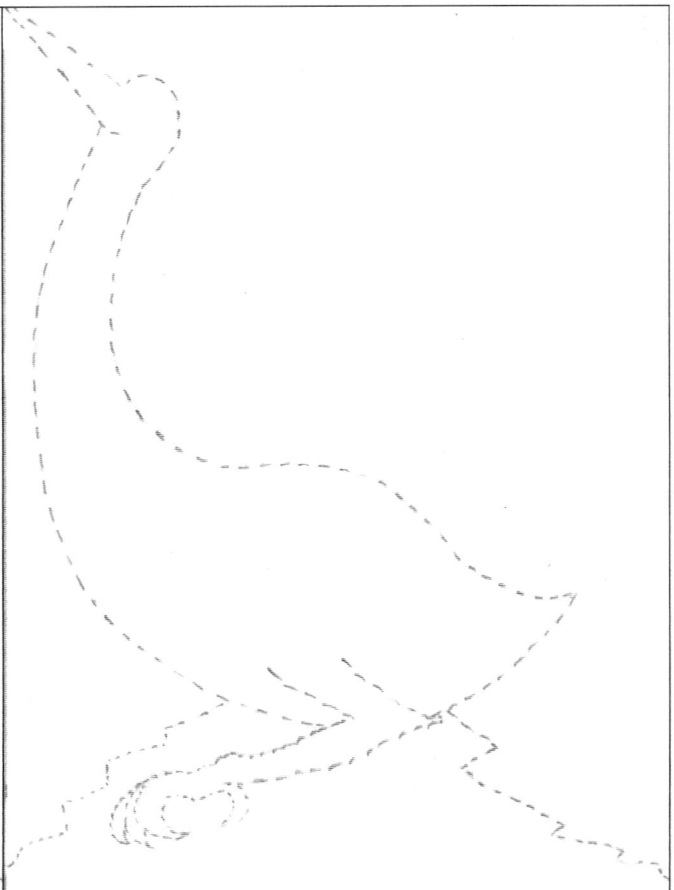

토끼 드로잉

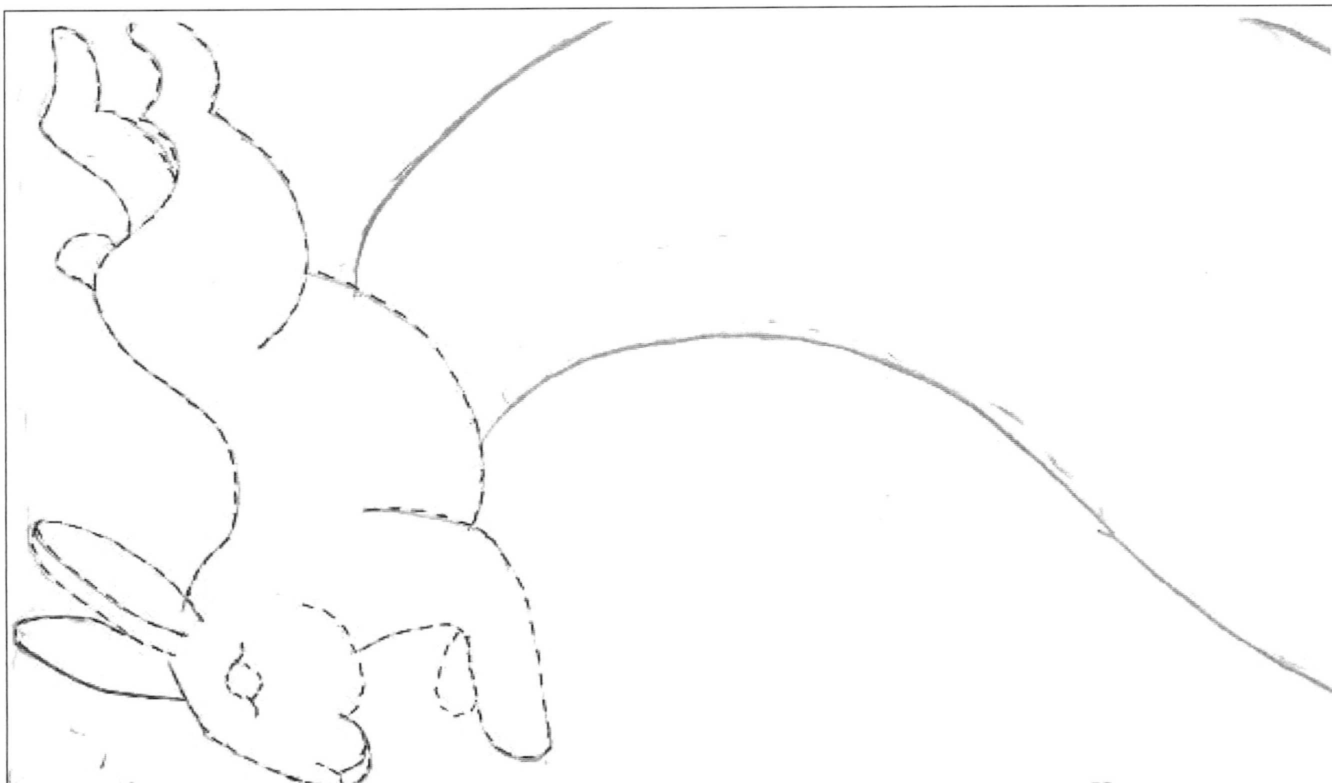

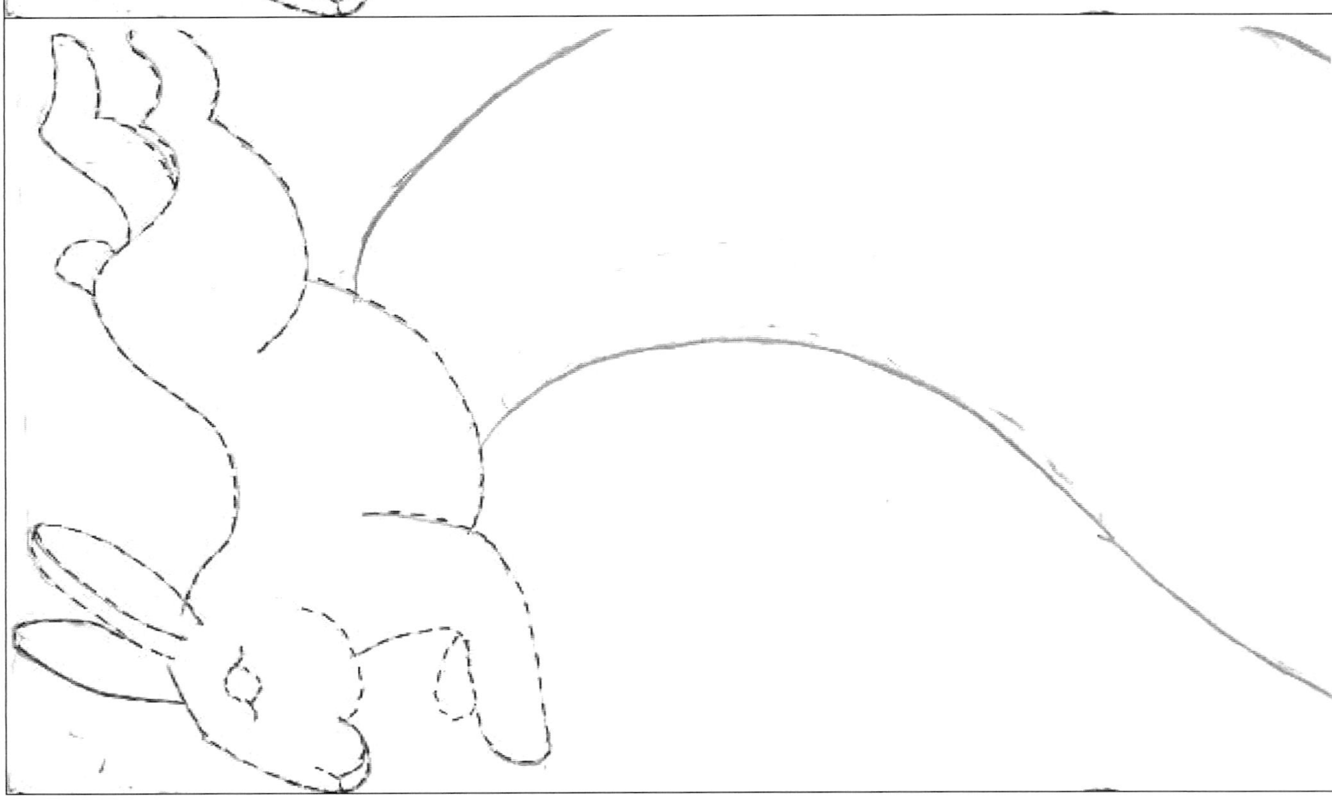

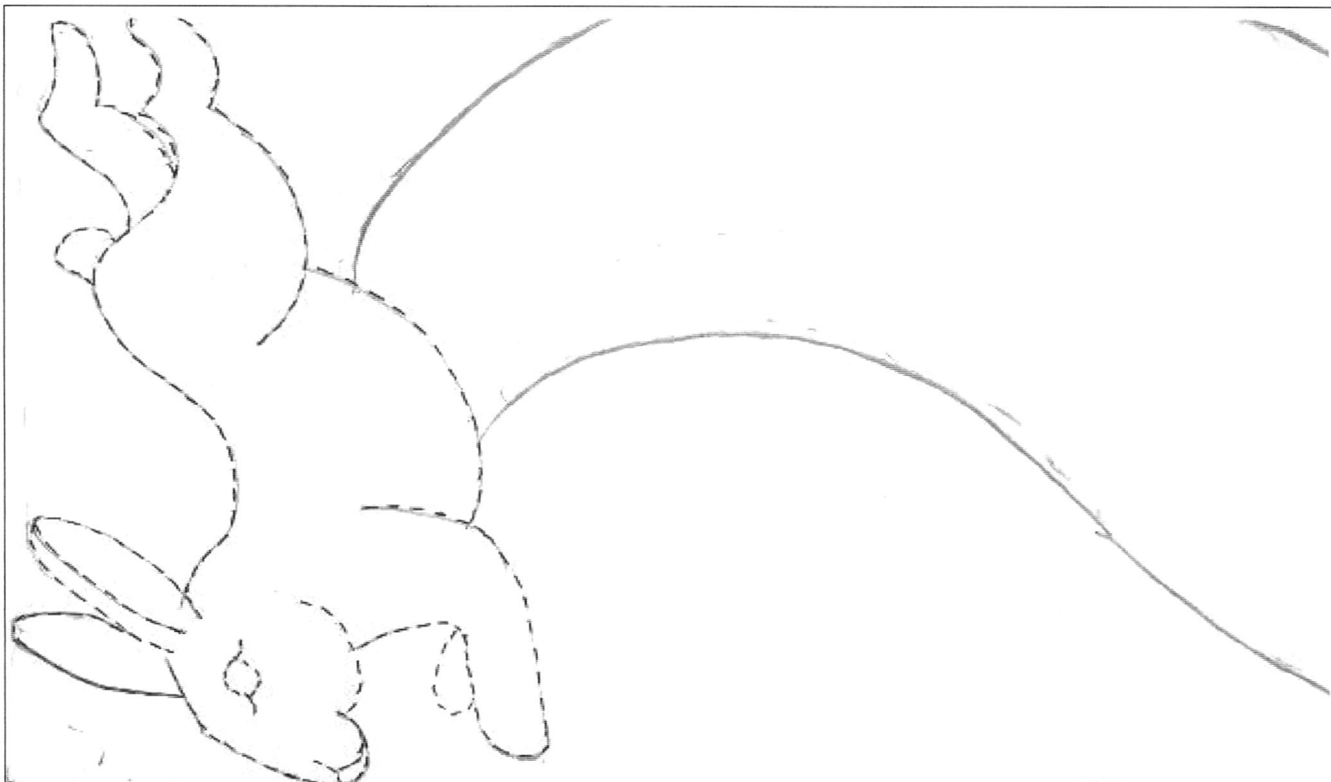

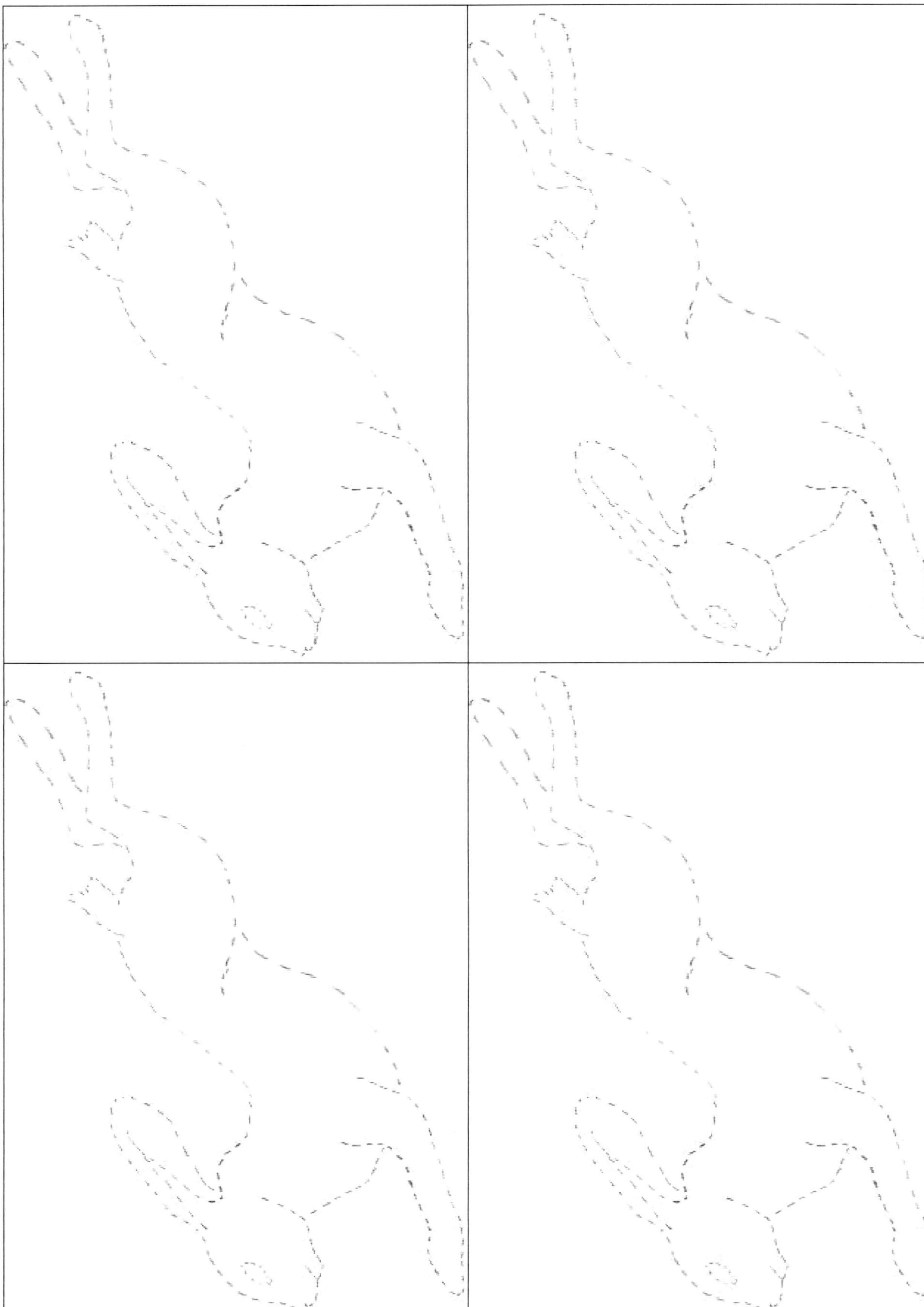

거북이 드로잉

다람쥐 드로잉

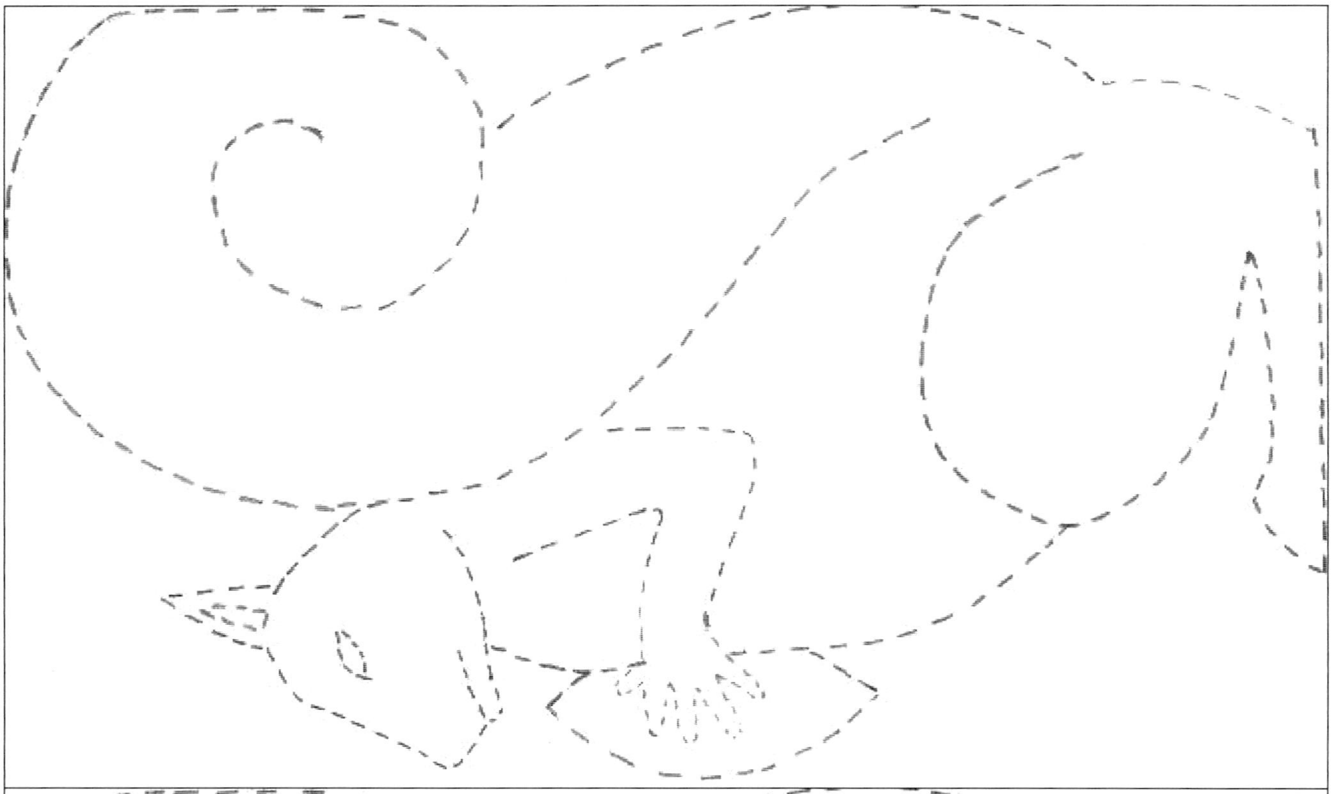

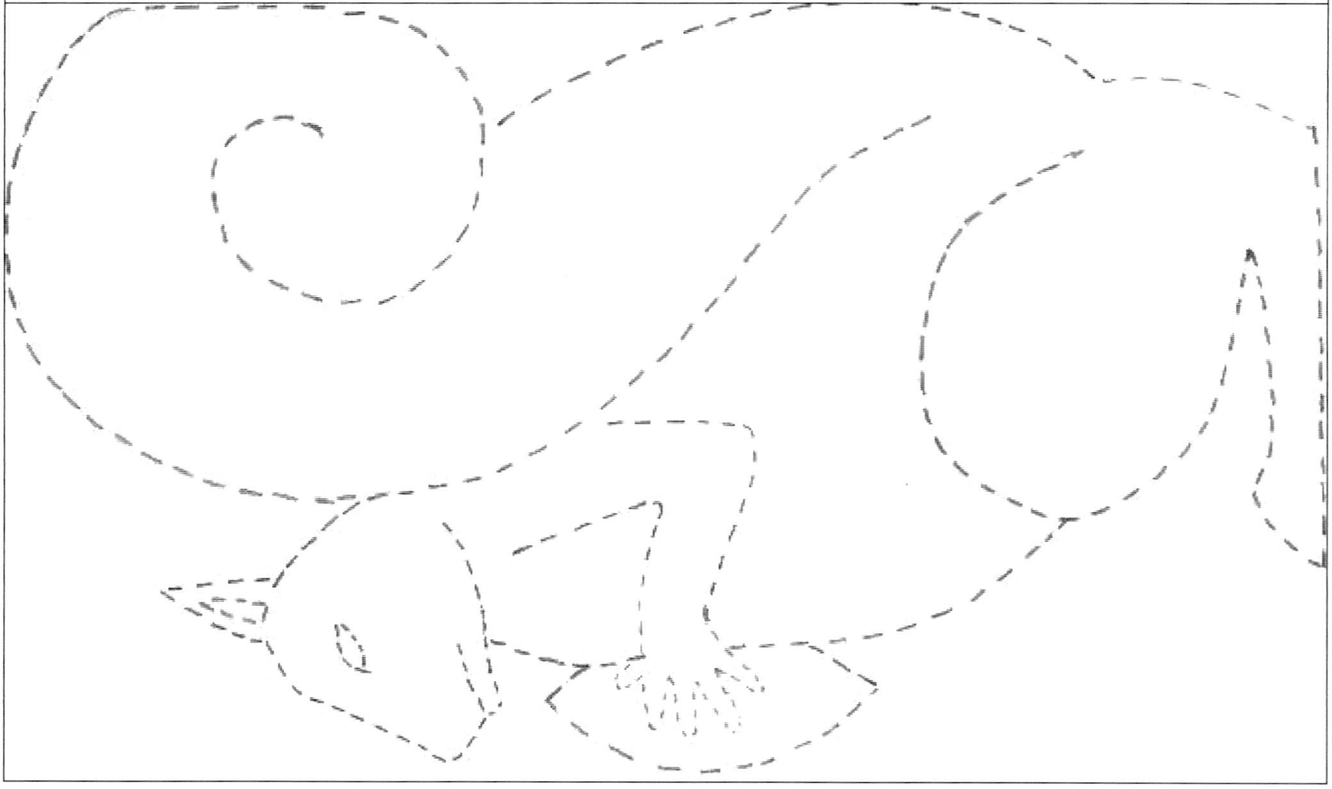

상어 드로잉

돌고래 드로잉

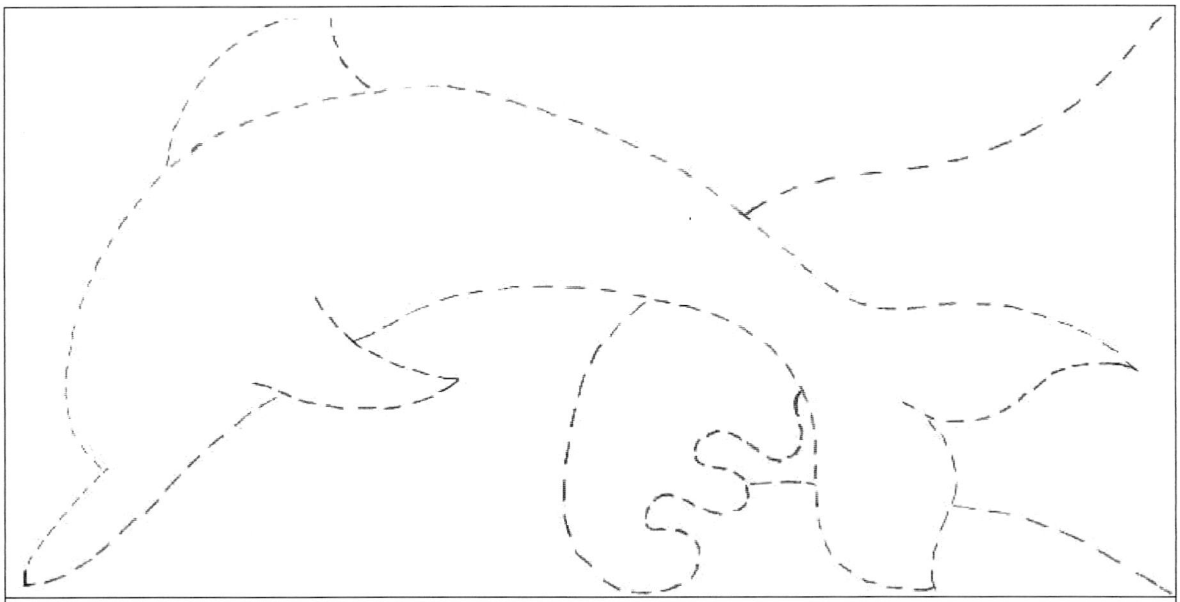

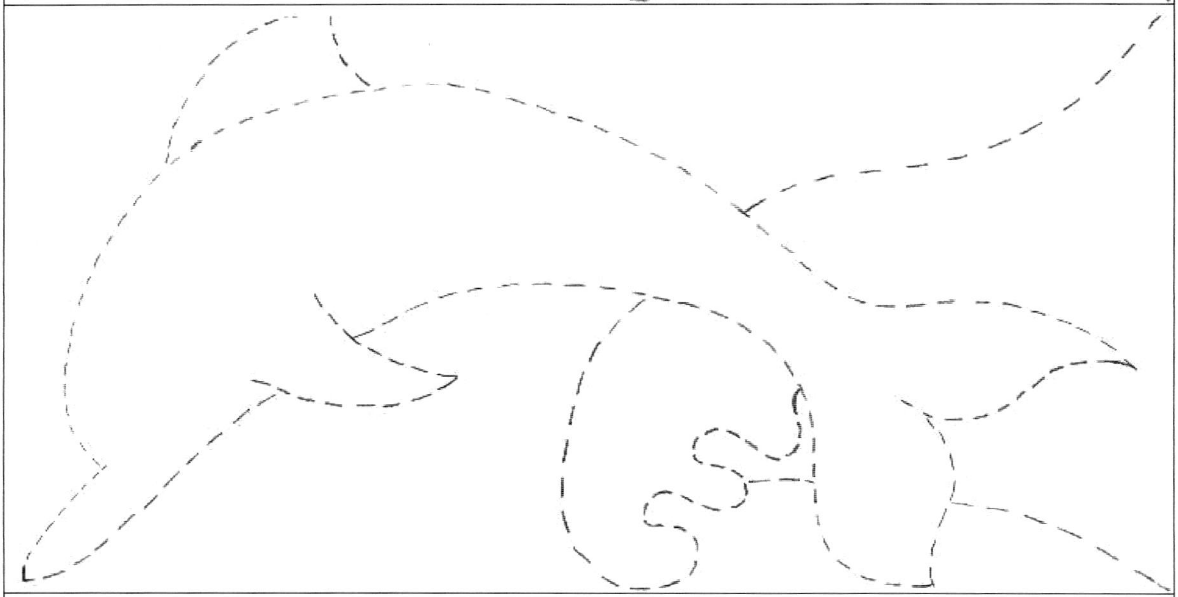

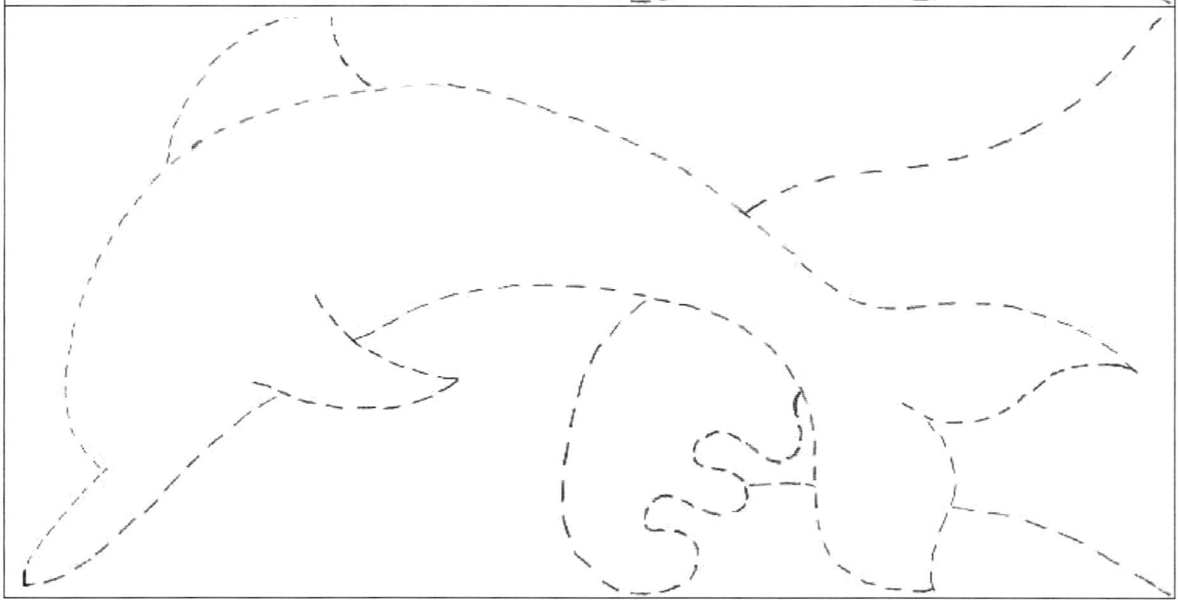

독수리 드로잉

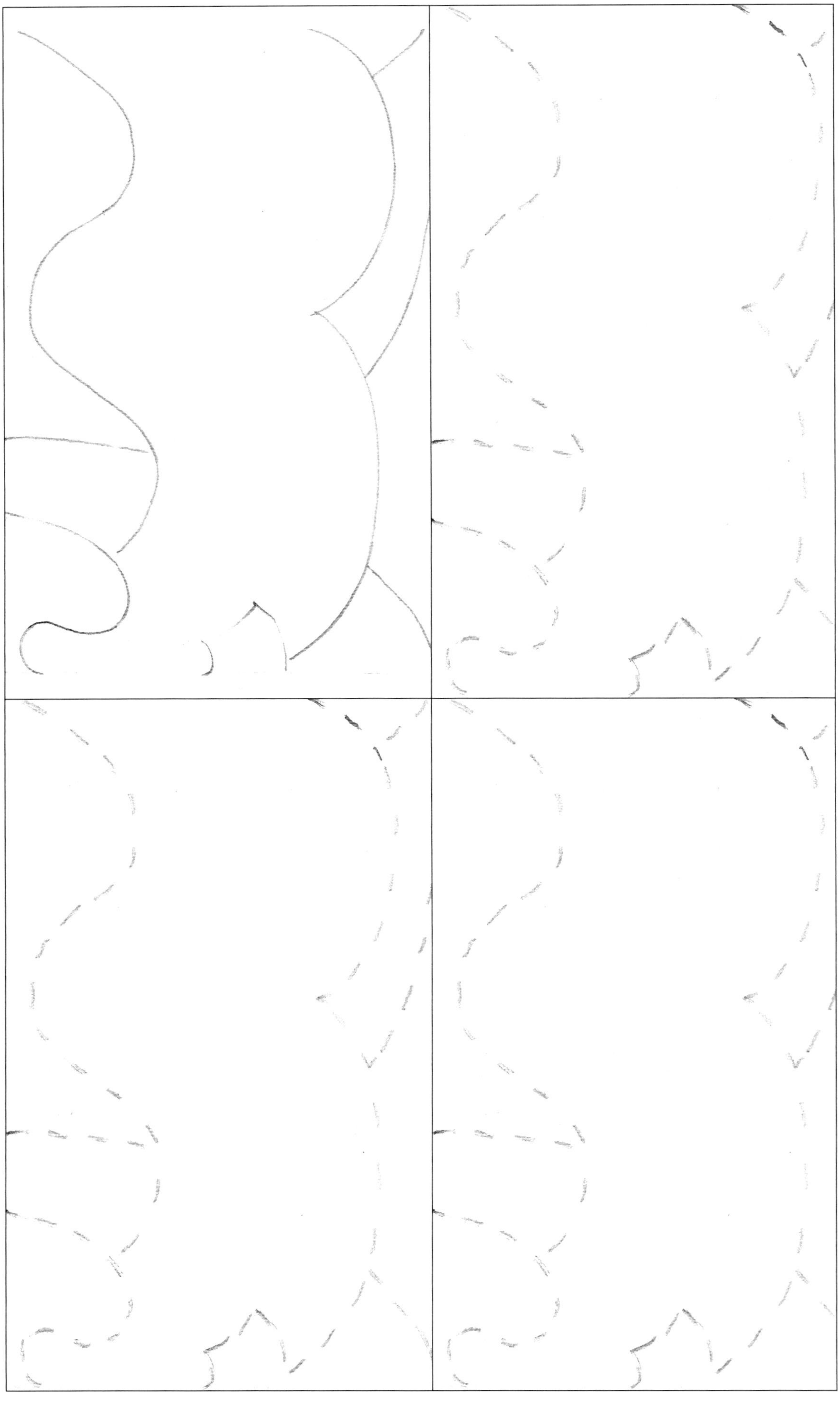

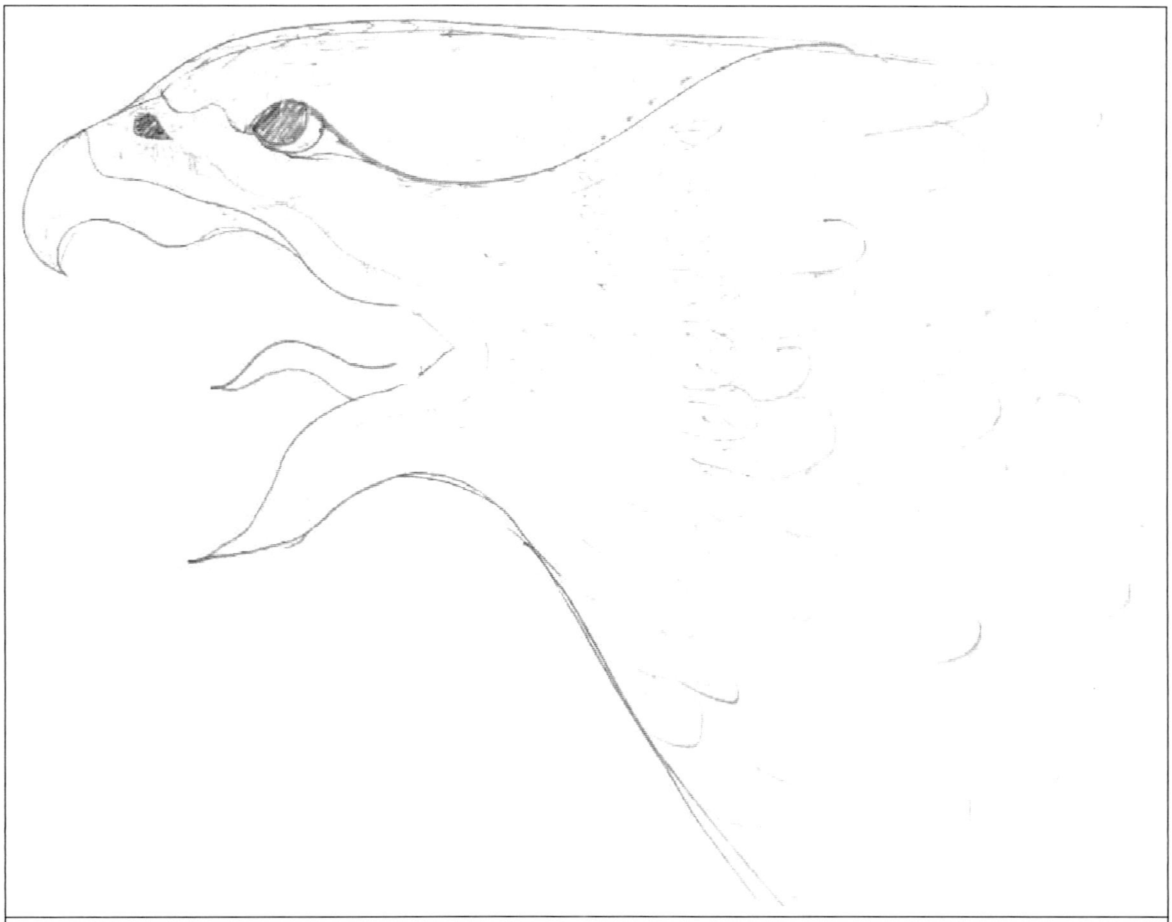

①
②
③

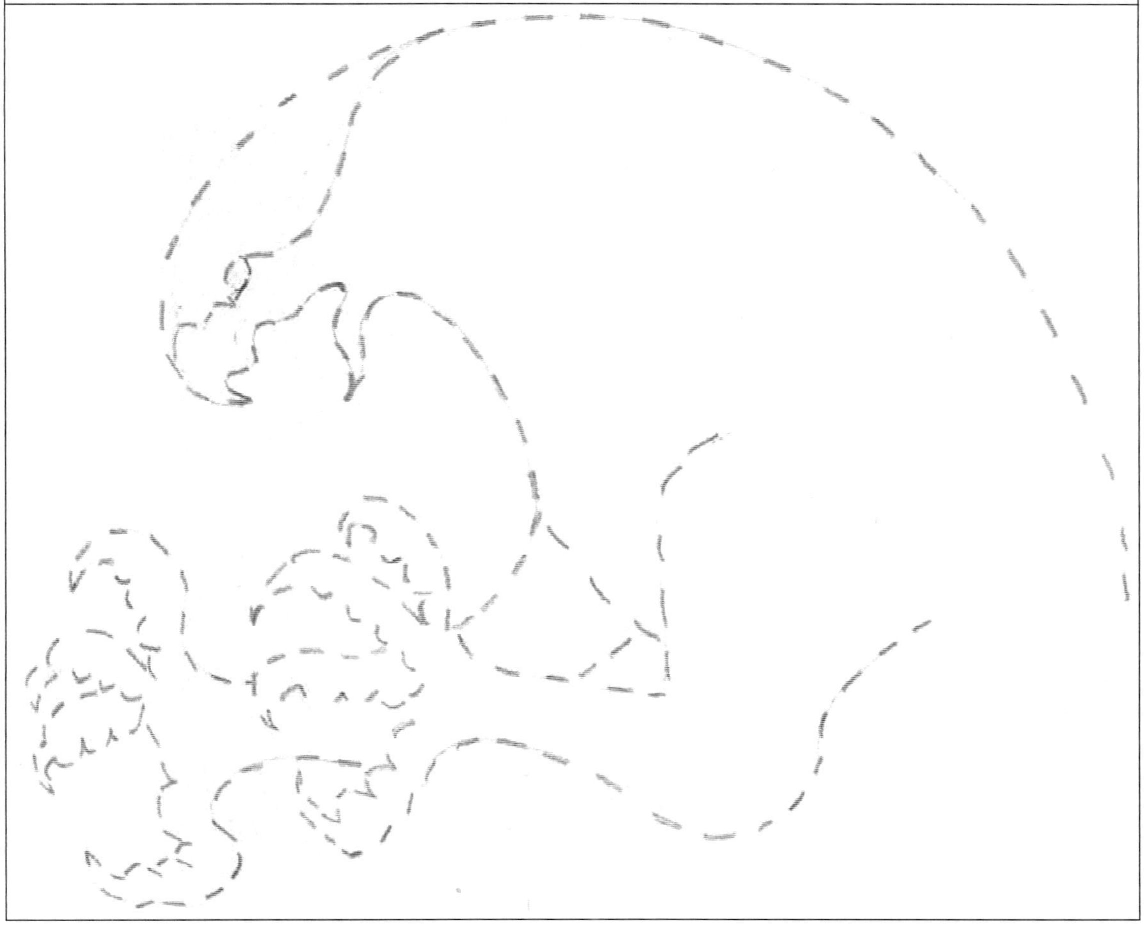

수탉 드로잉

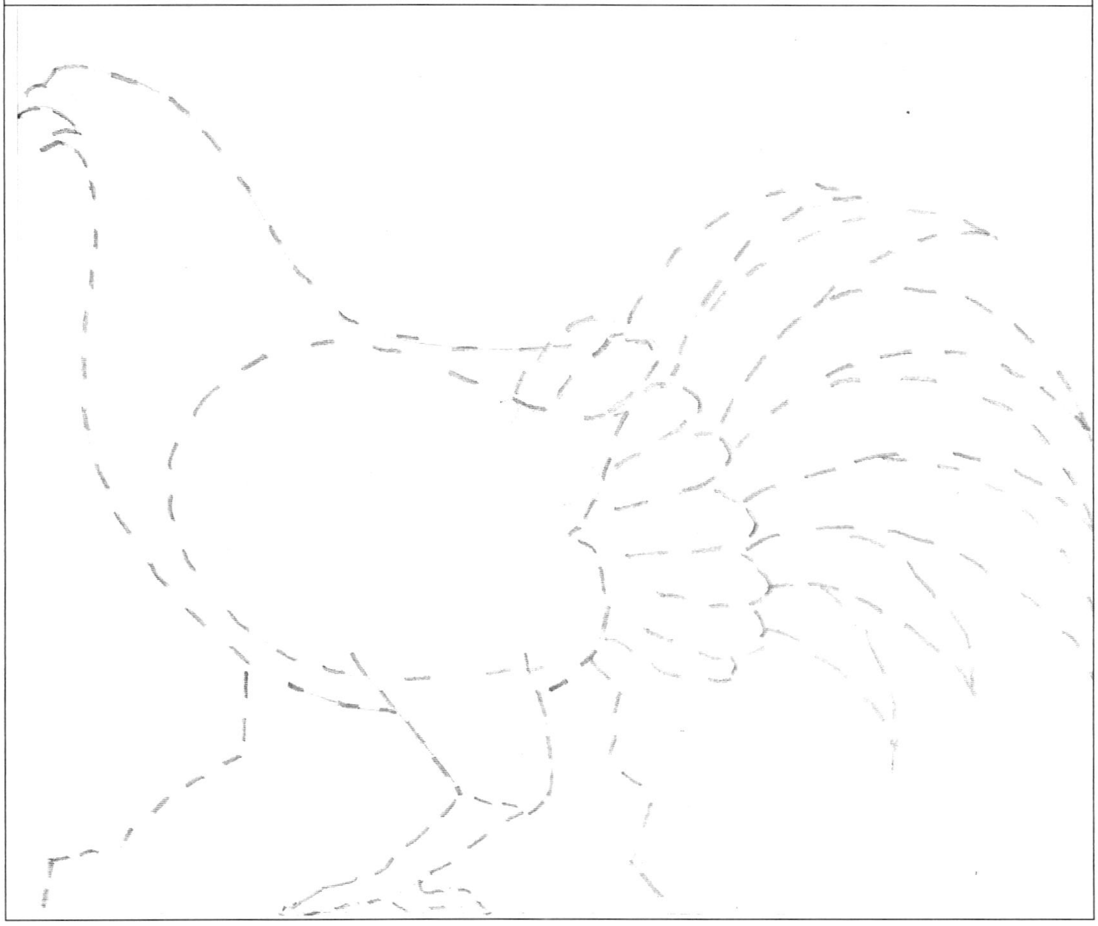

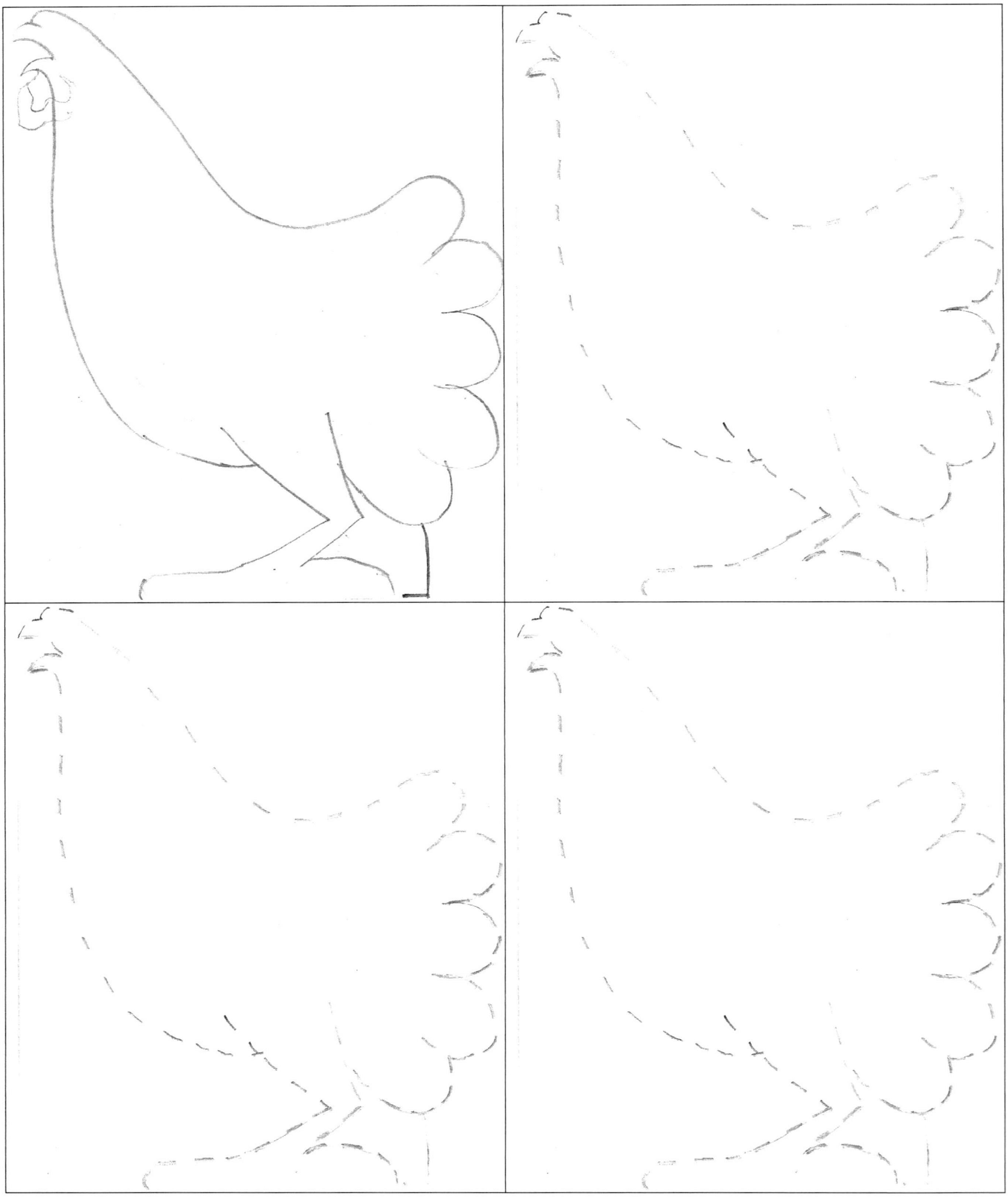

새 드로잉

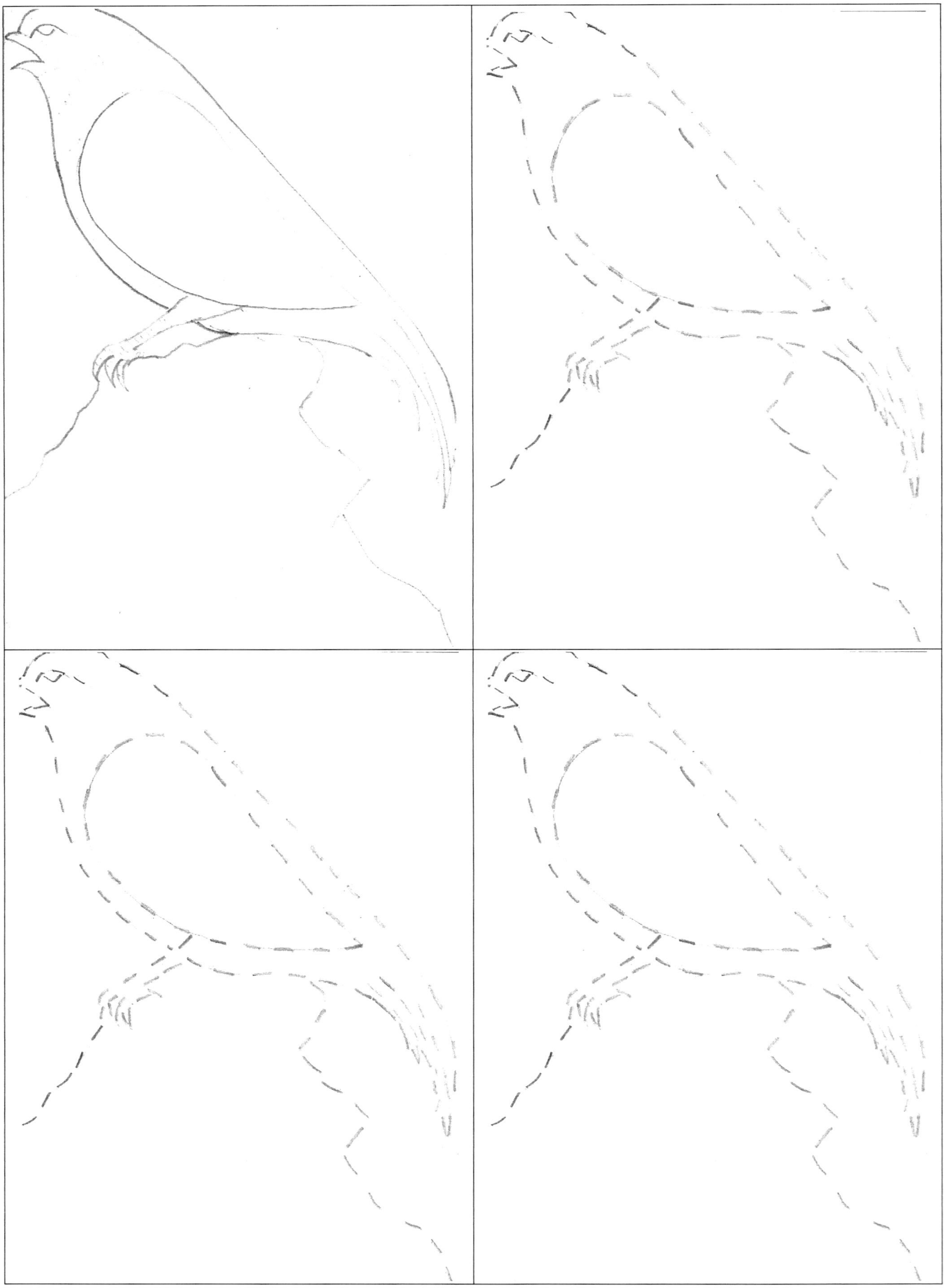

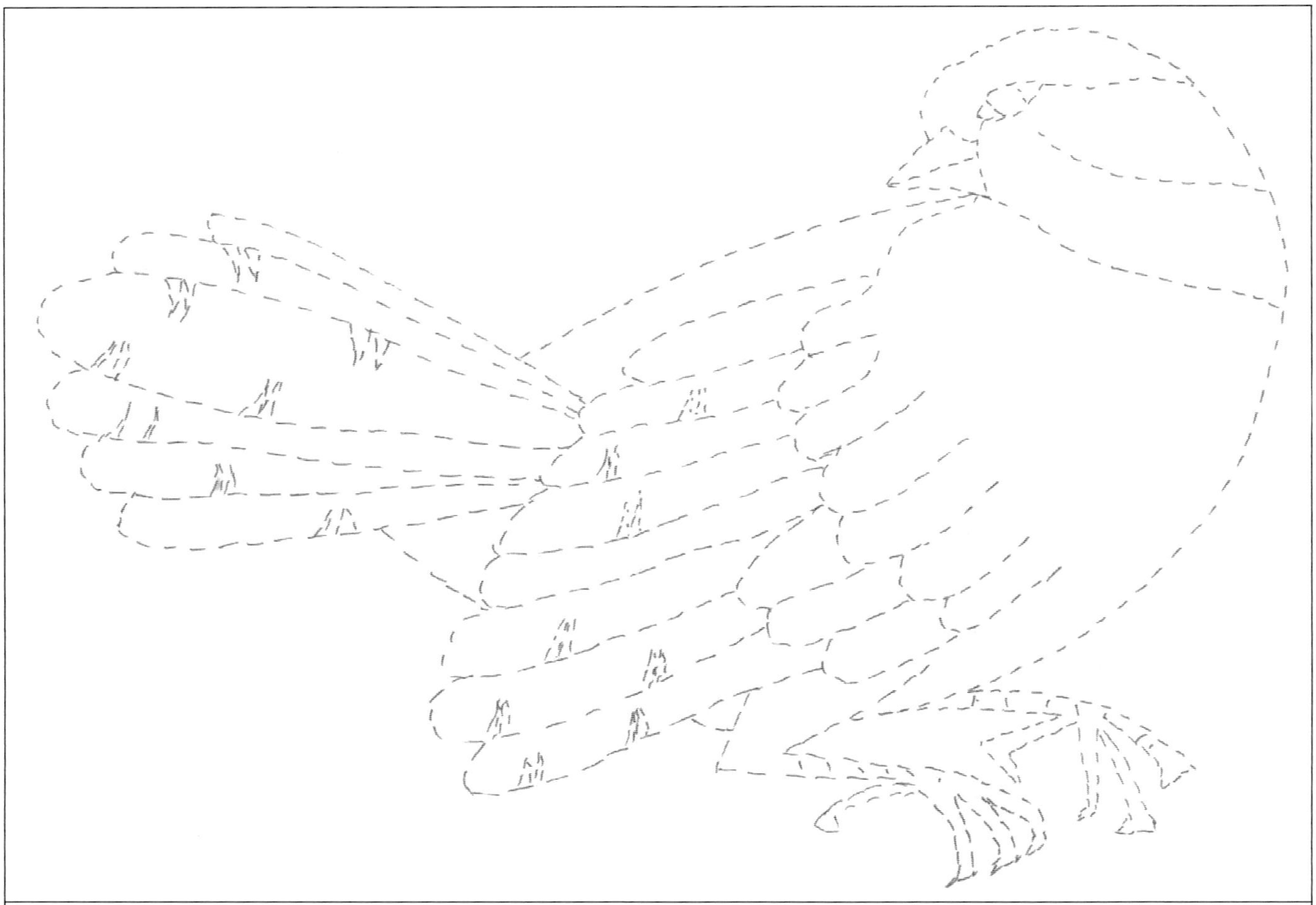

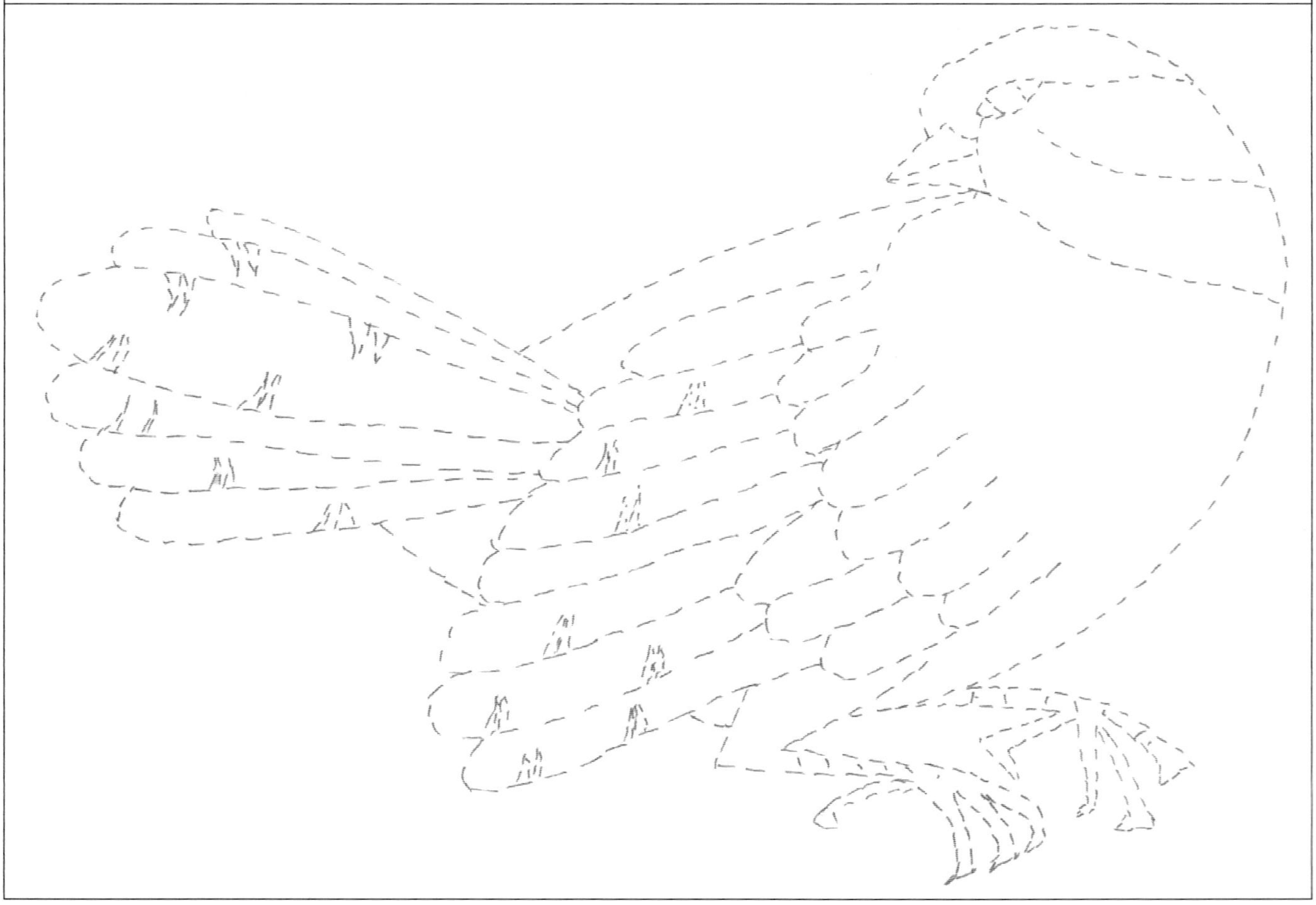

봉황 드로잉

말 드로잉

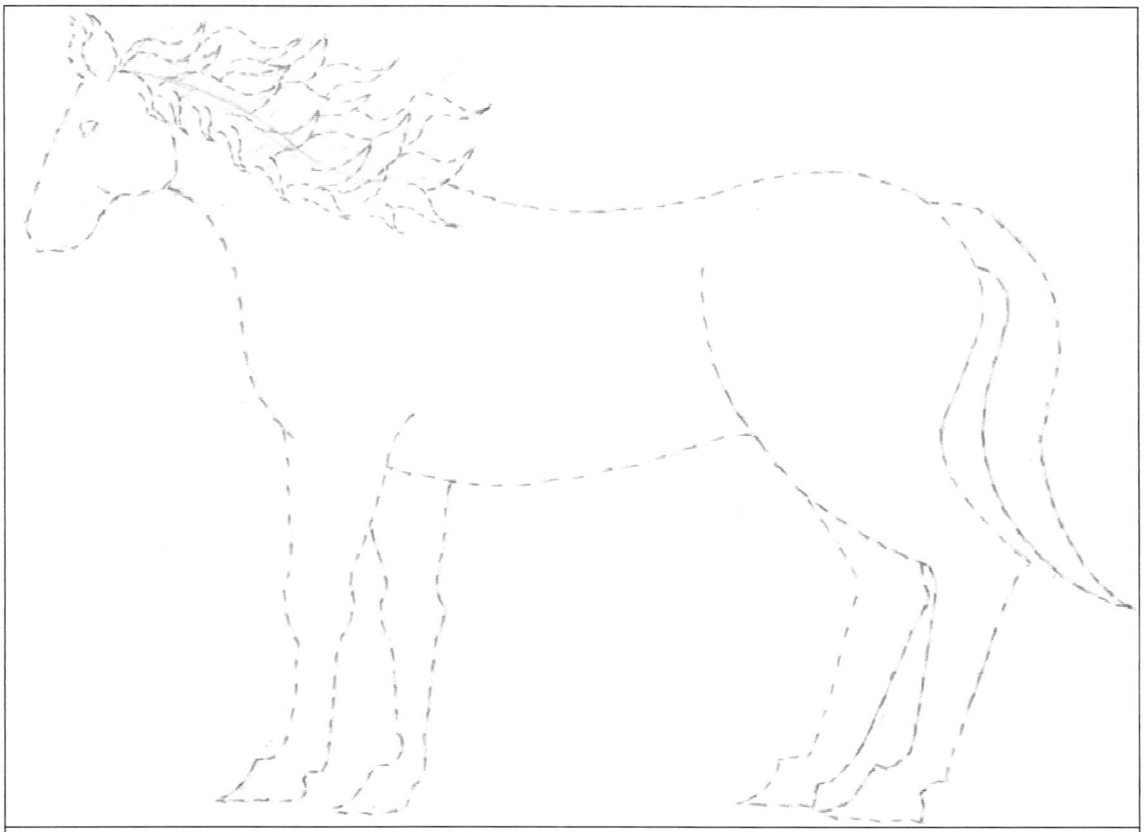

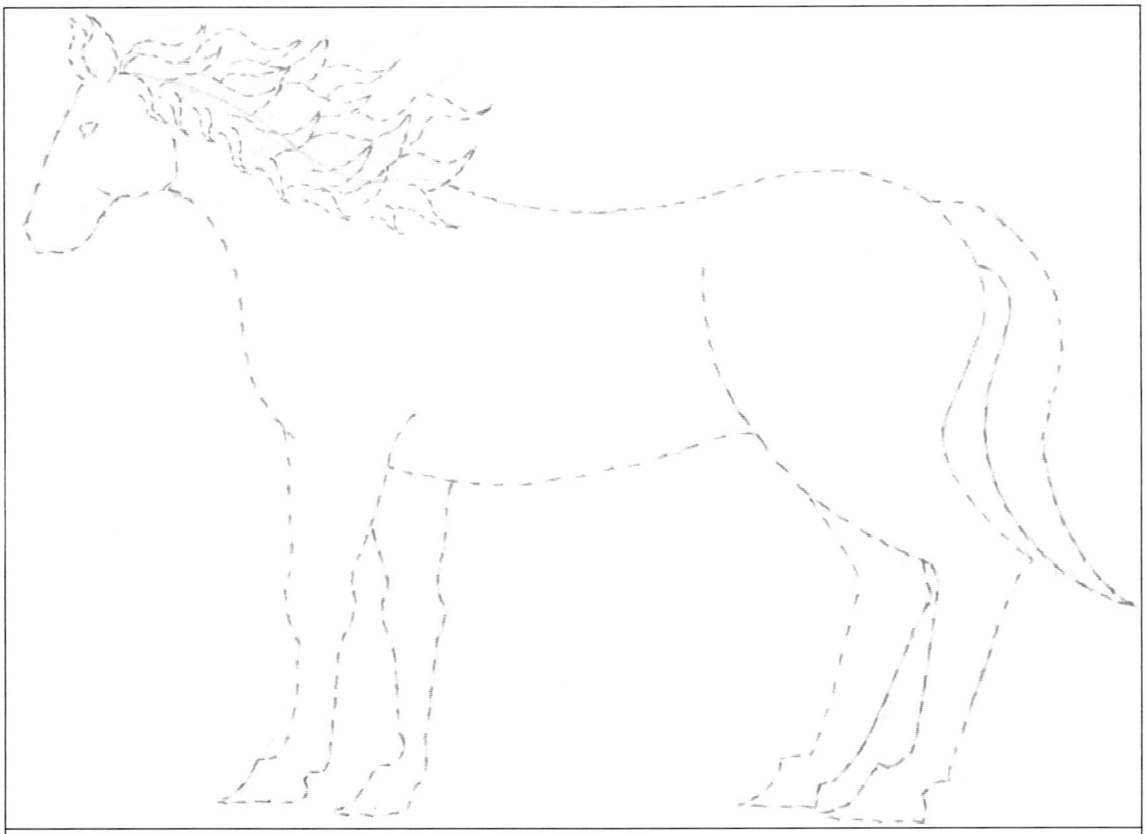

물고기, 새우 드로잉

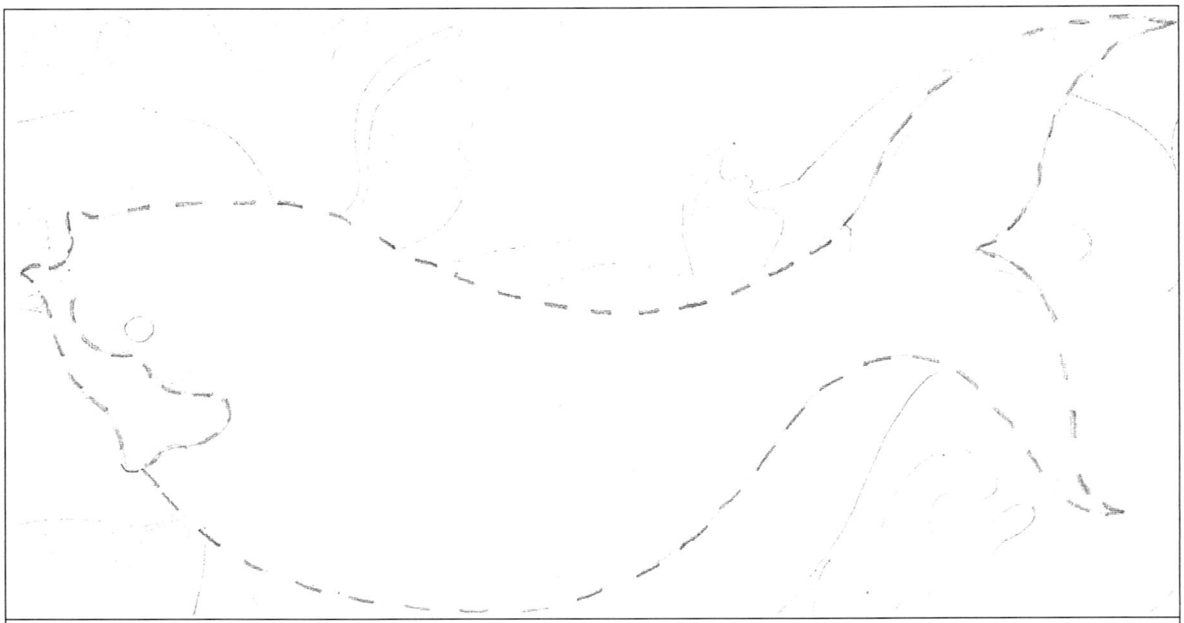

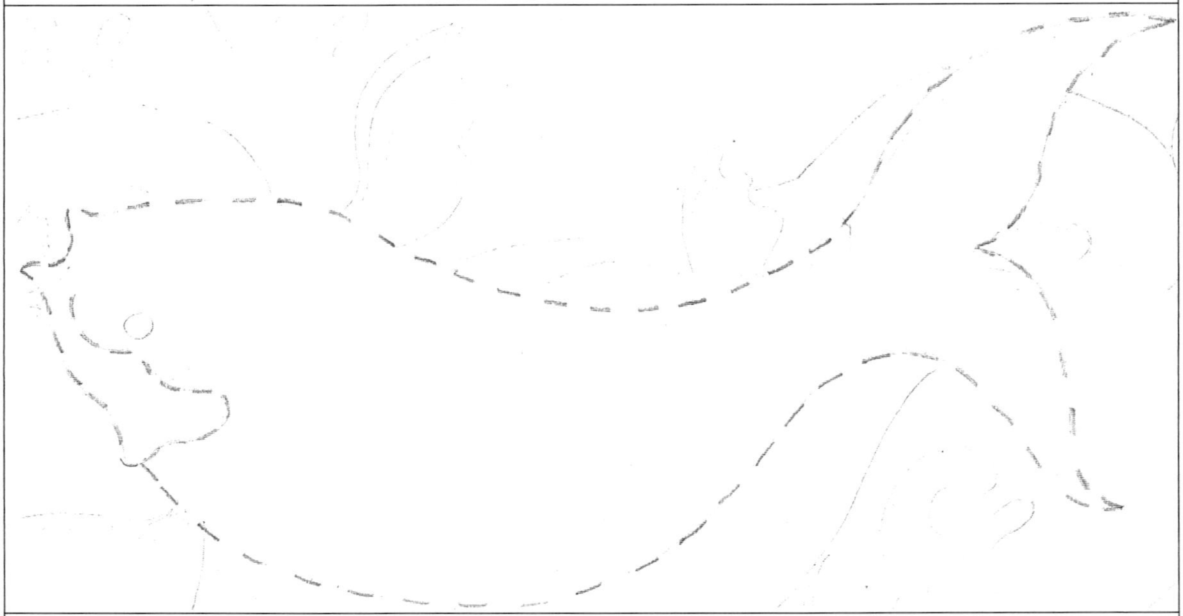

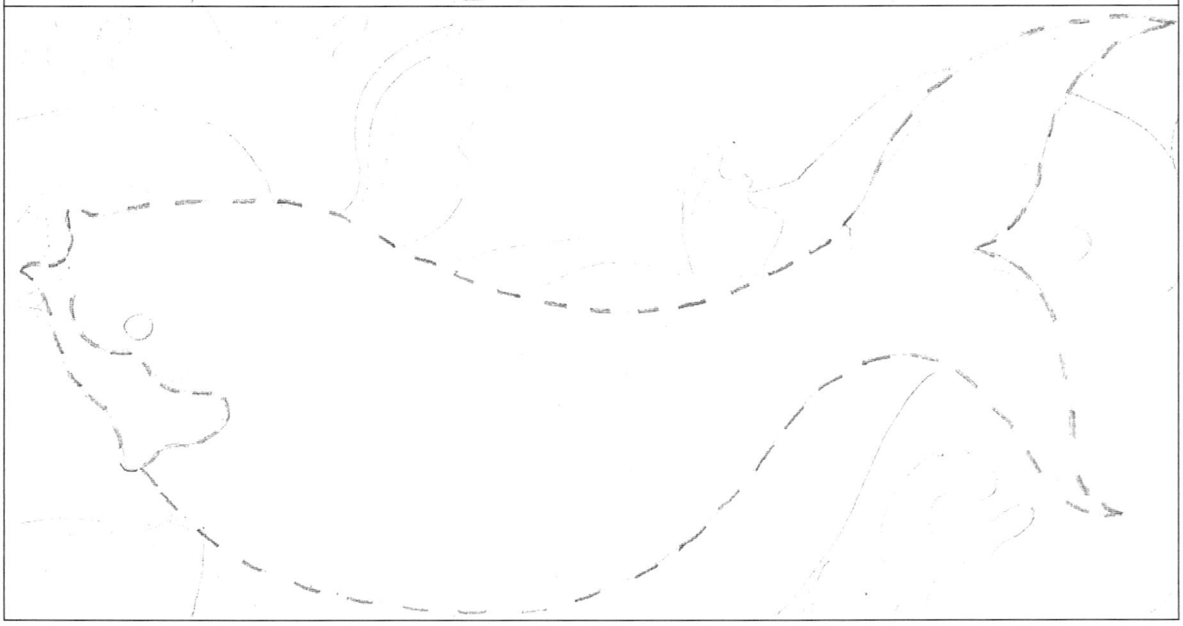

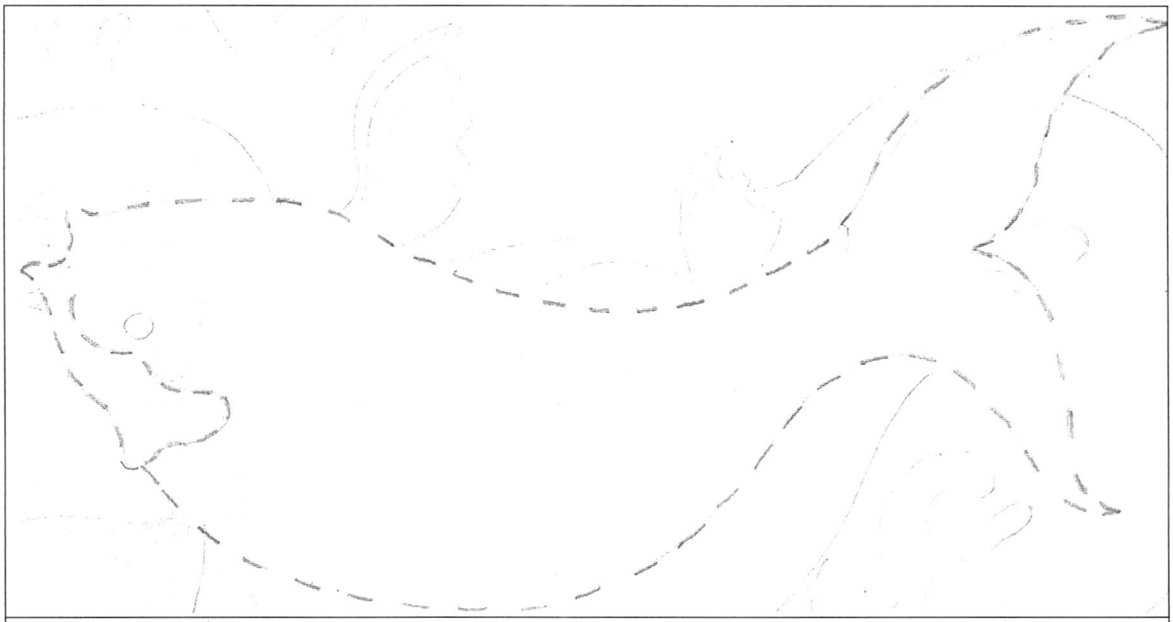

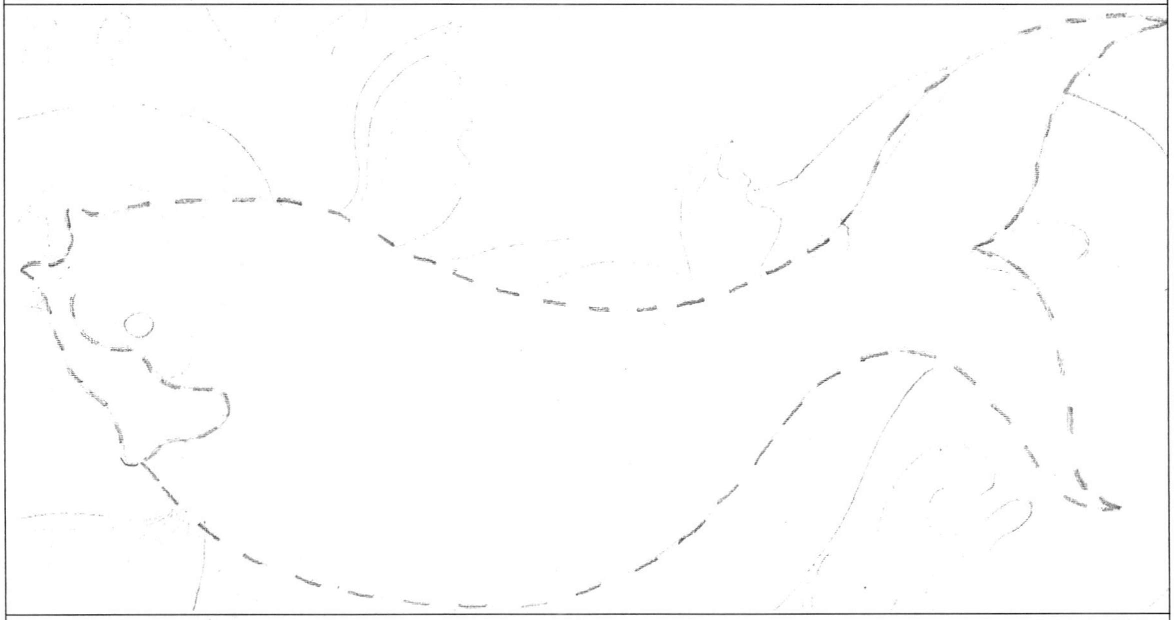

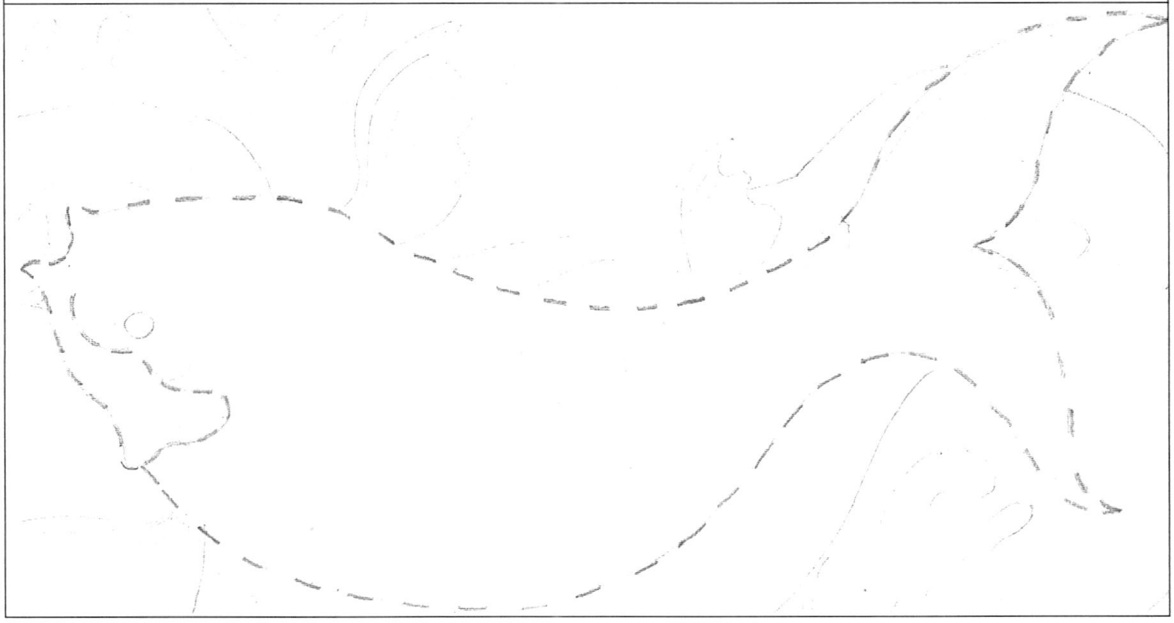

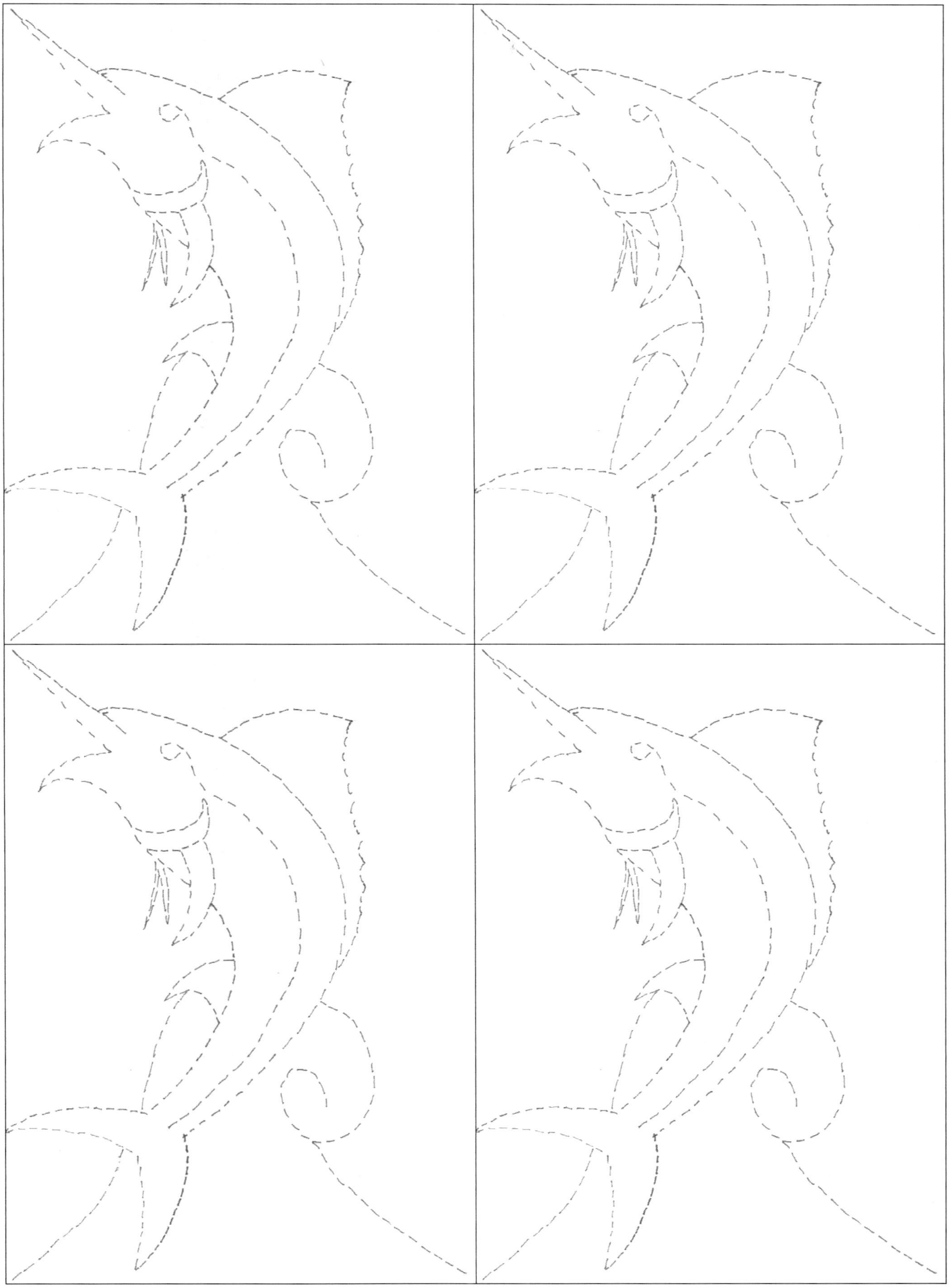

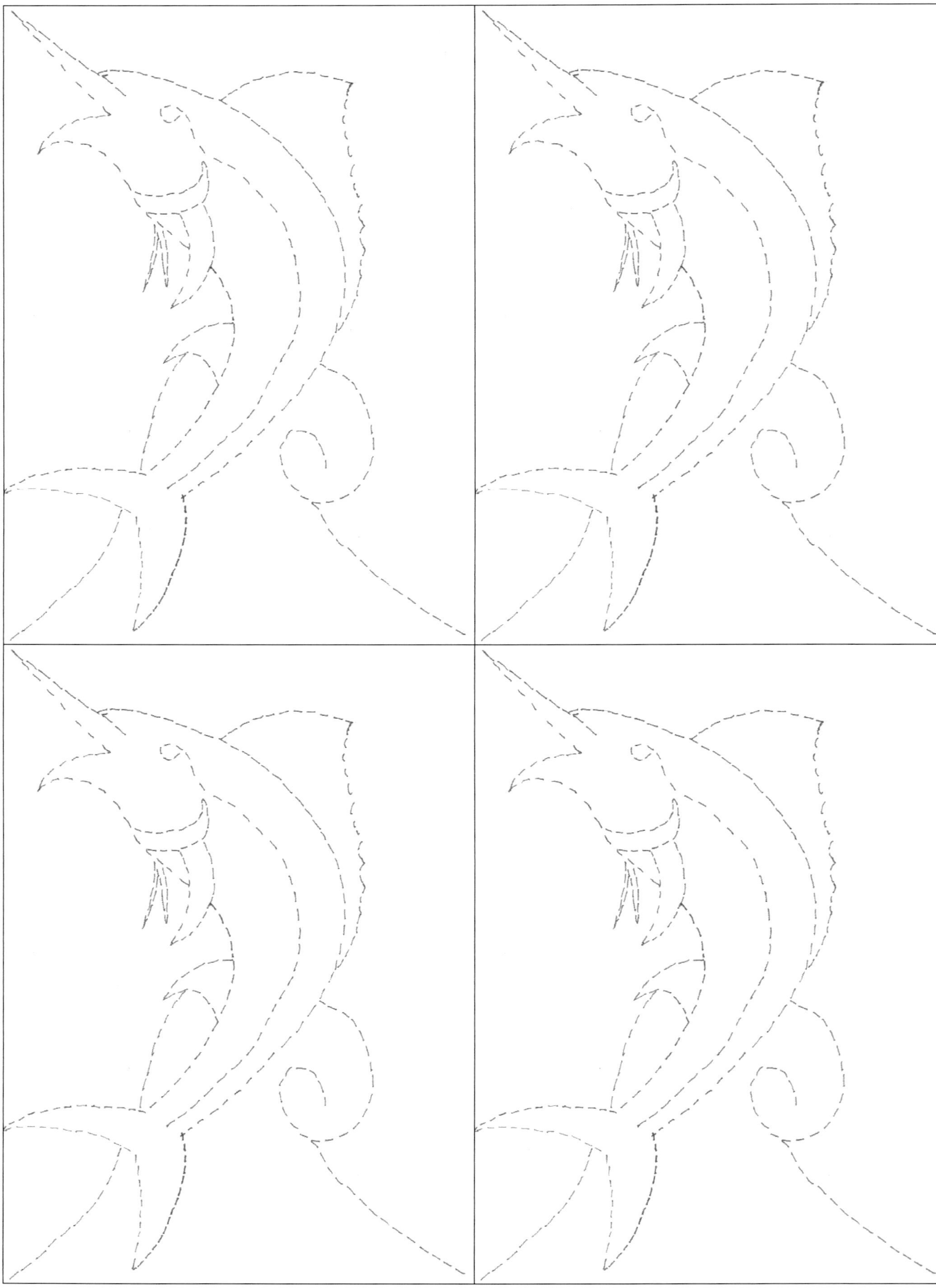

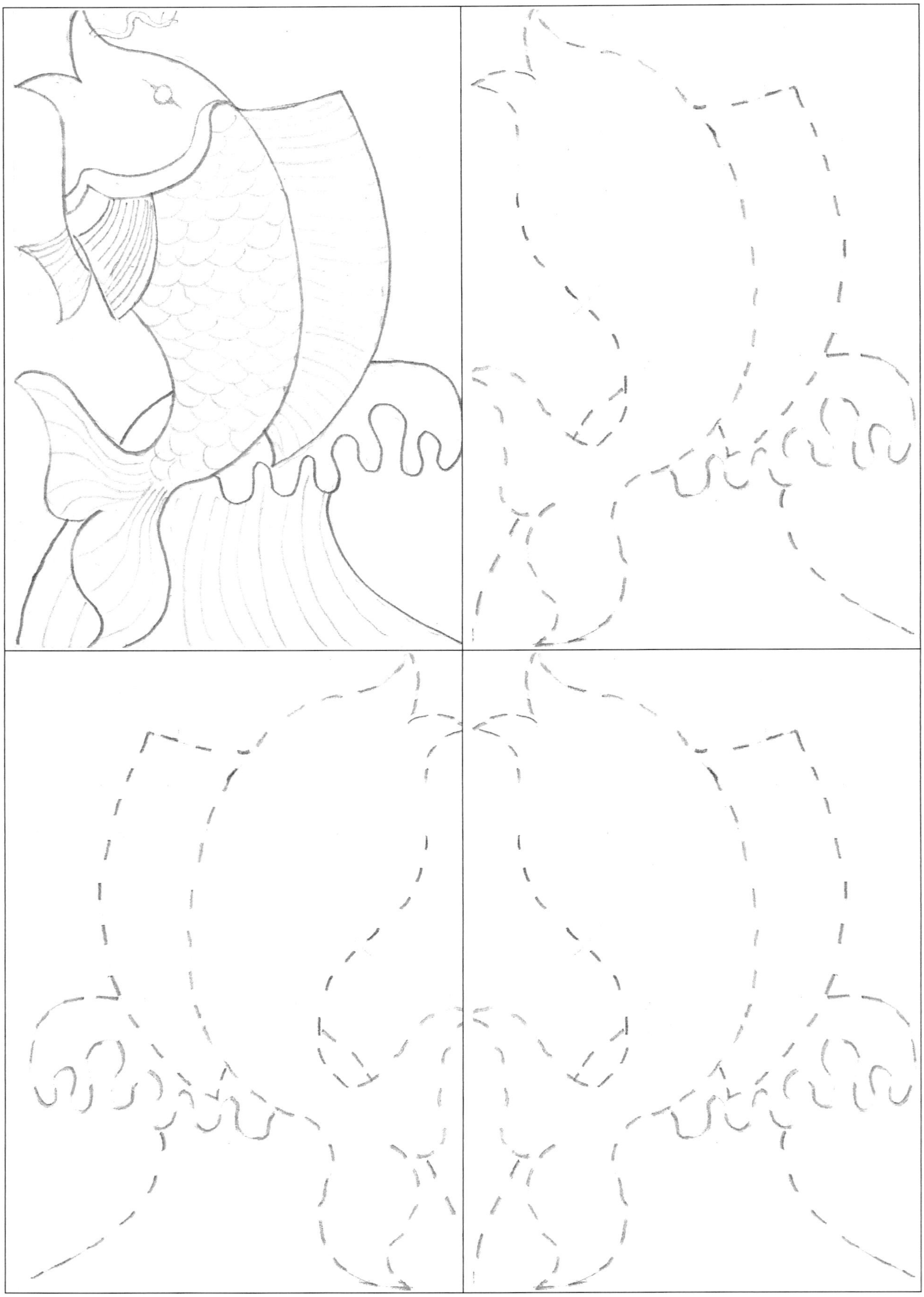

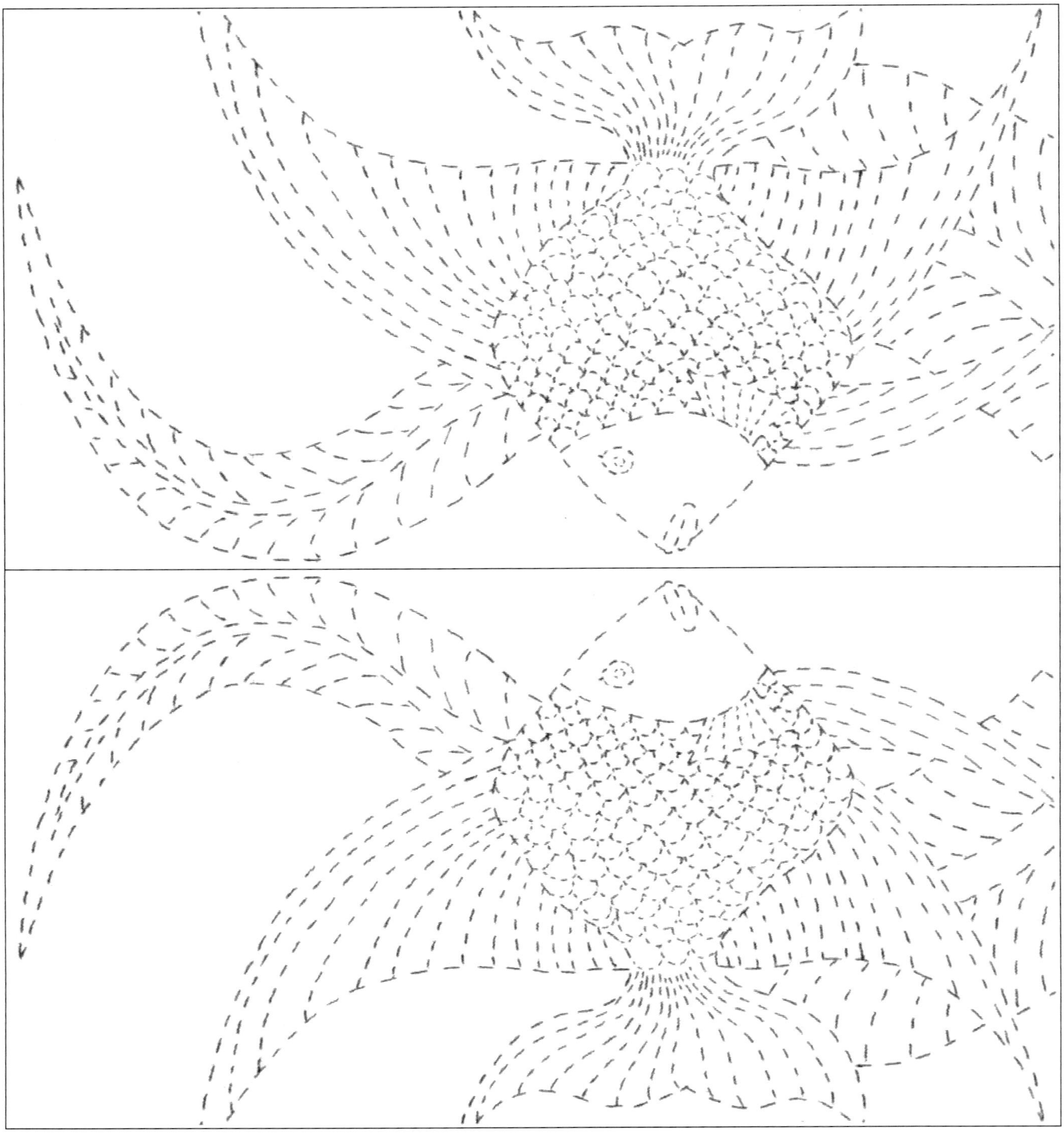

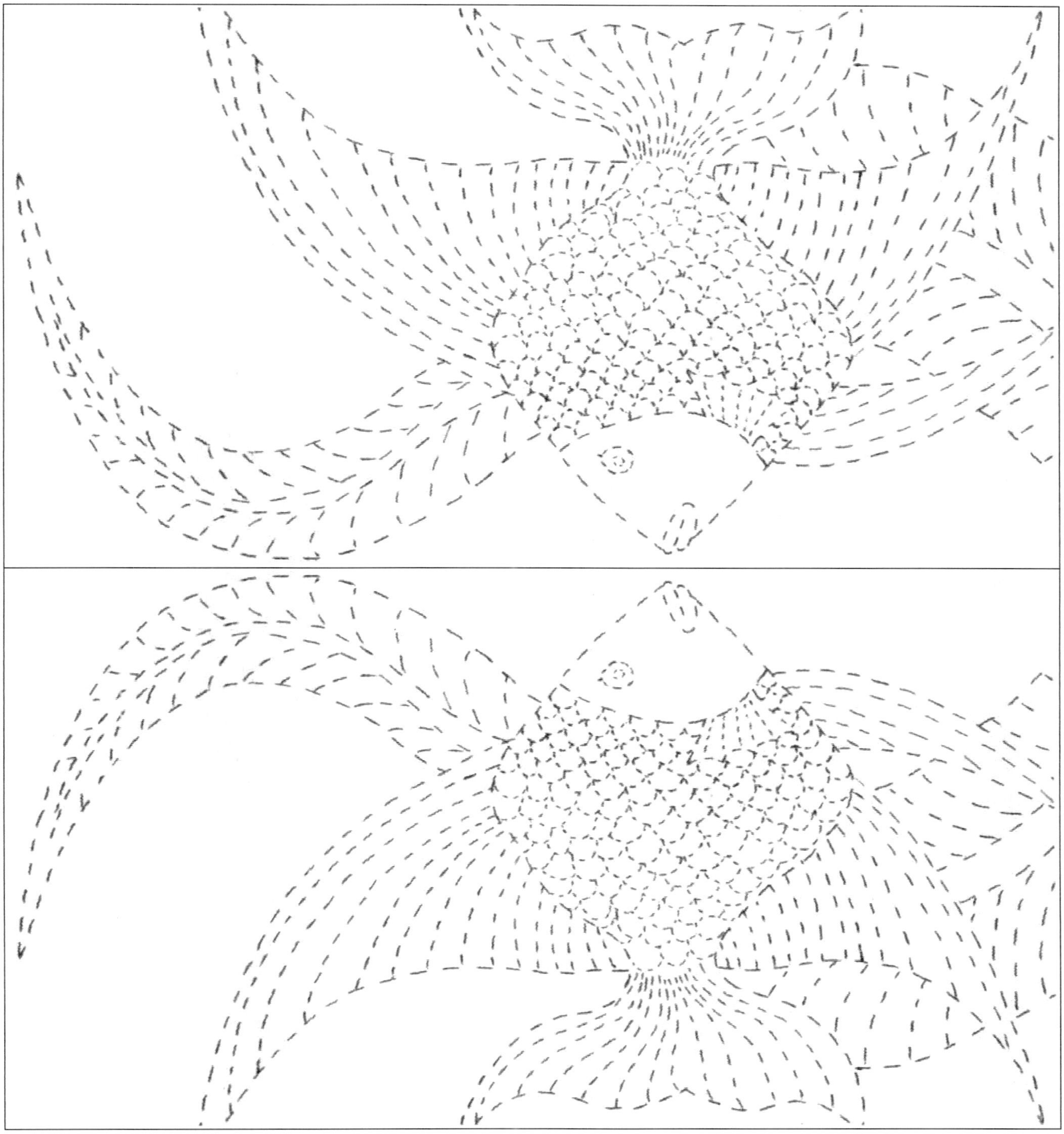

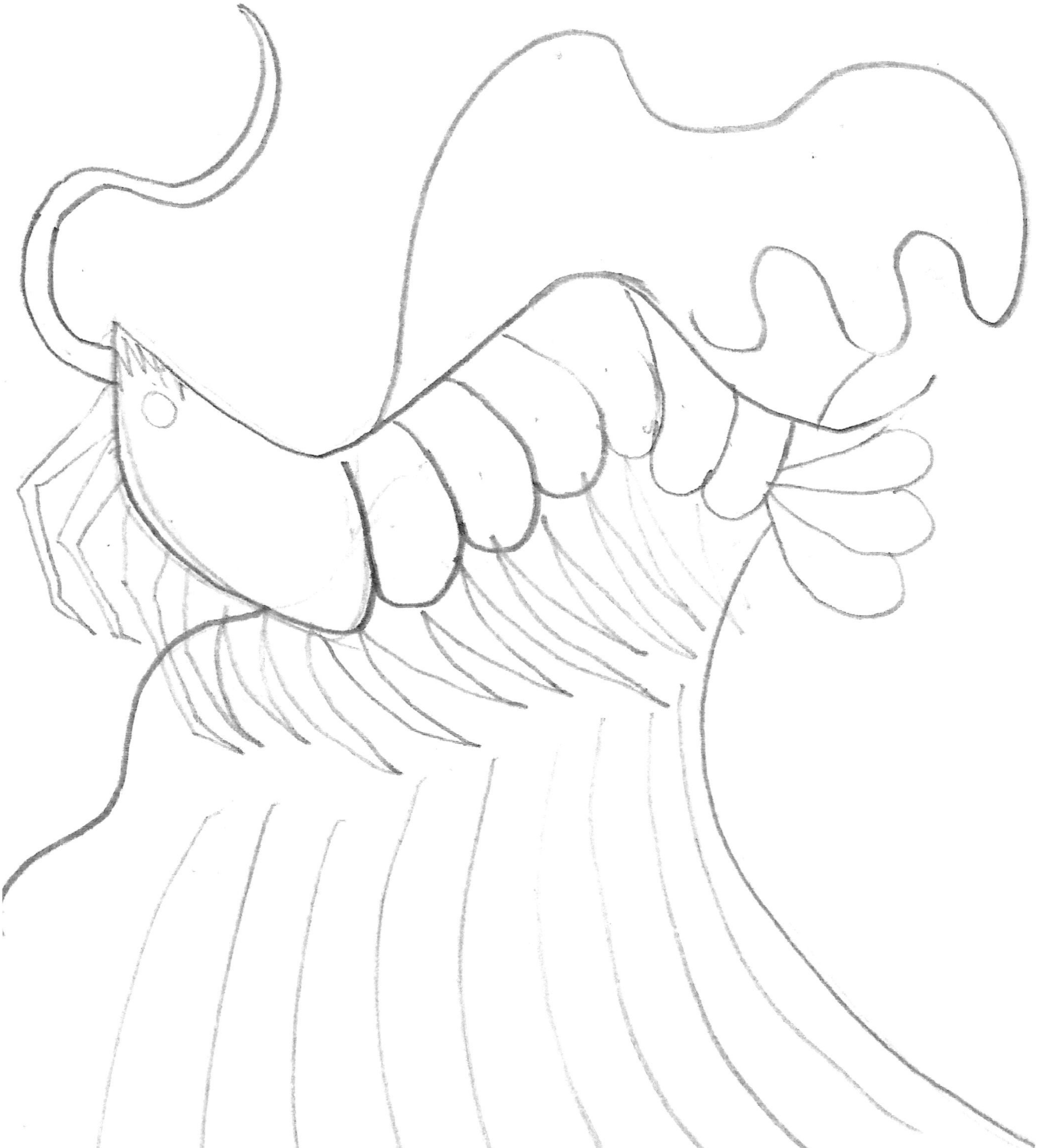

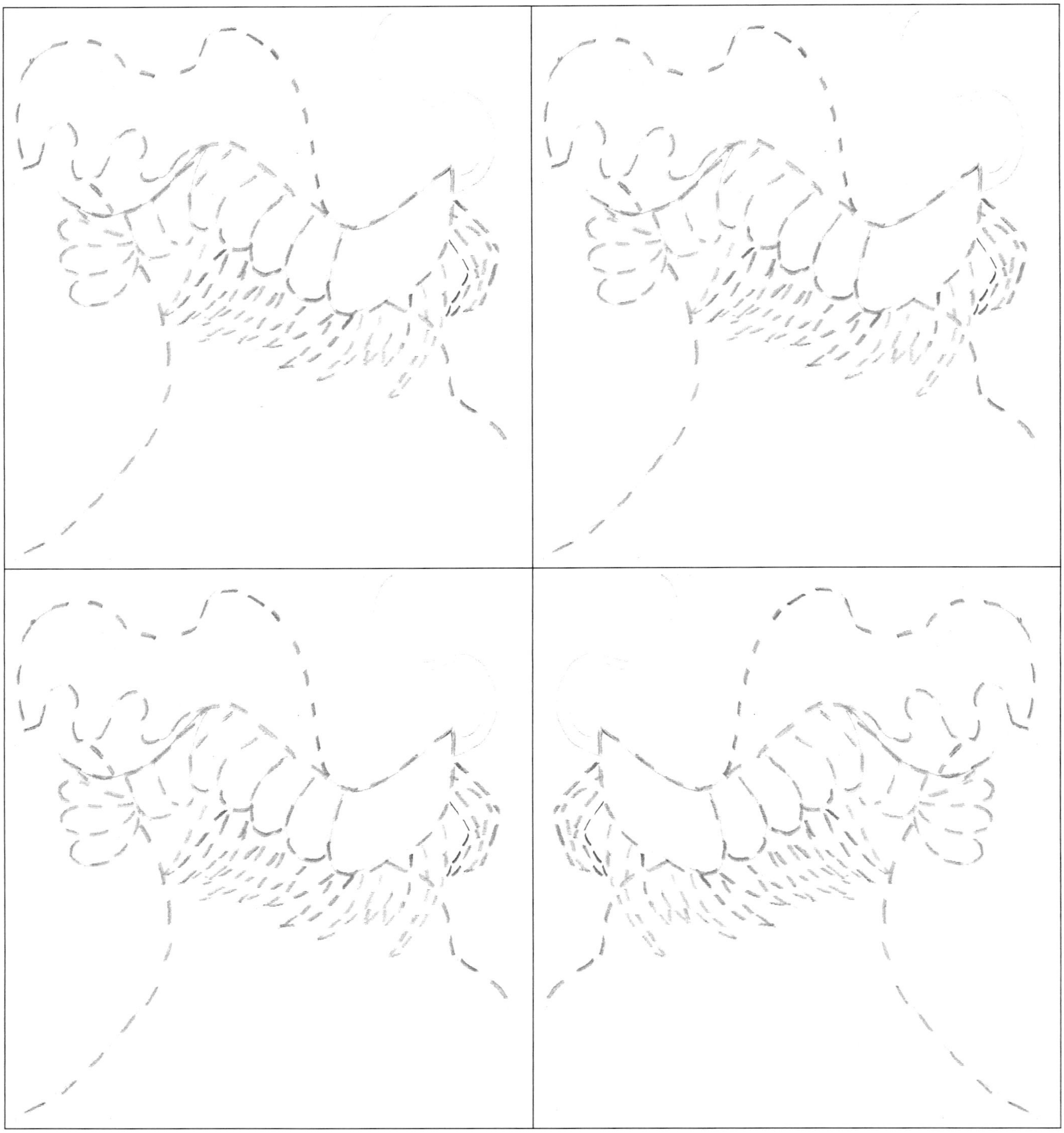

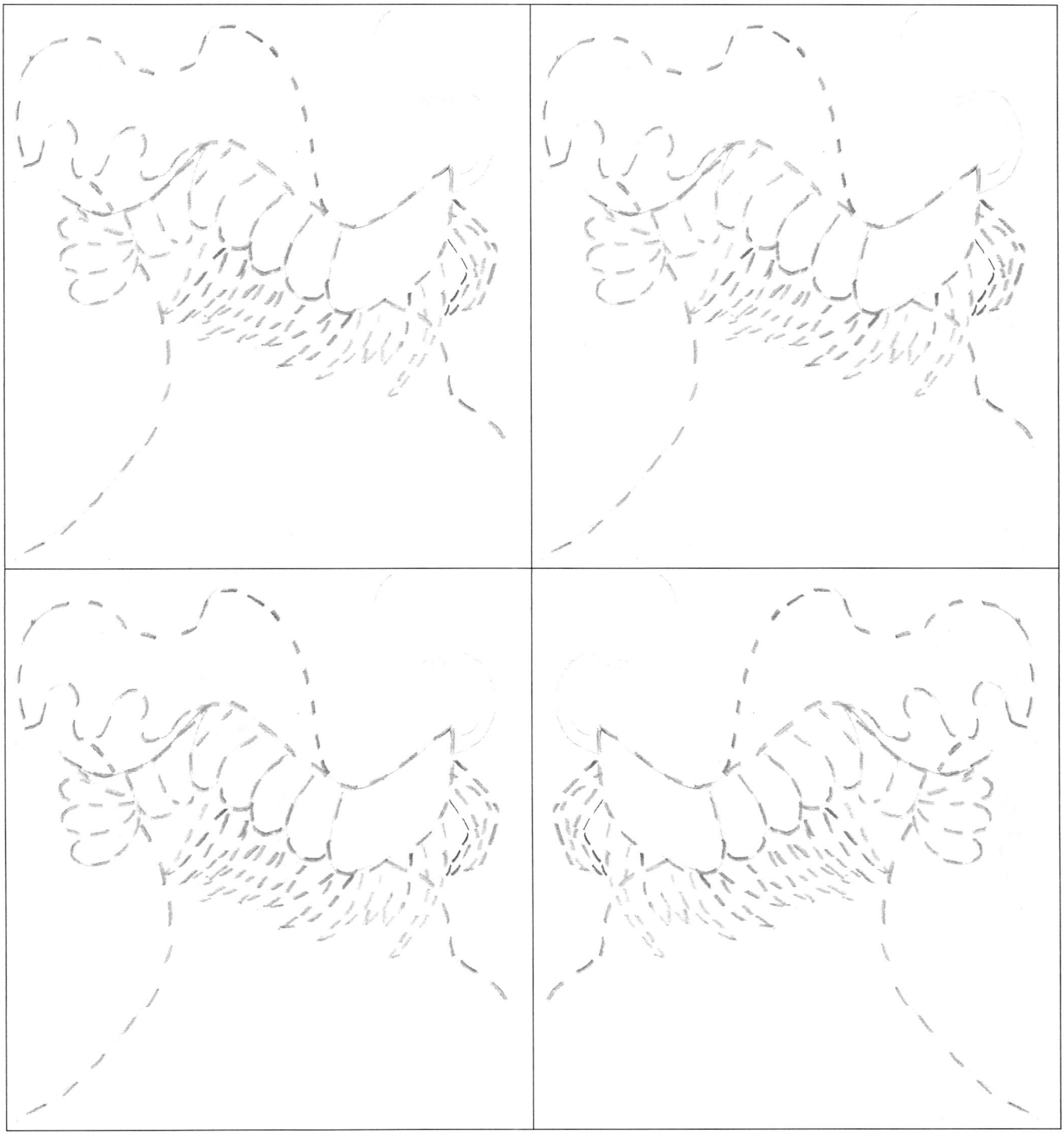

호랑이 드로잉

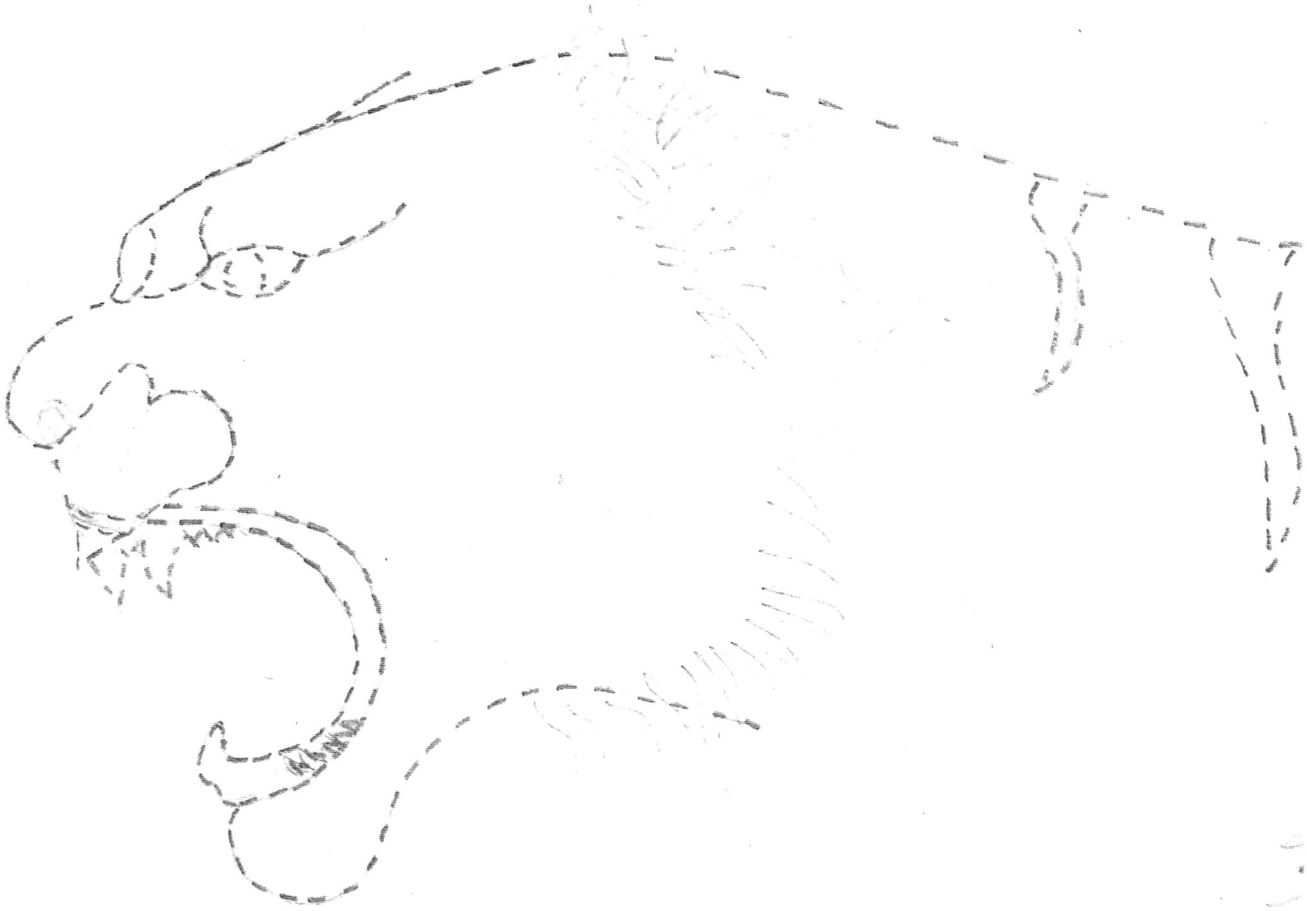

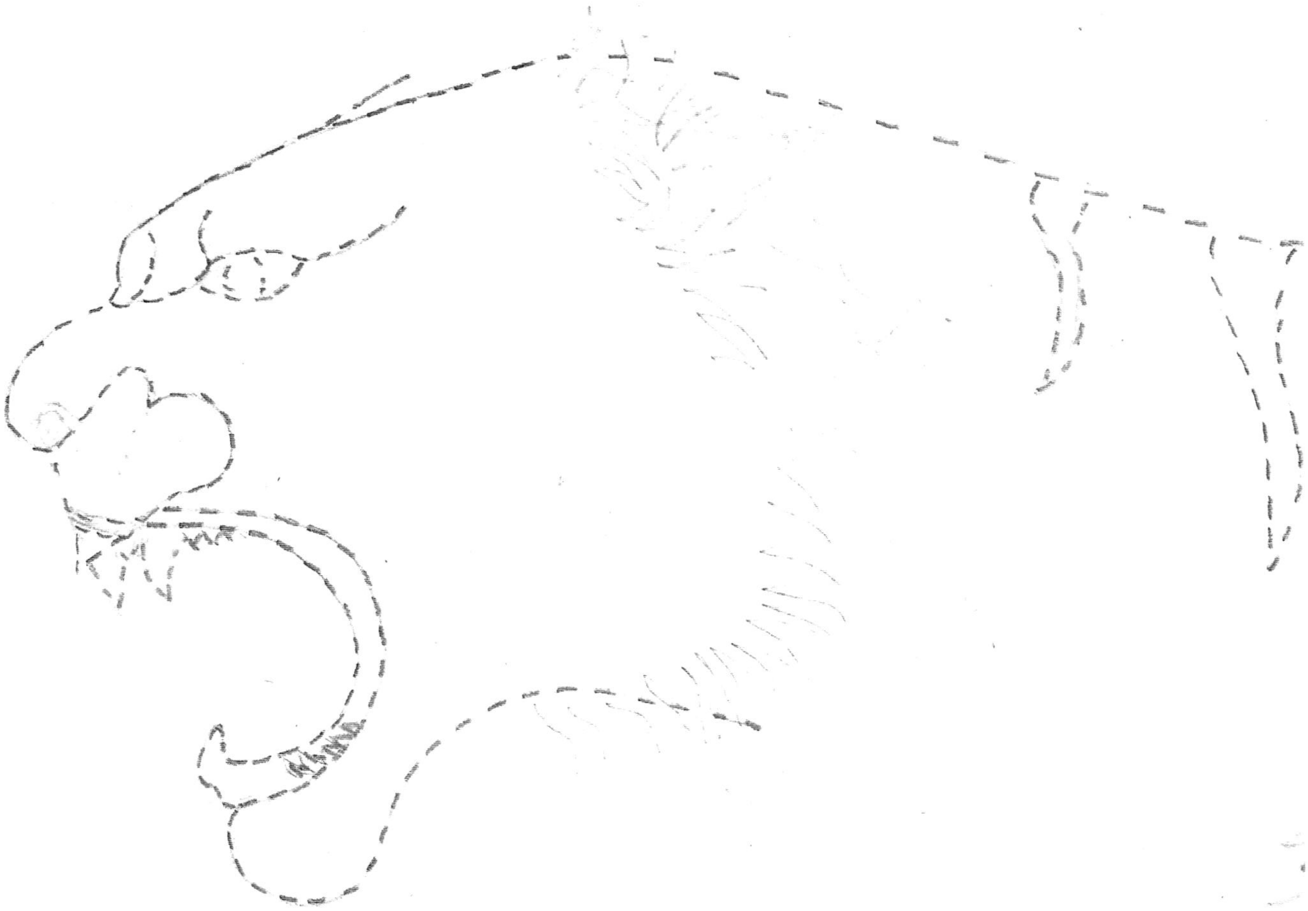

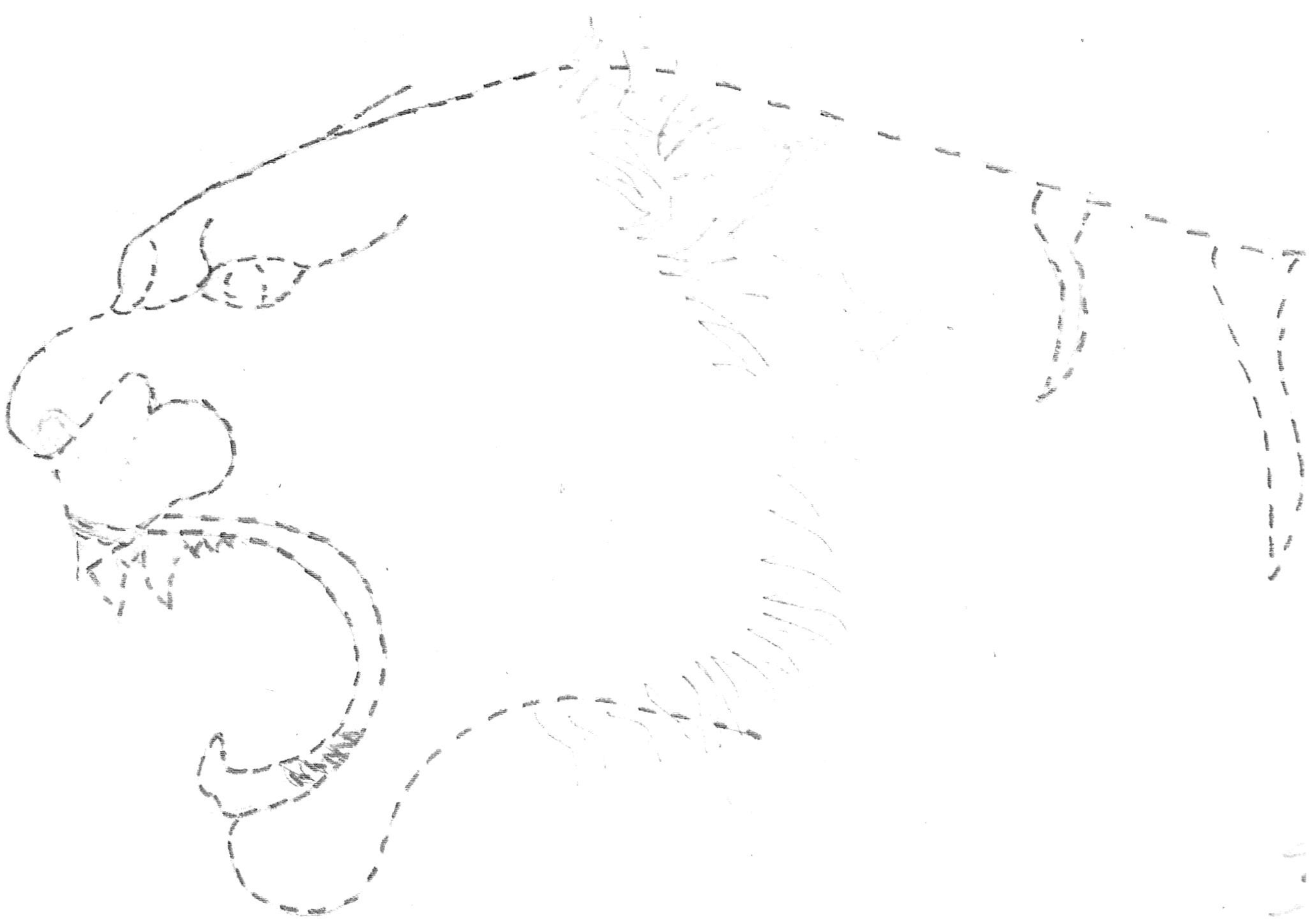

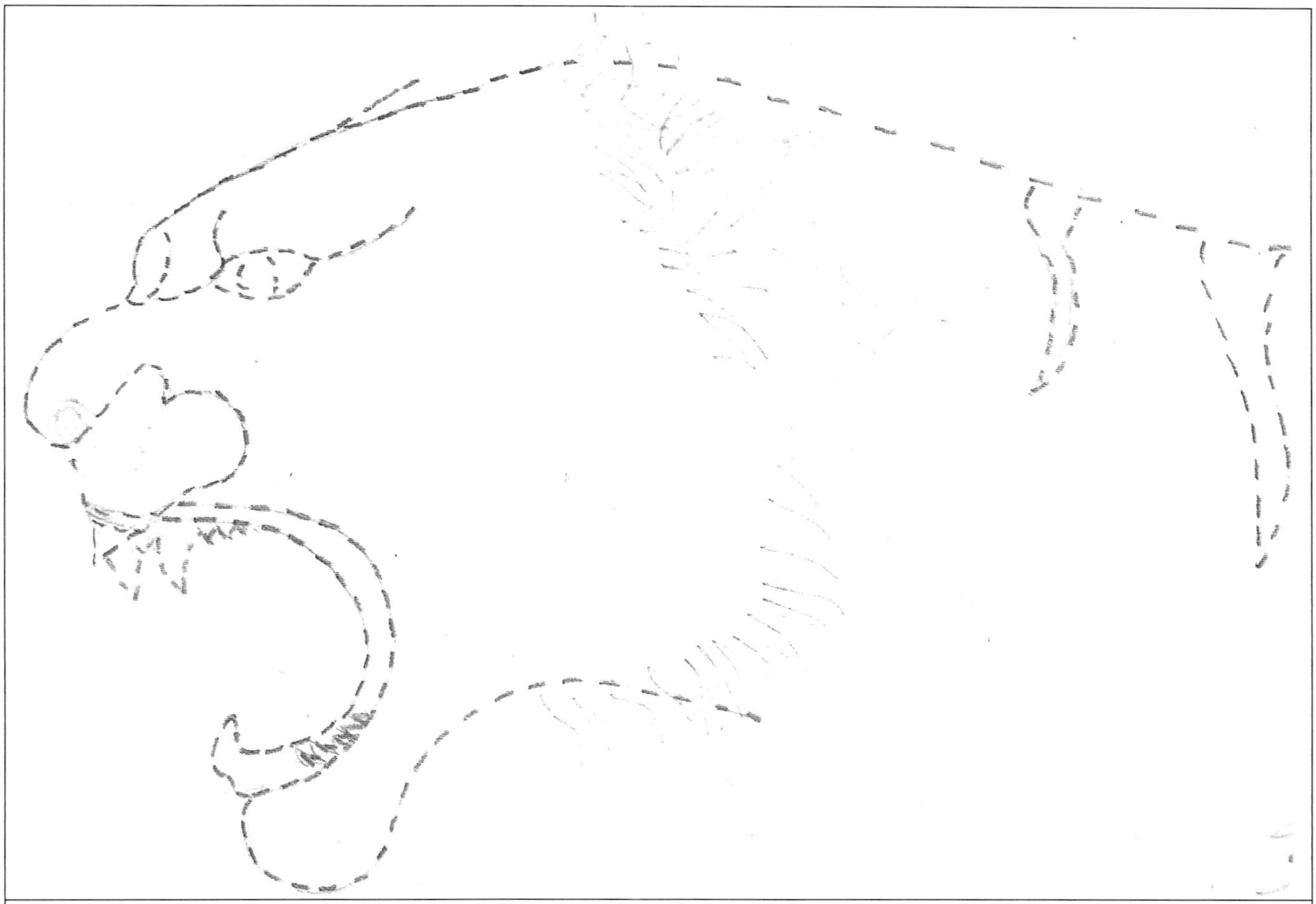

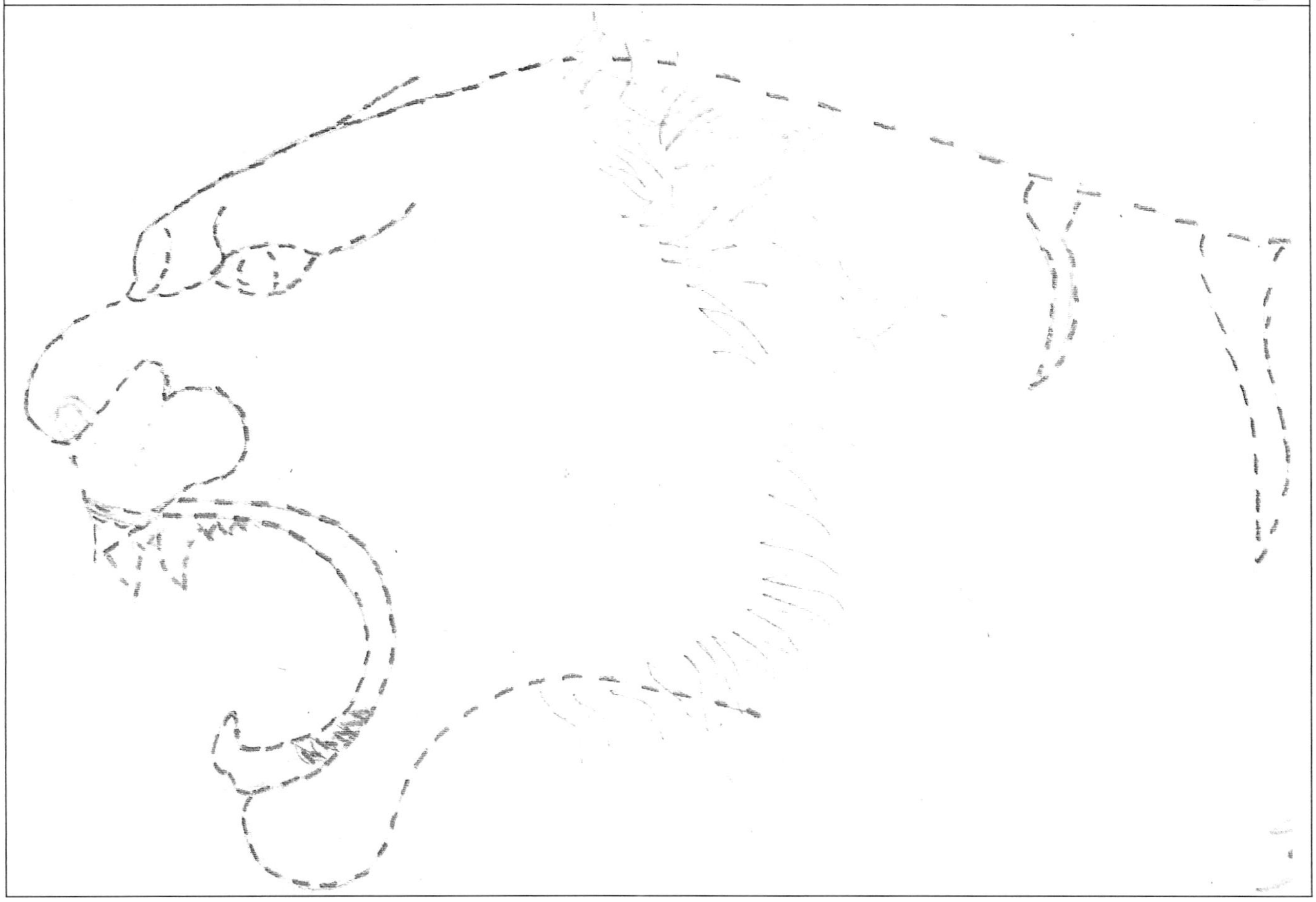

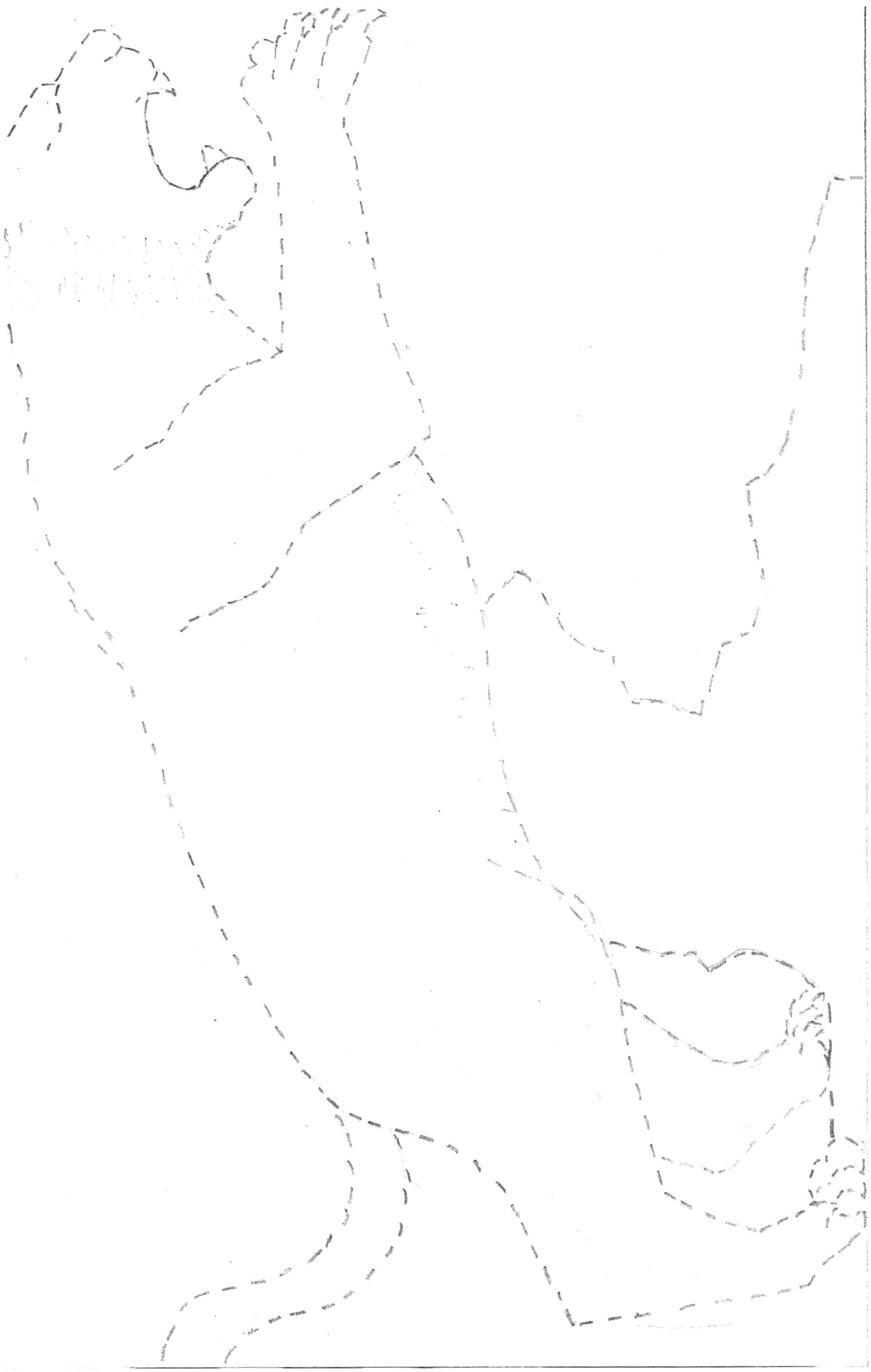

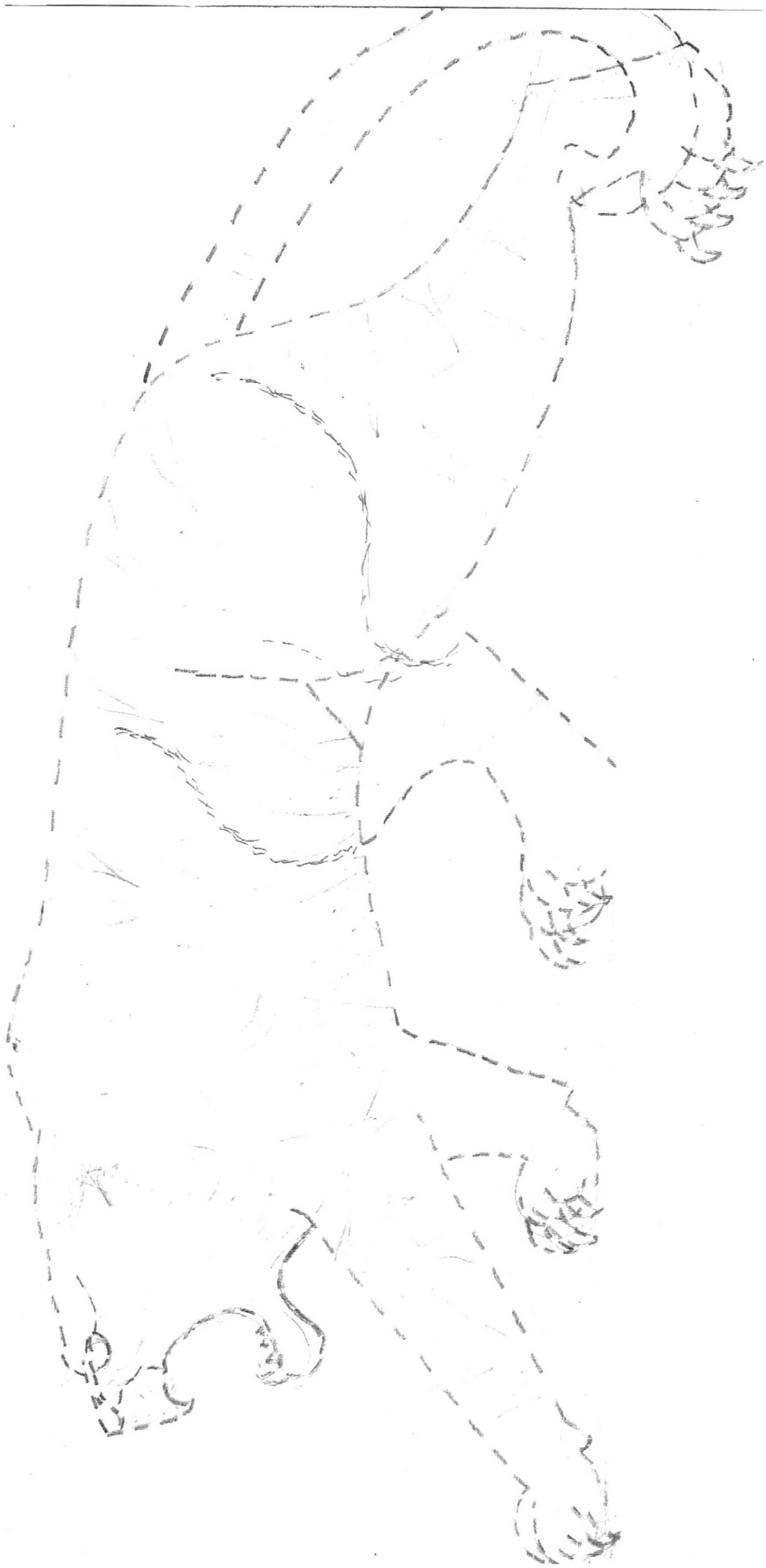

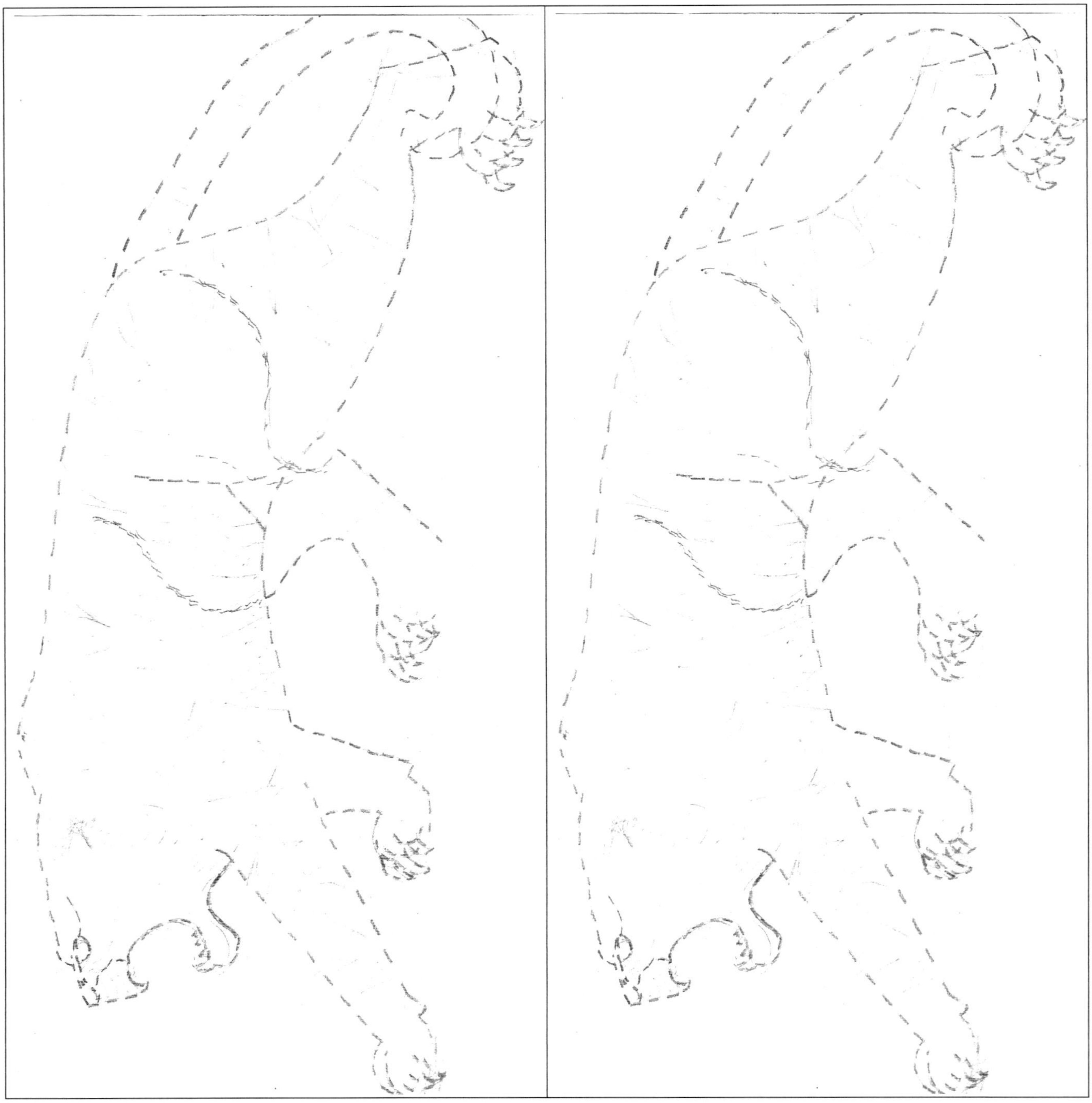

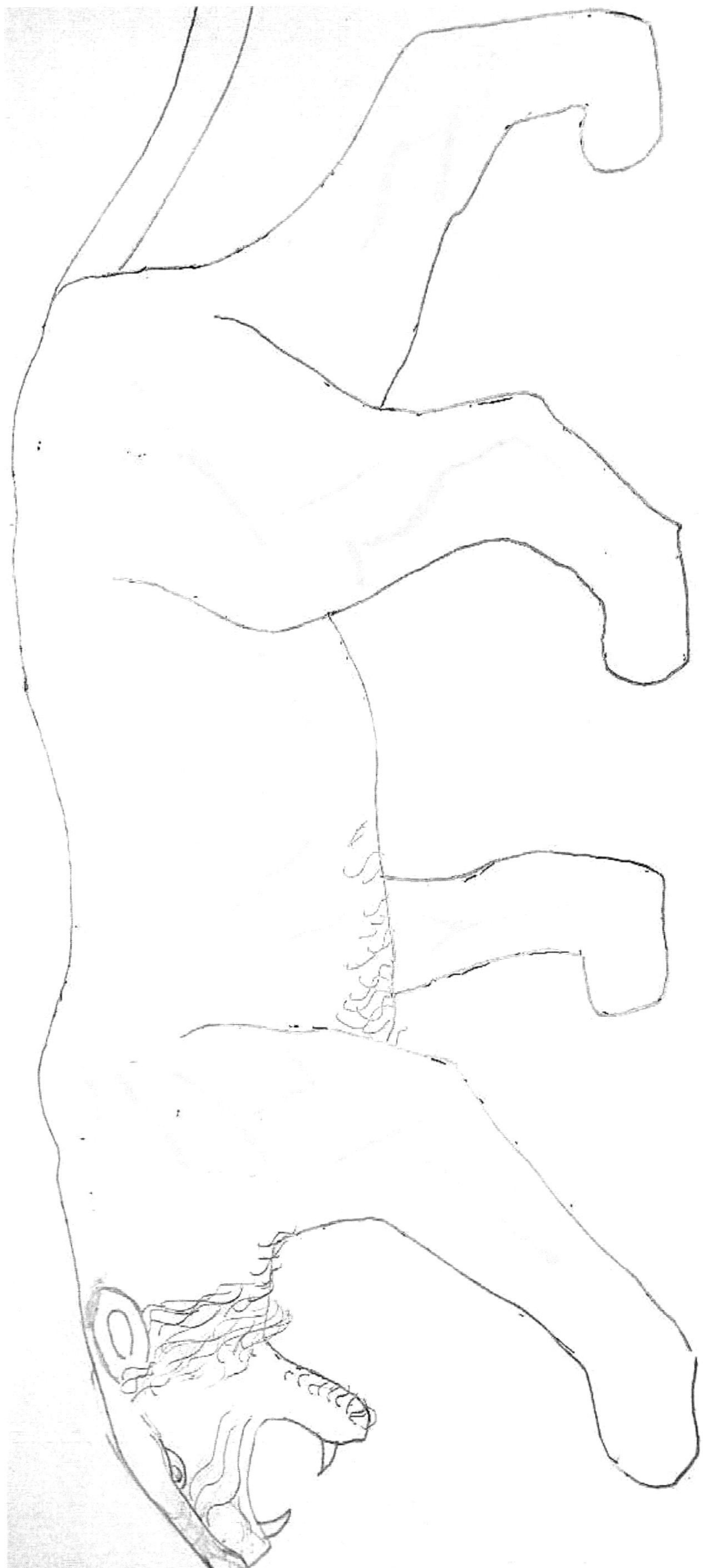

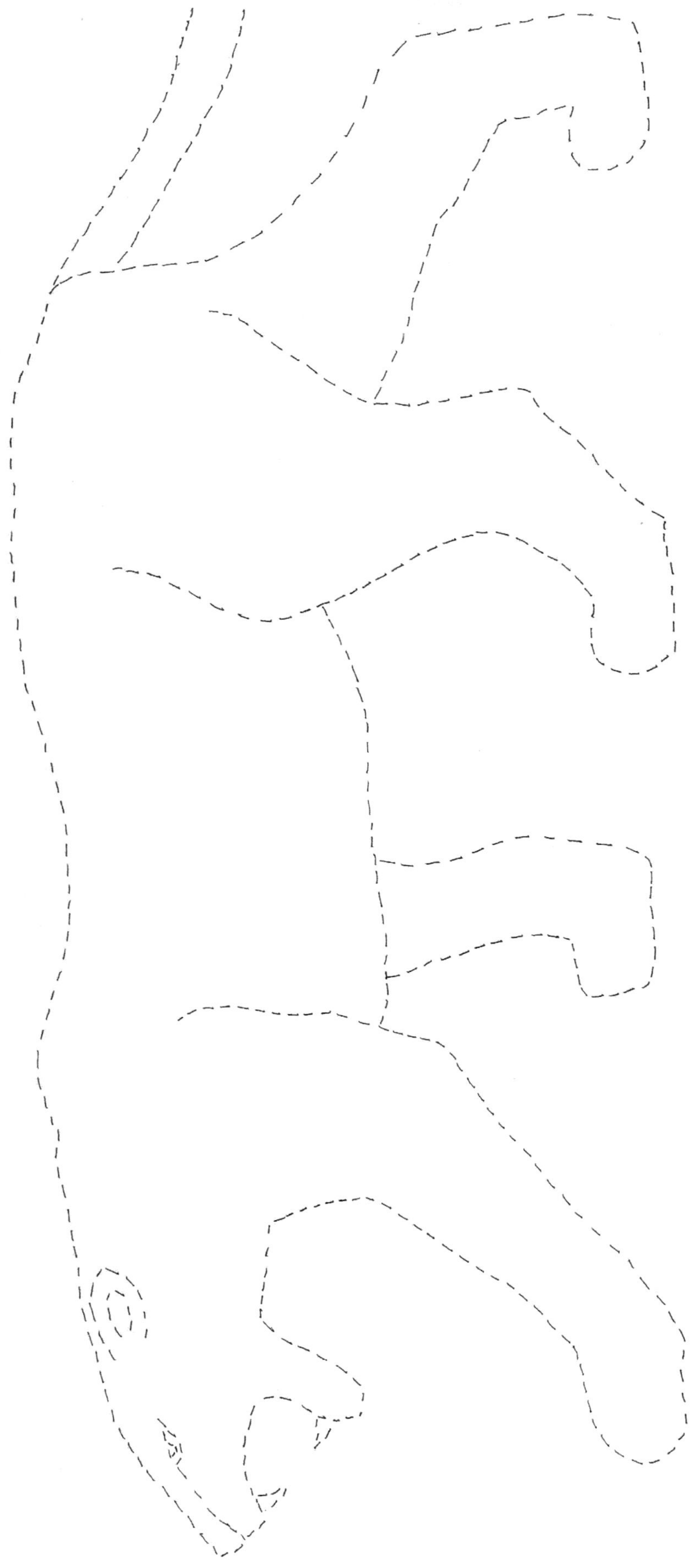

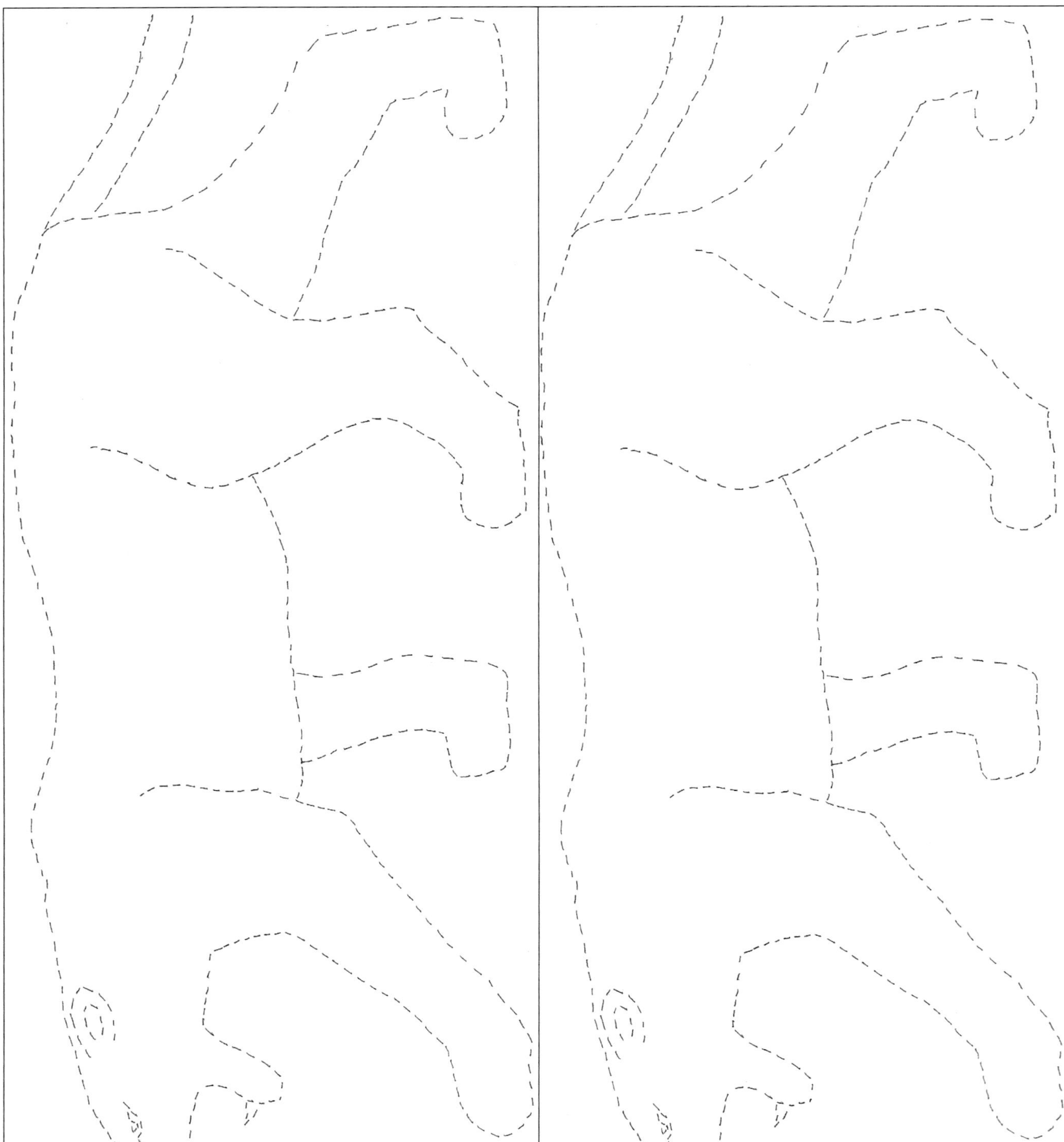

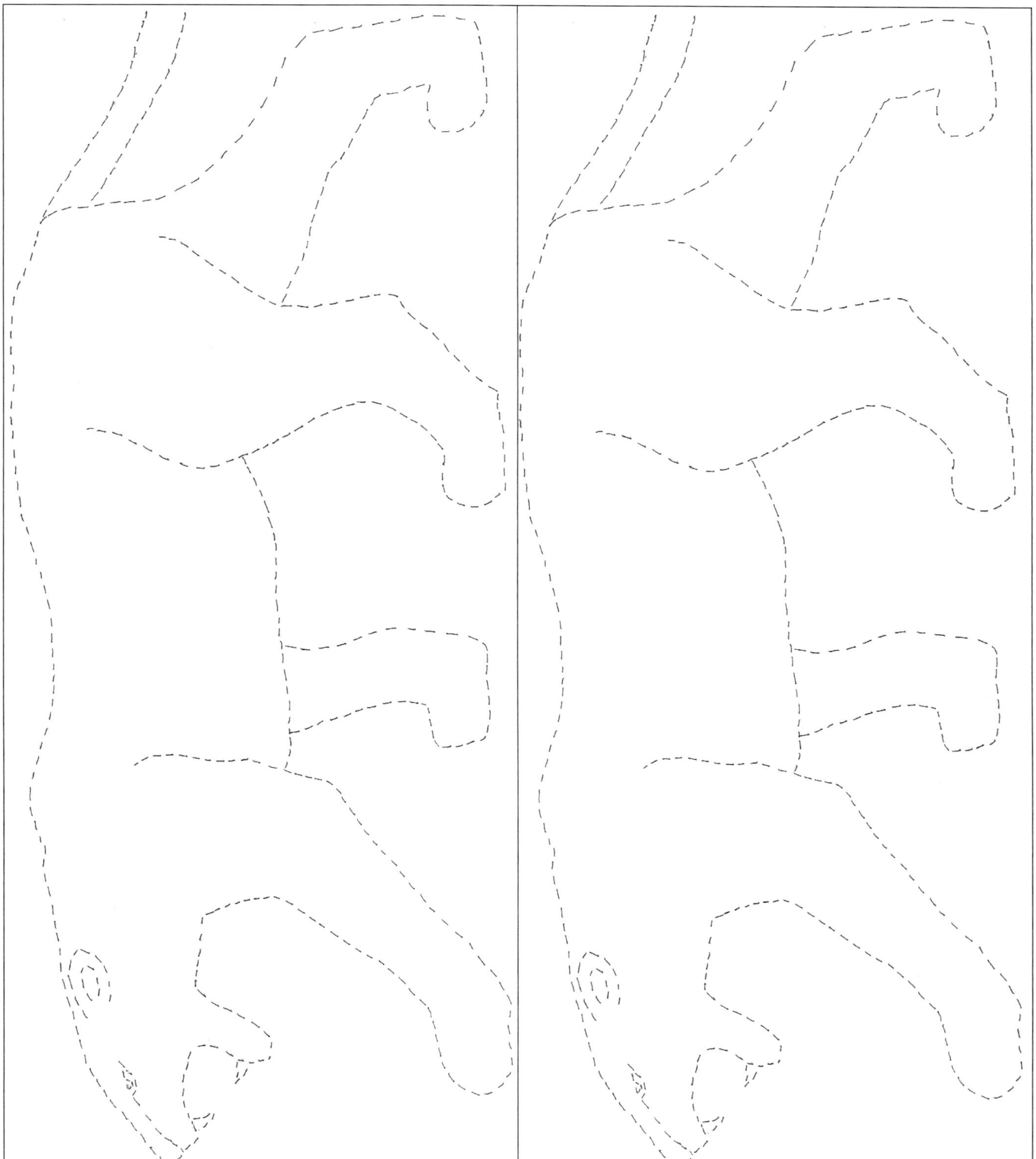

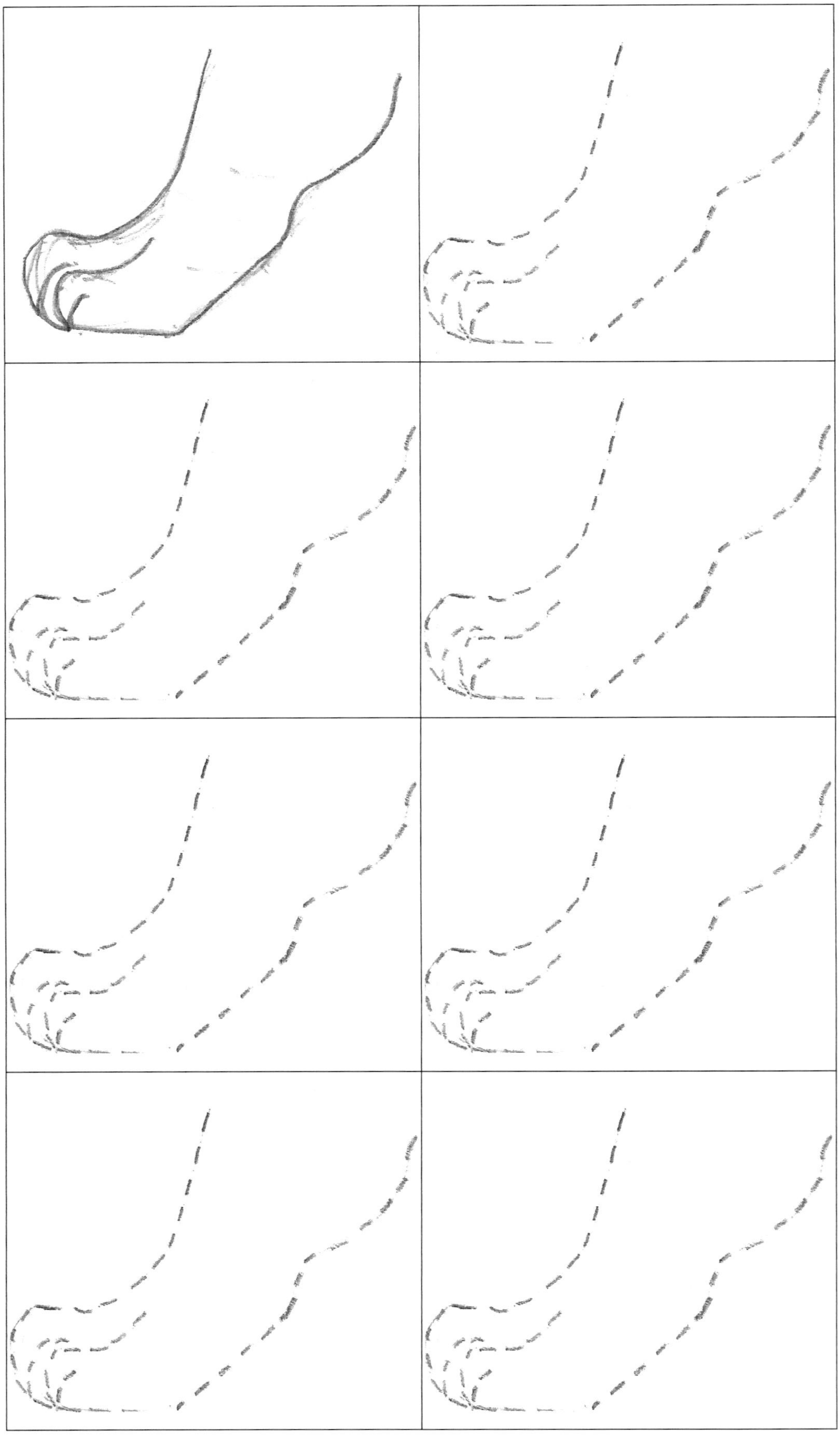

사자 드로잉

코끼리 드로잉

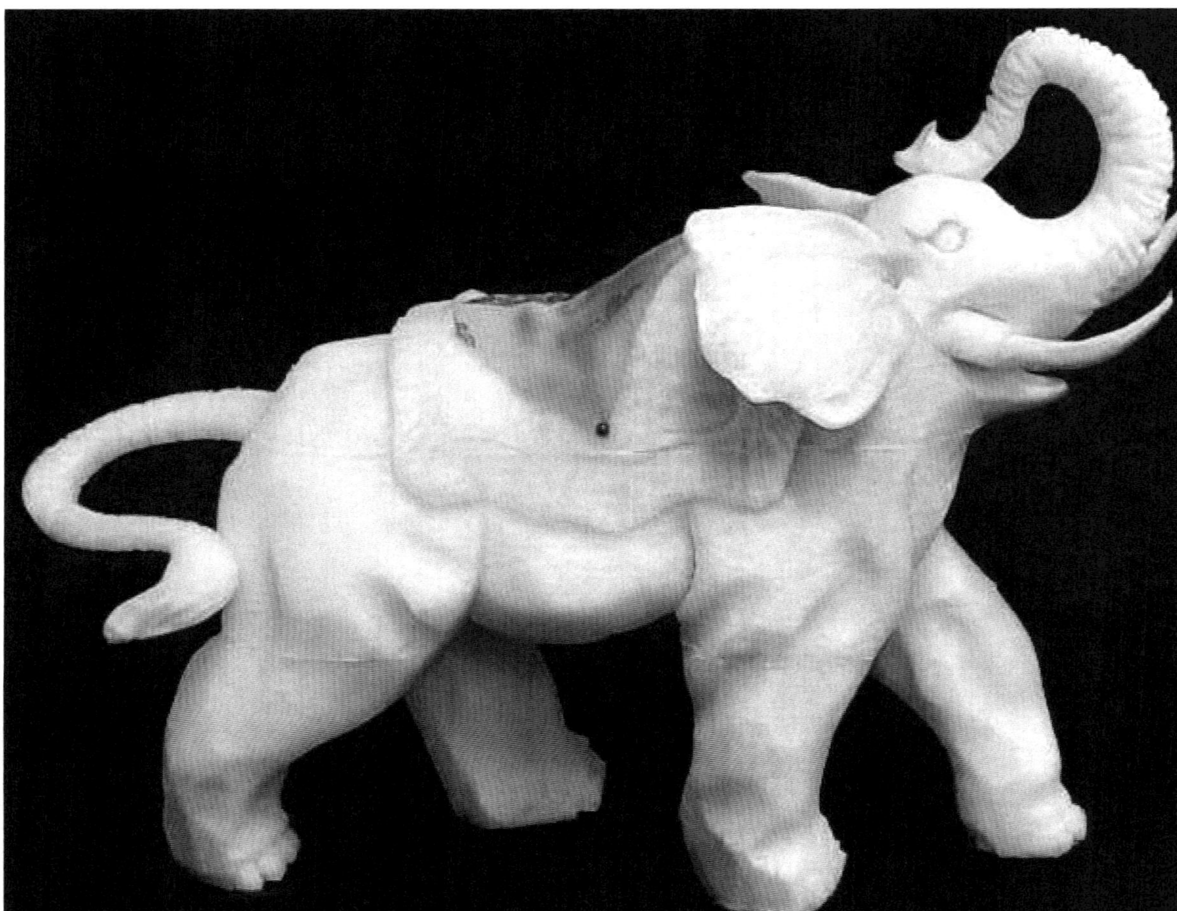

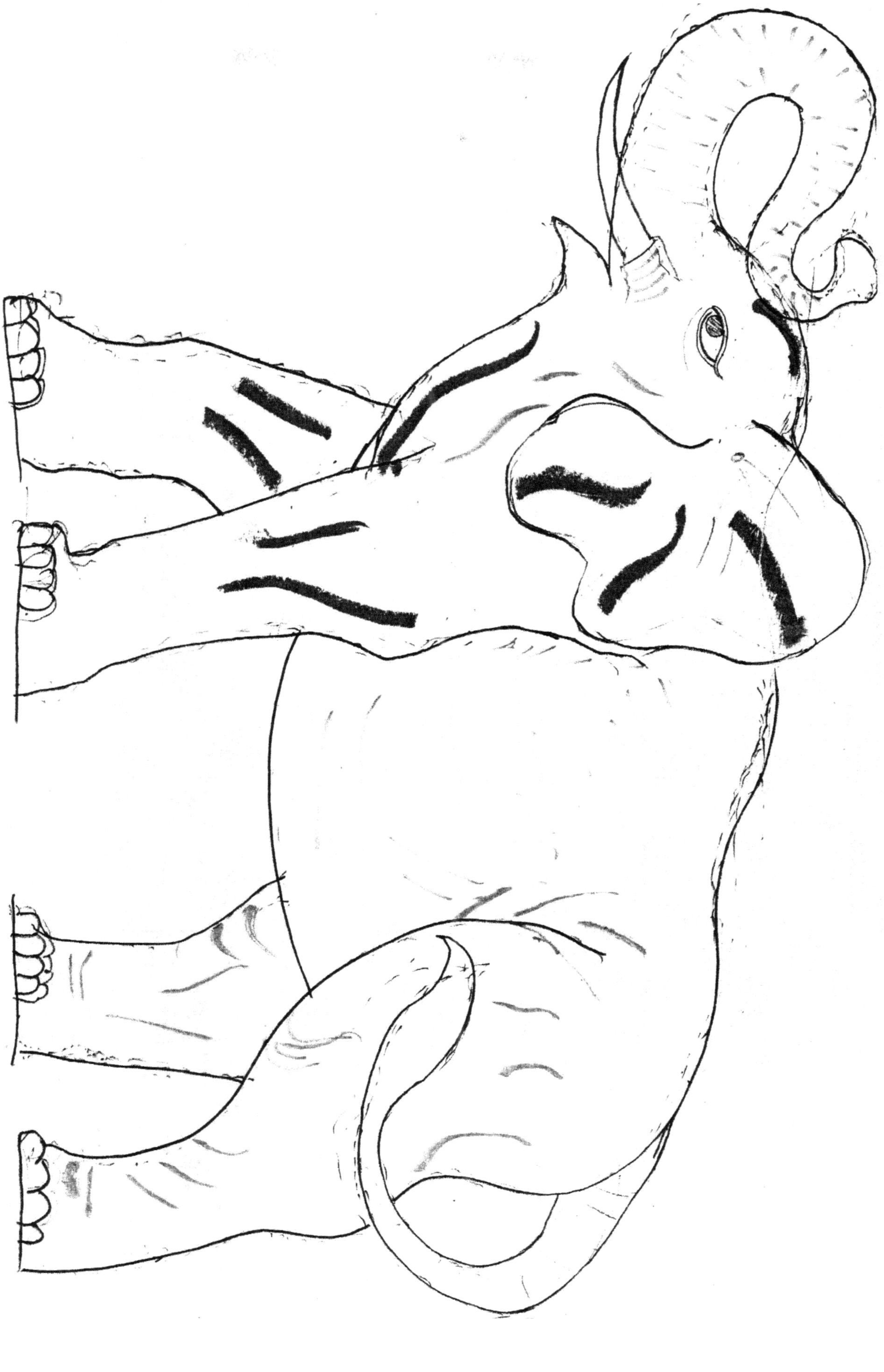

표범 드로잉

용 드로잉

용머리 드로잉

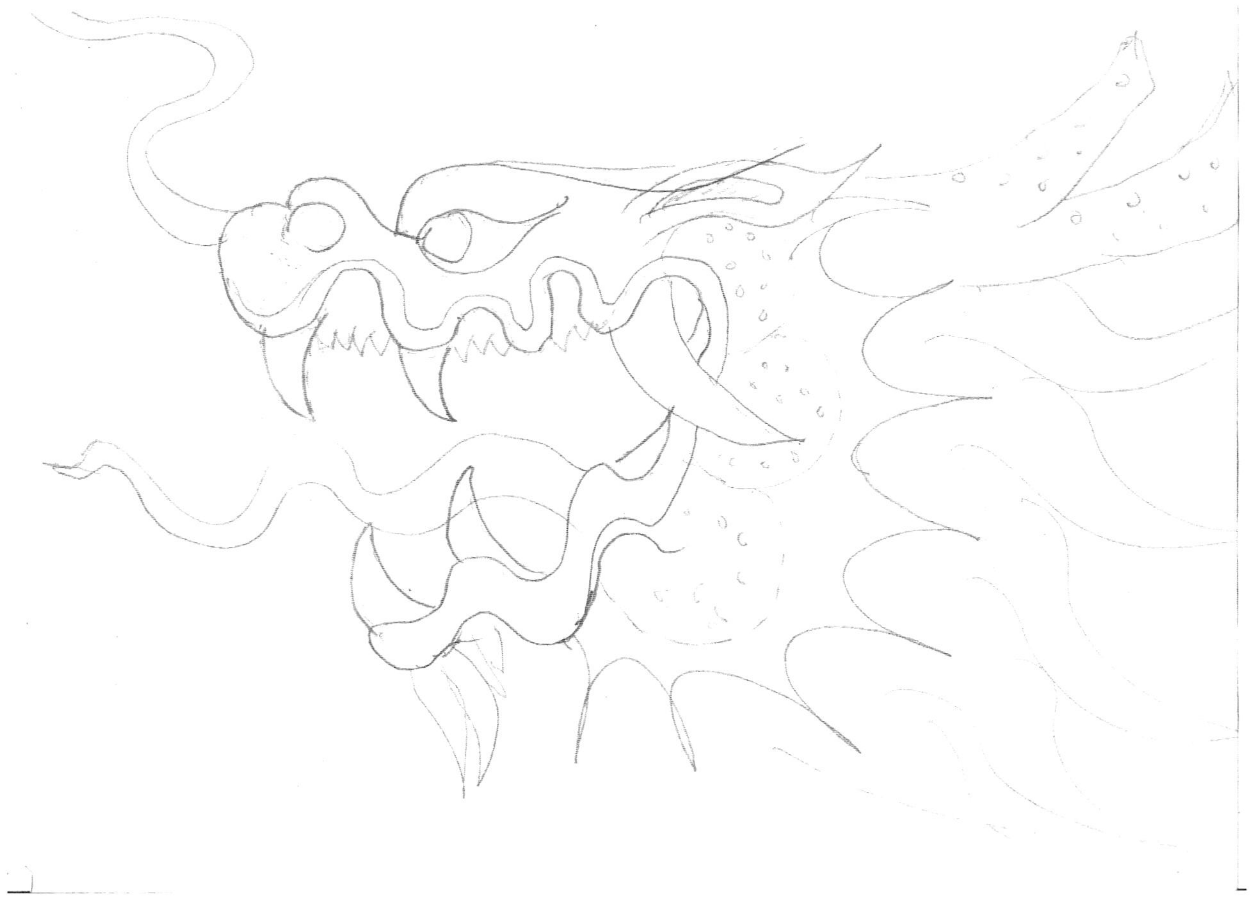

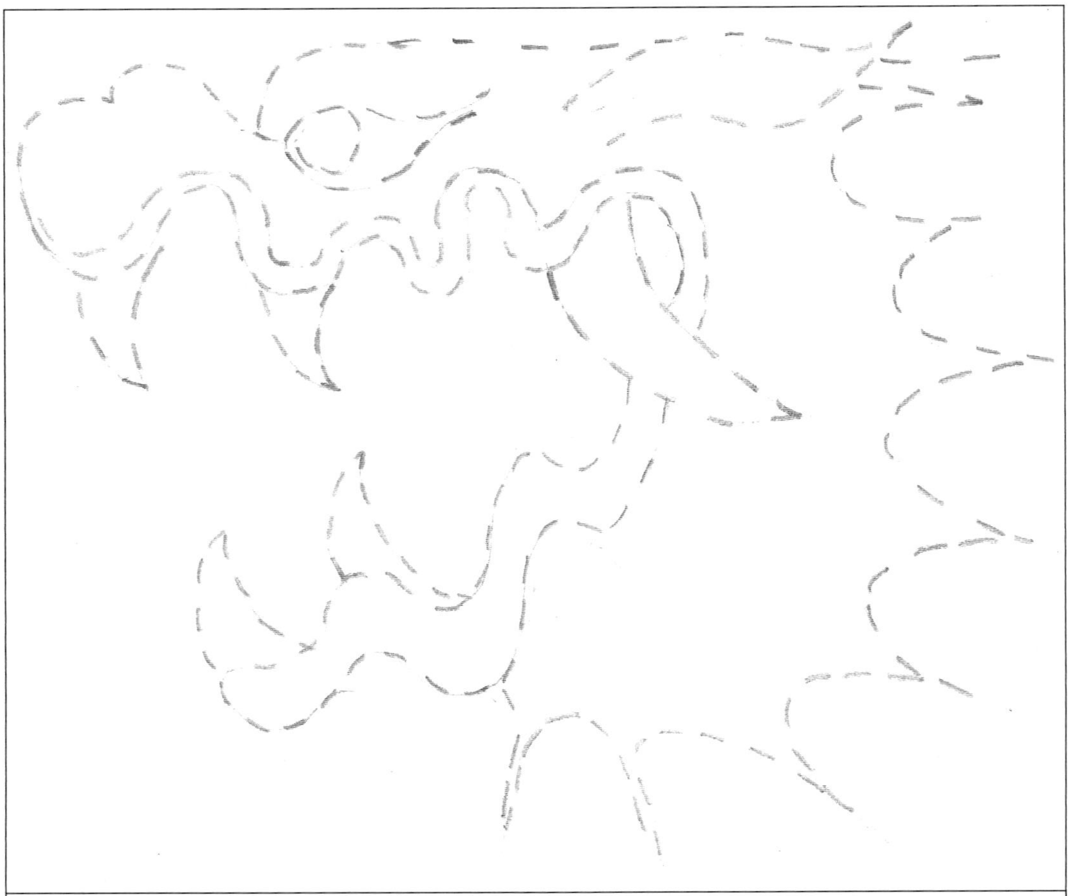

용다리 드로잉

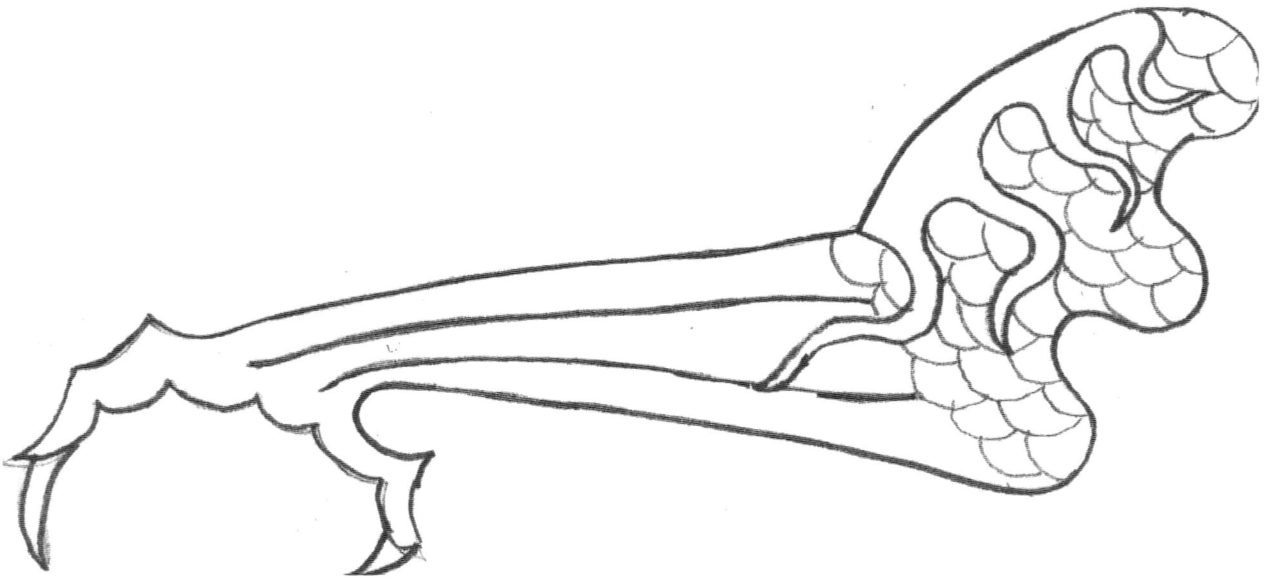

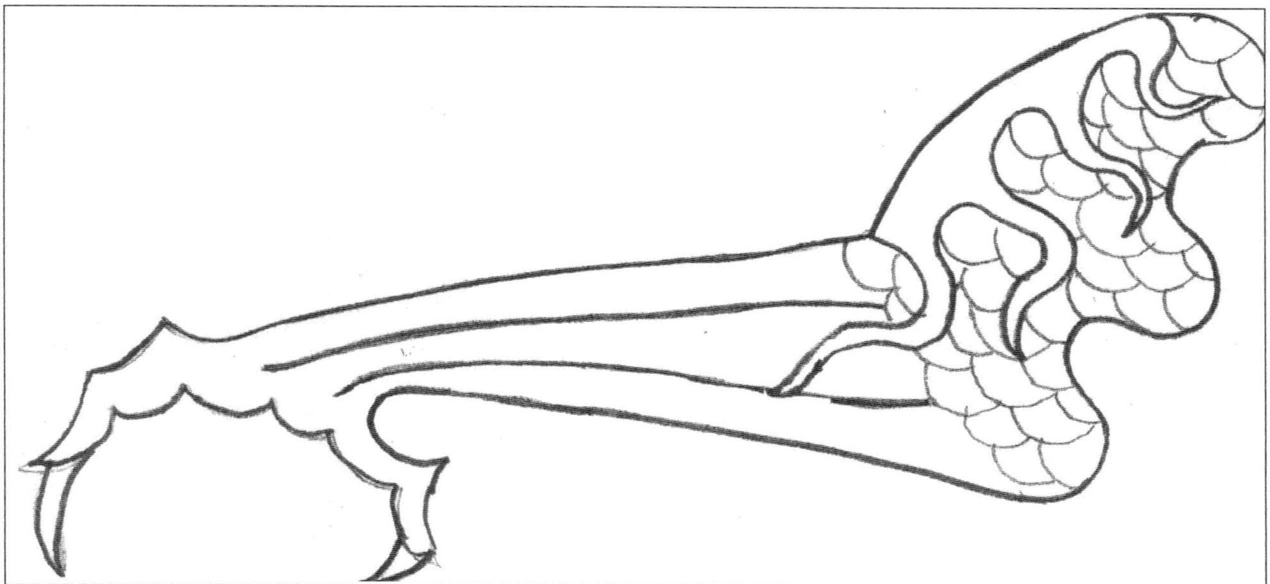

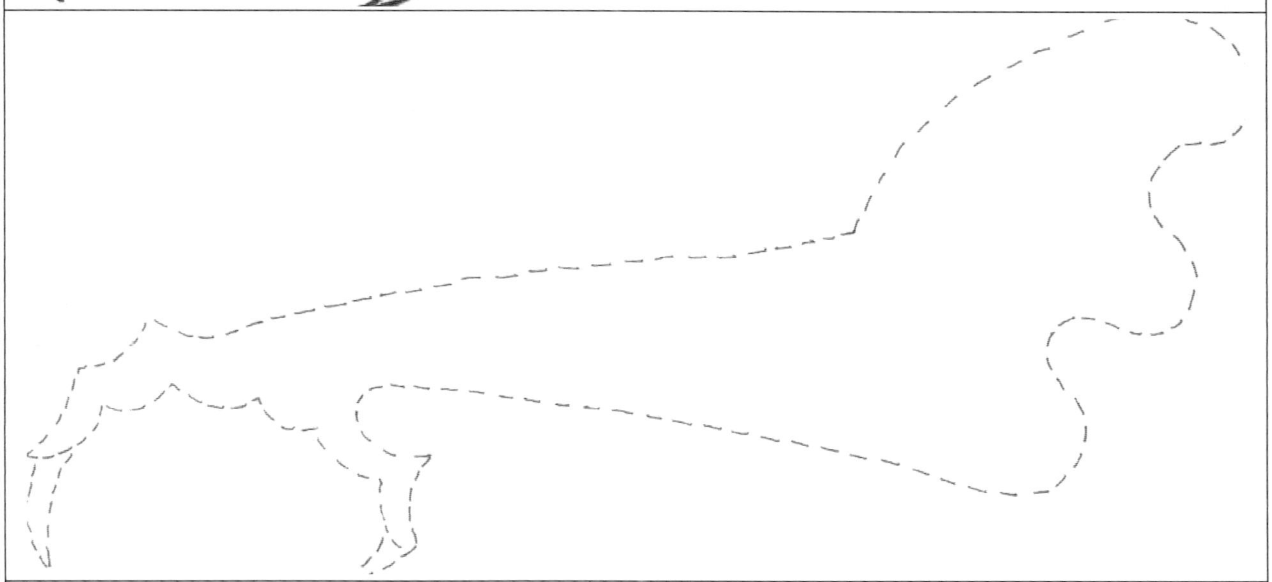

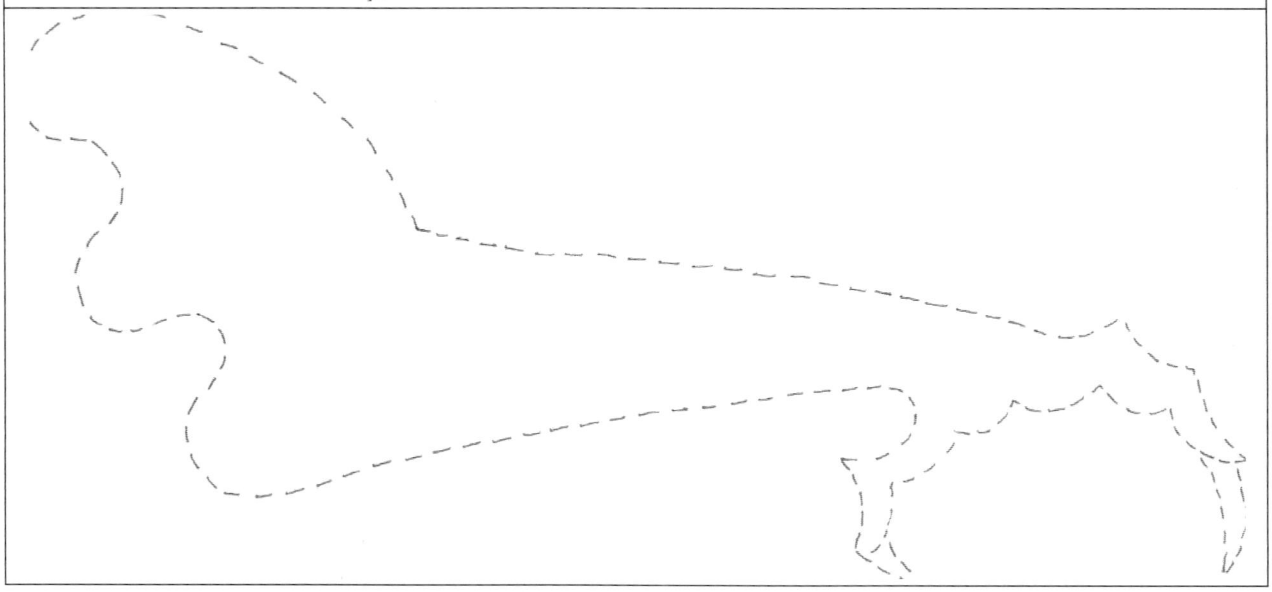

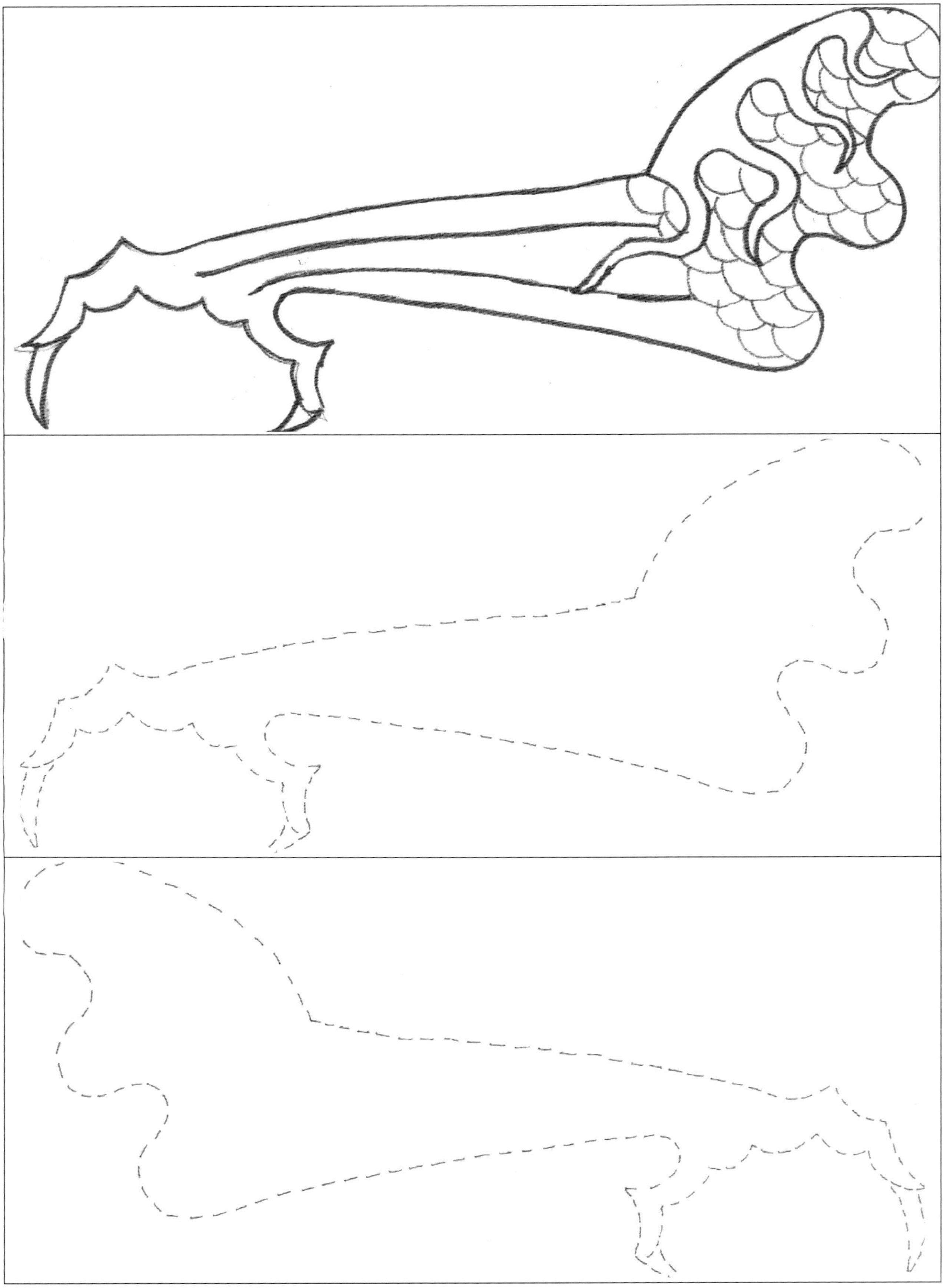

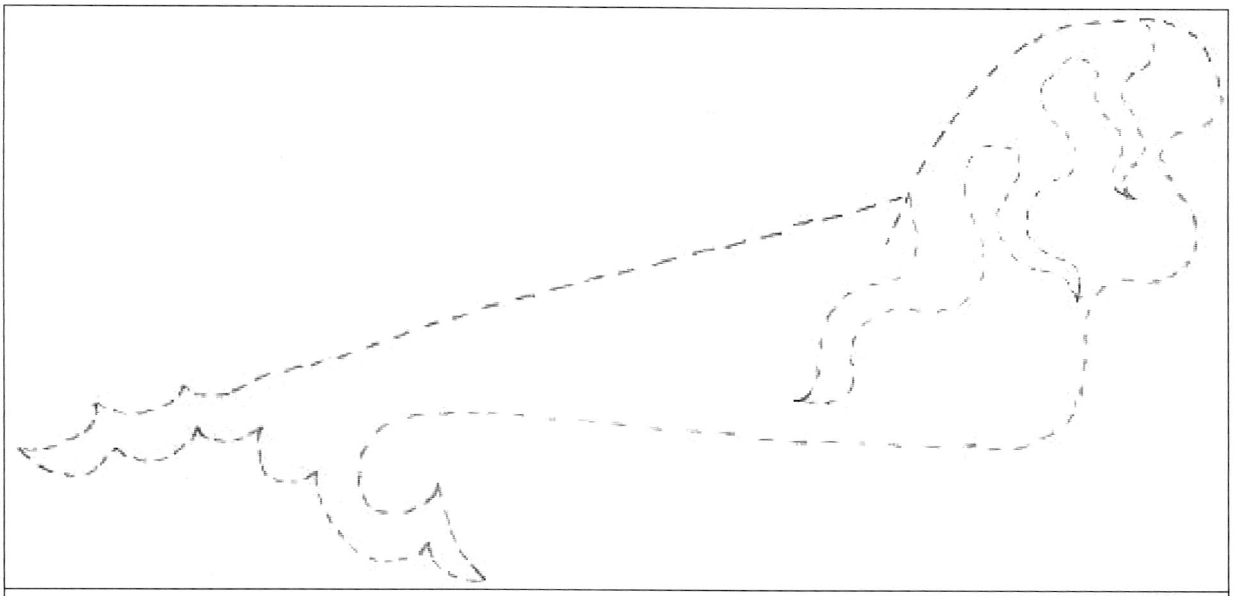

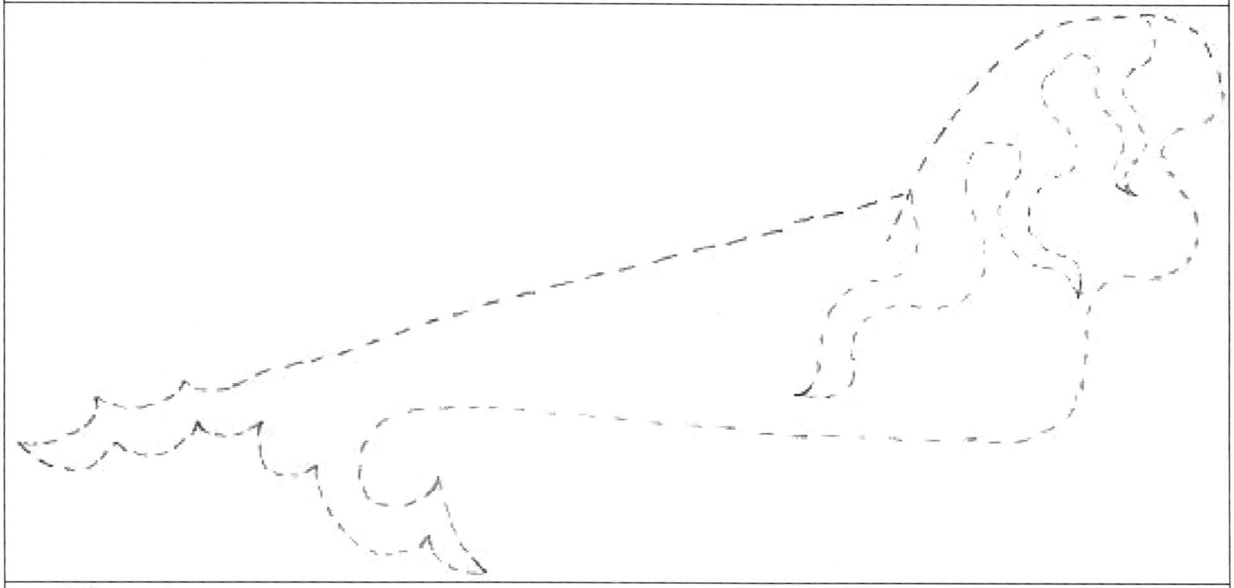

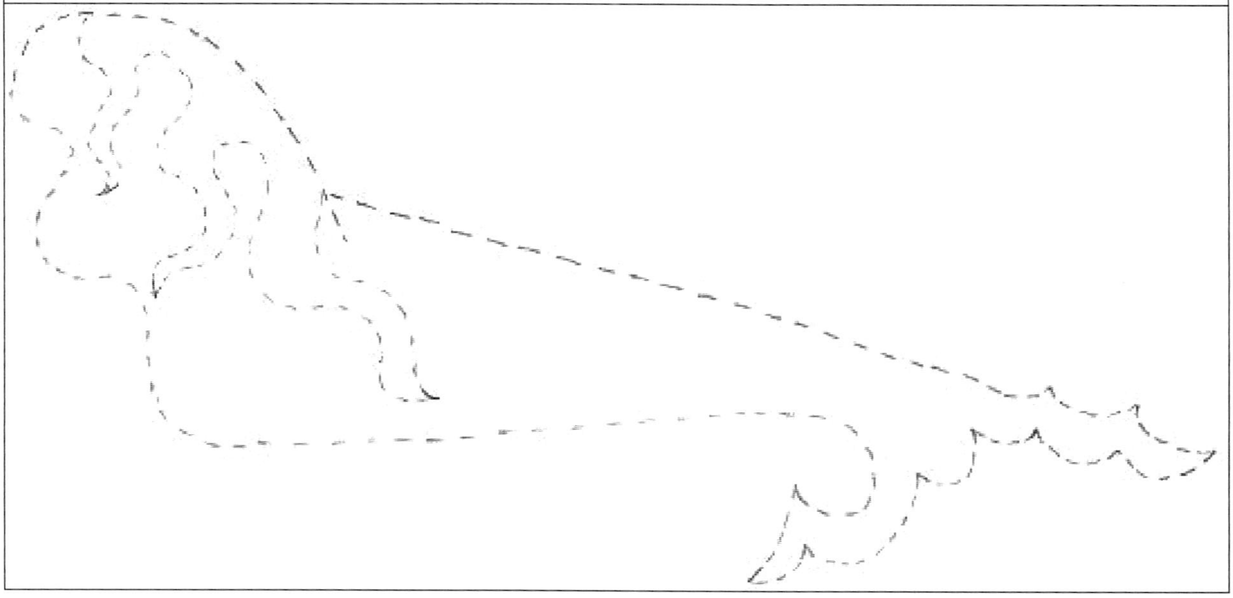

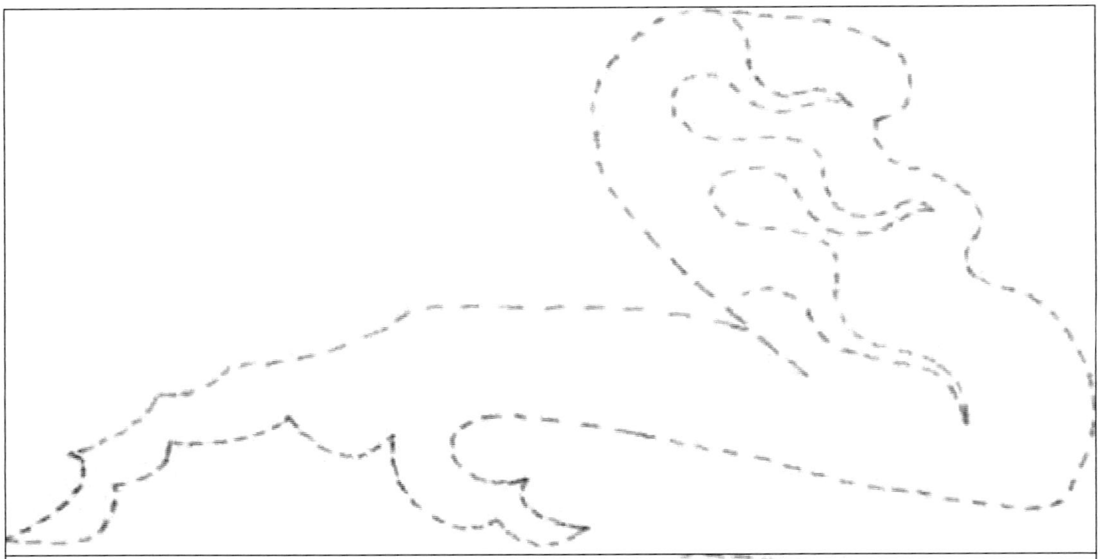
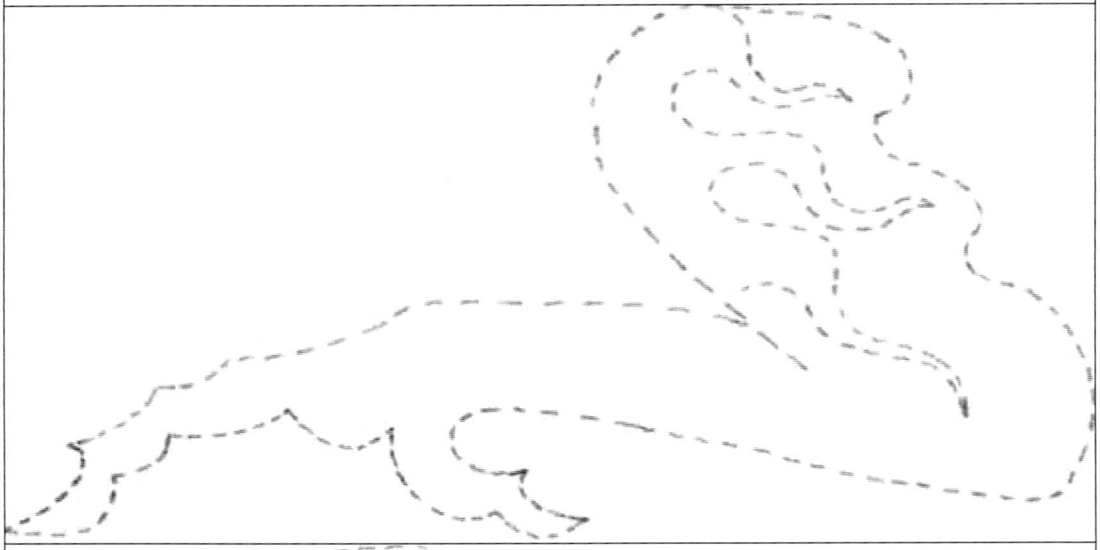
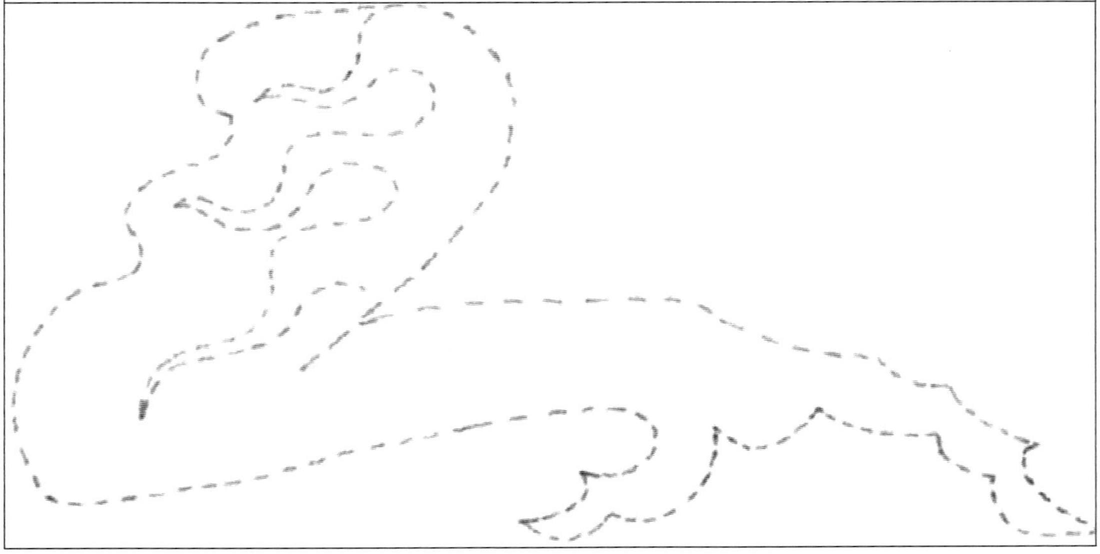

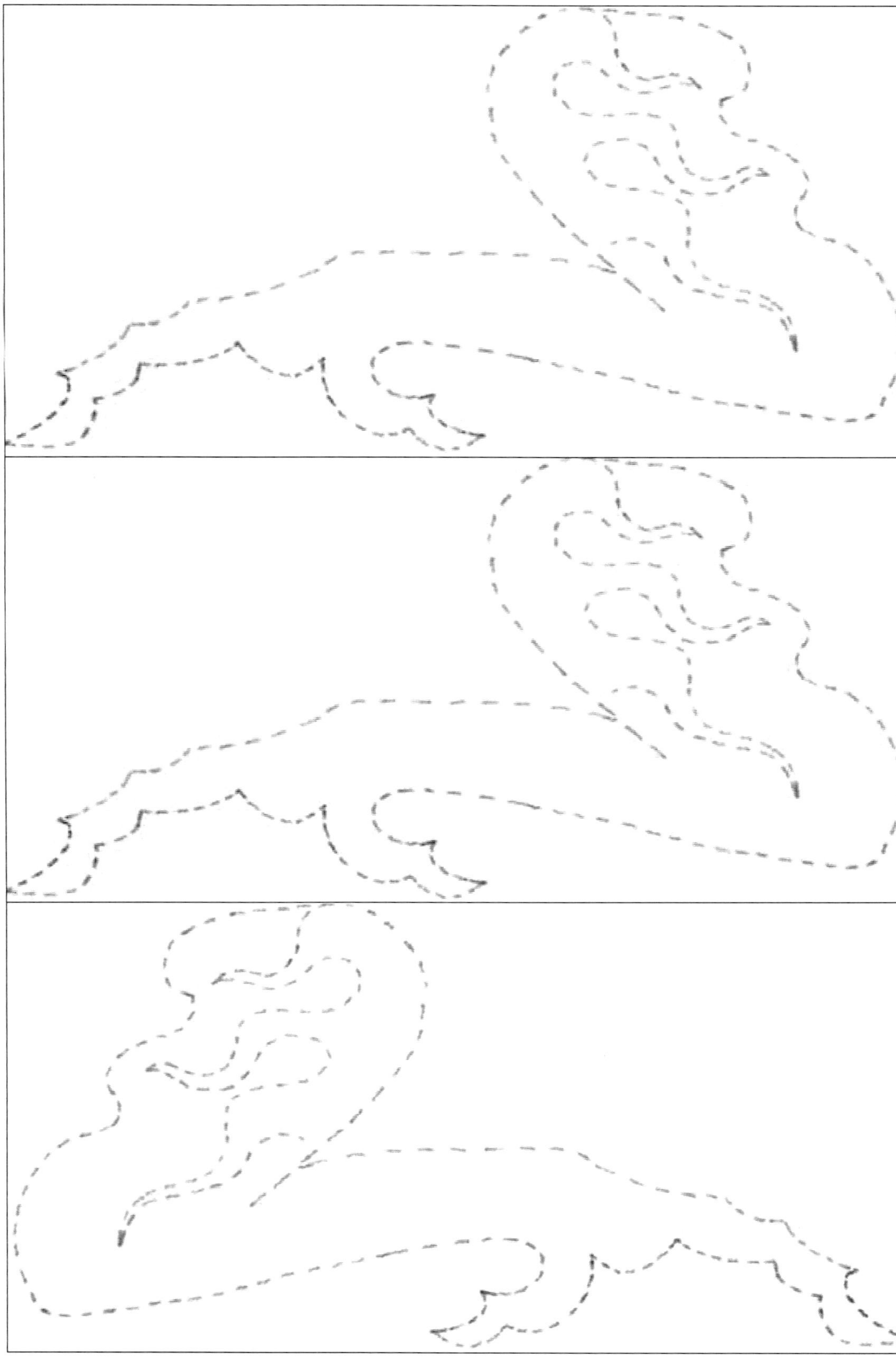

용 얼굴갈퀴 드로잉

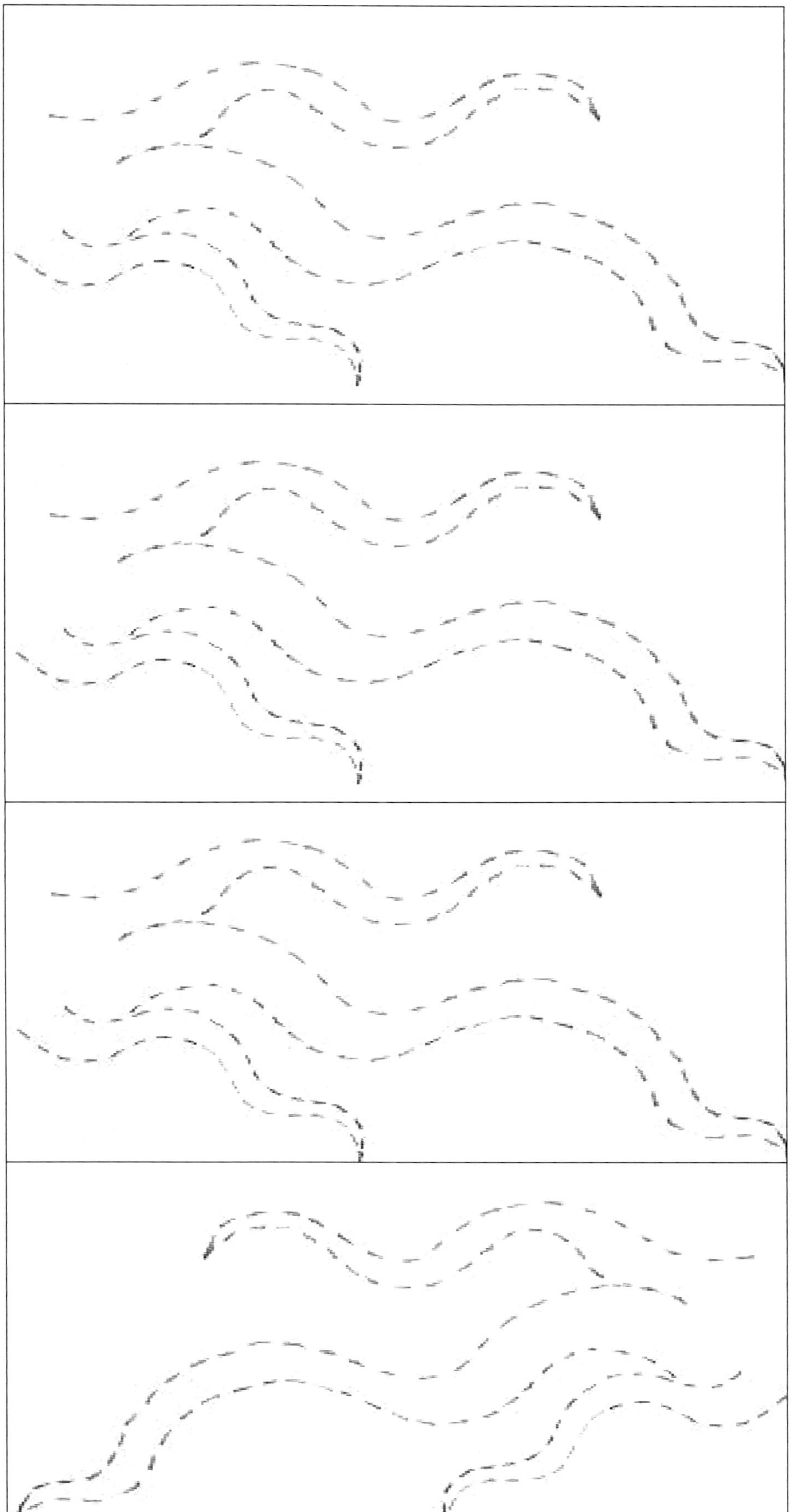

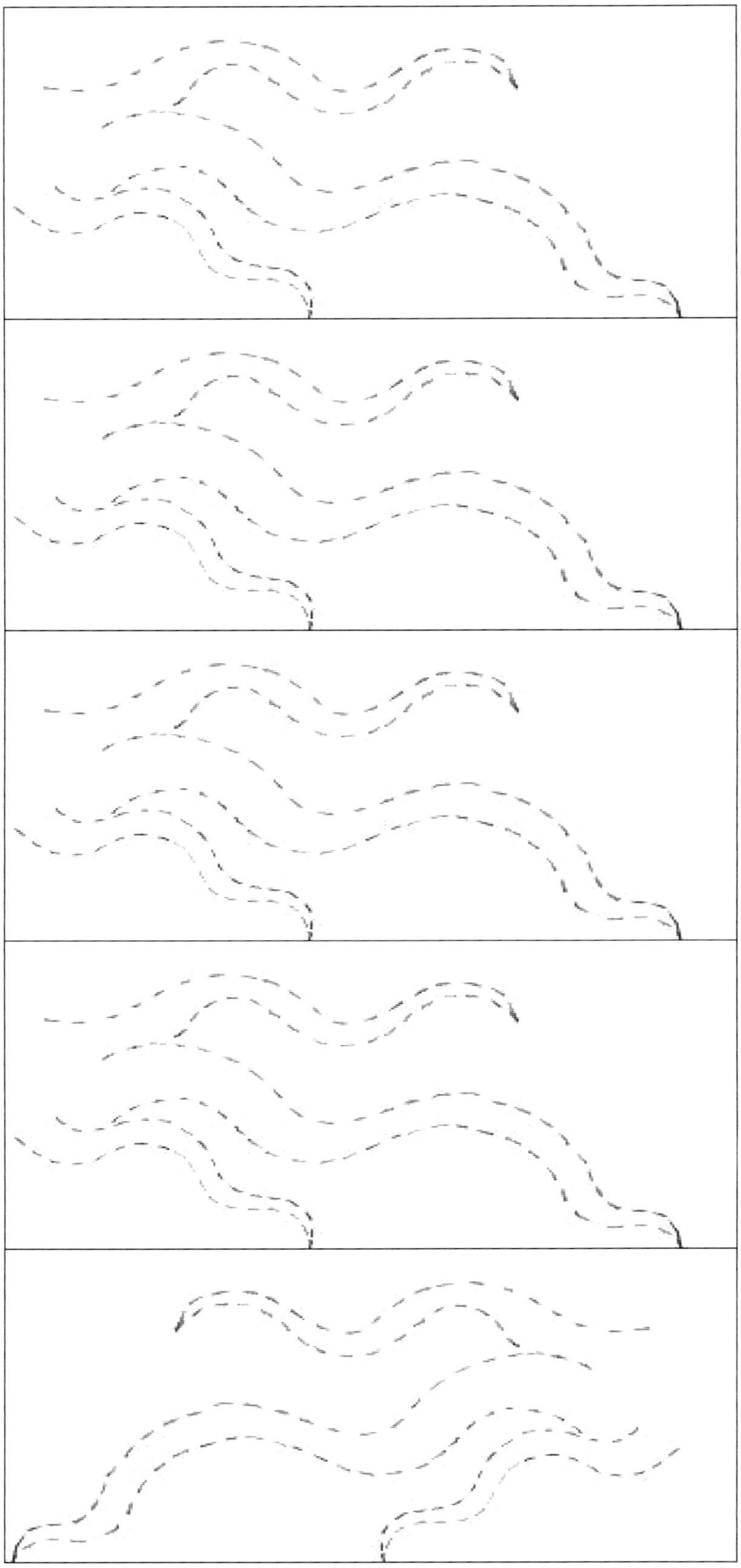

용 등갈퀴 드로잉

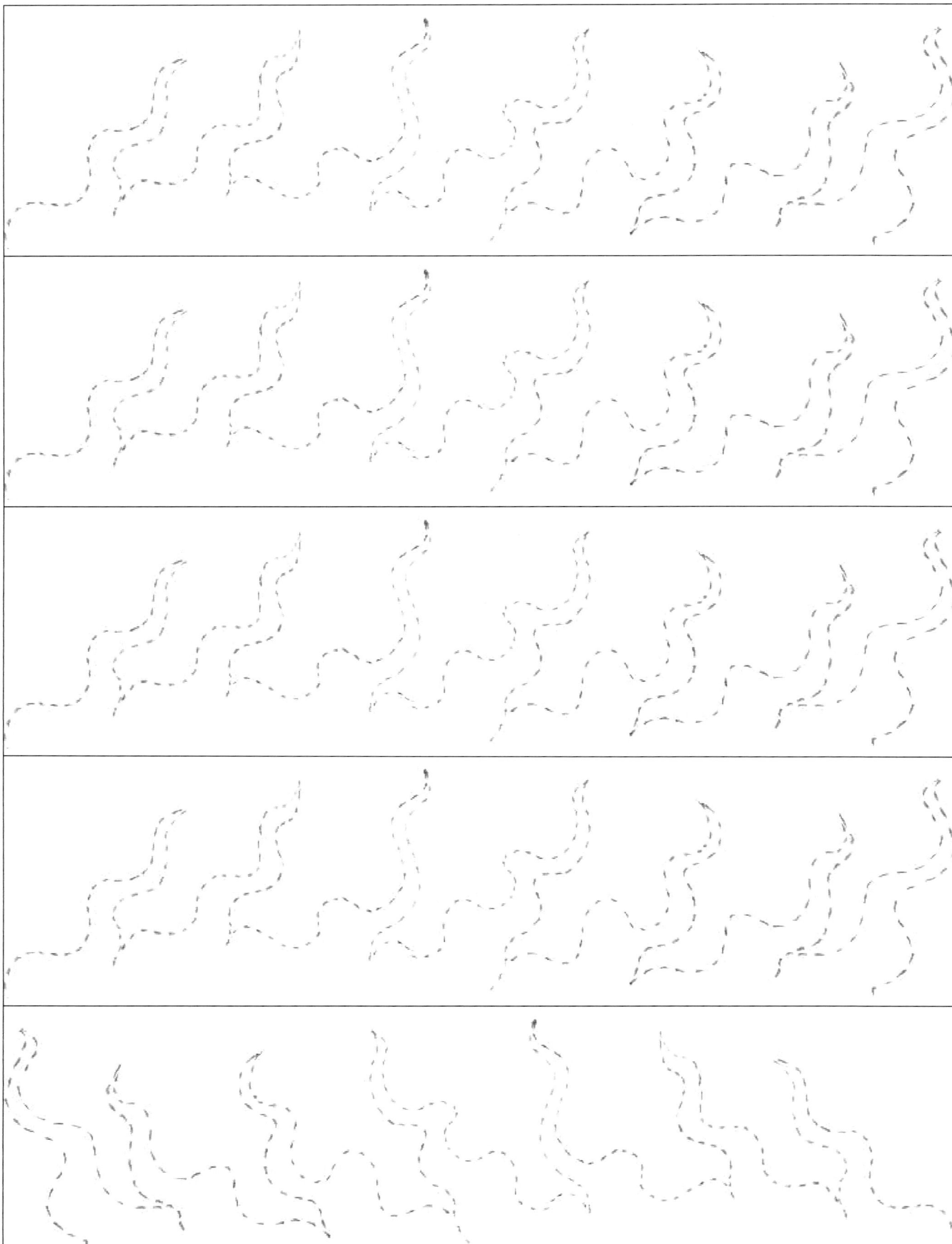

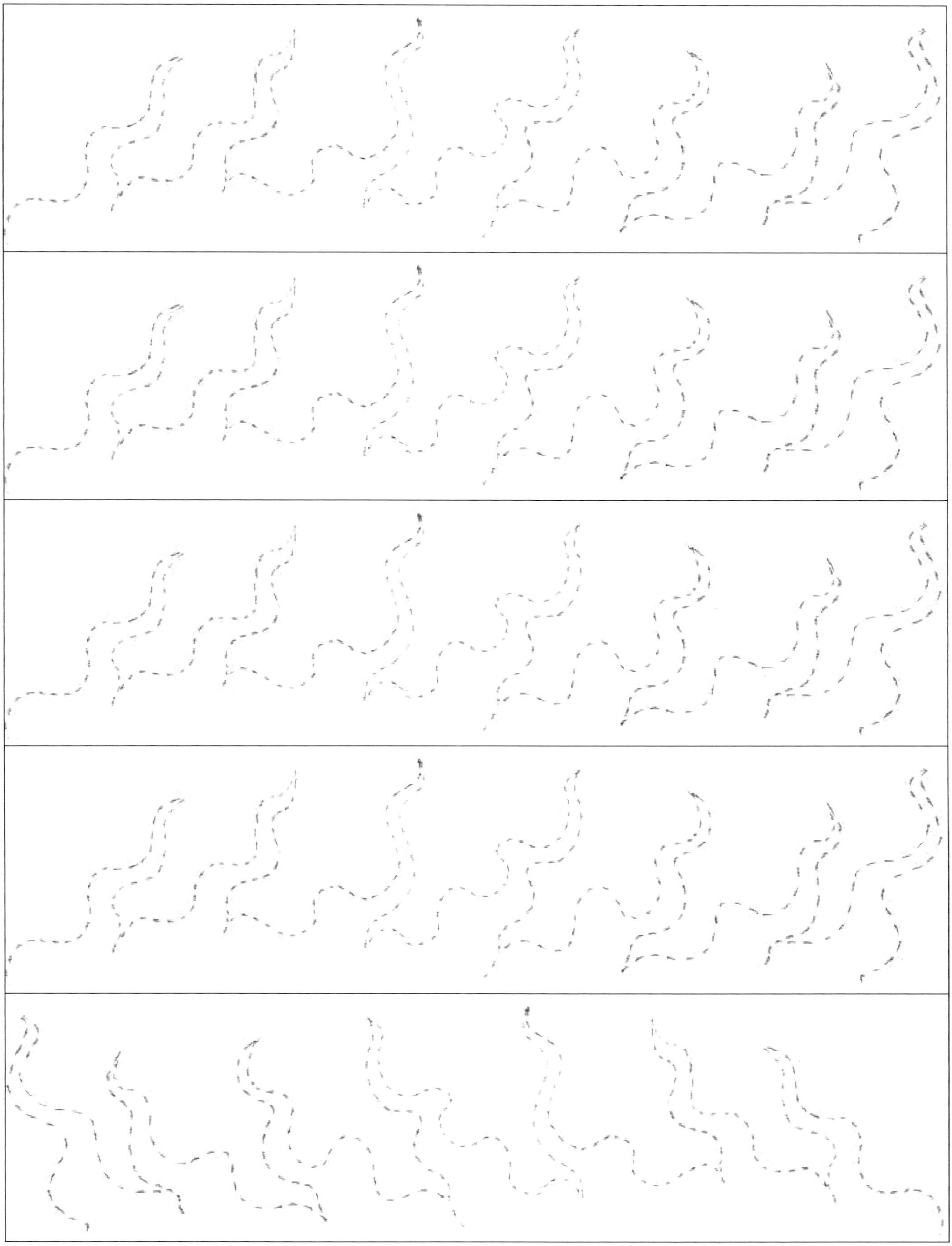

용 뿔 드로잉

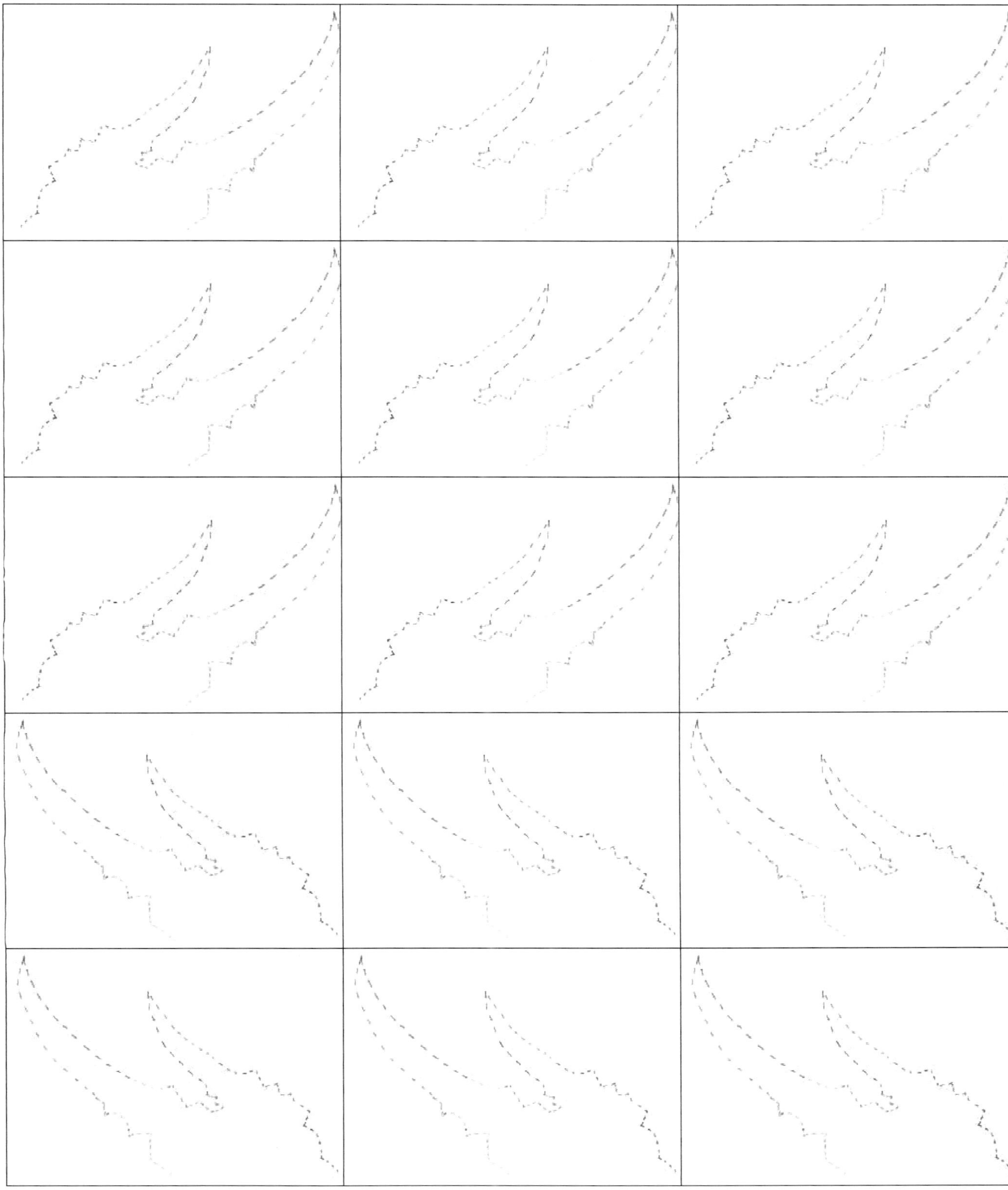

용 수염 드로잉

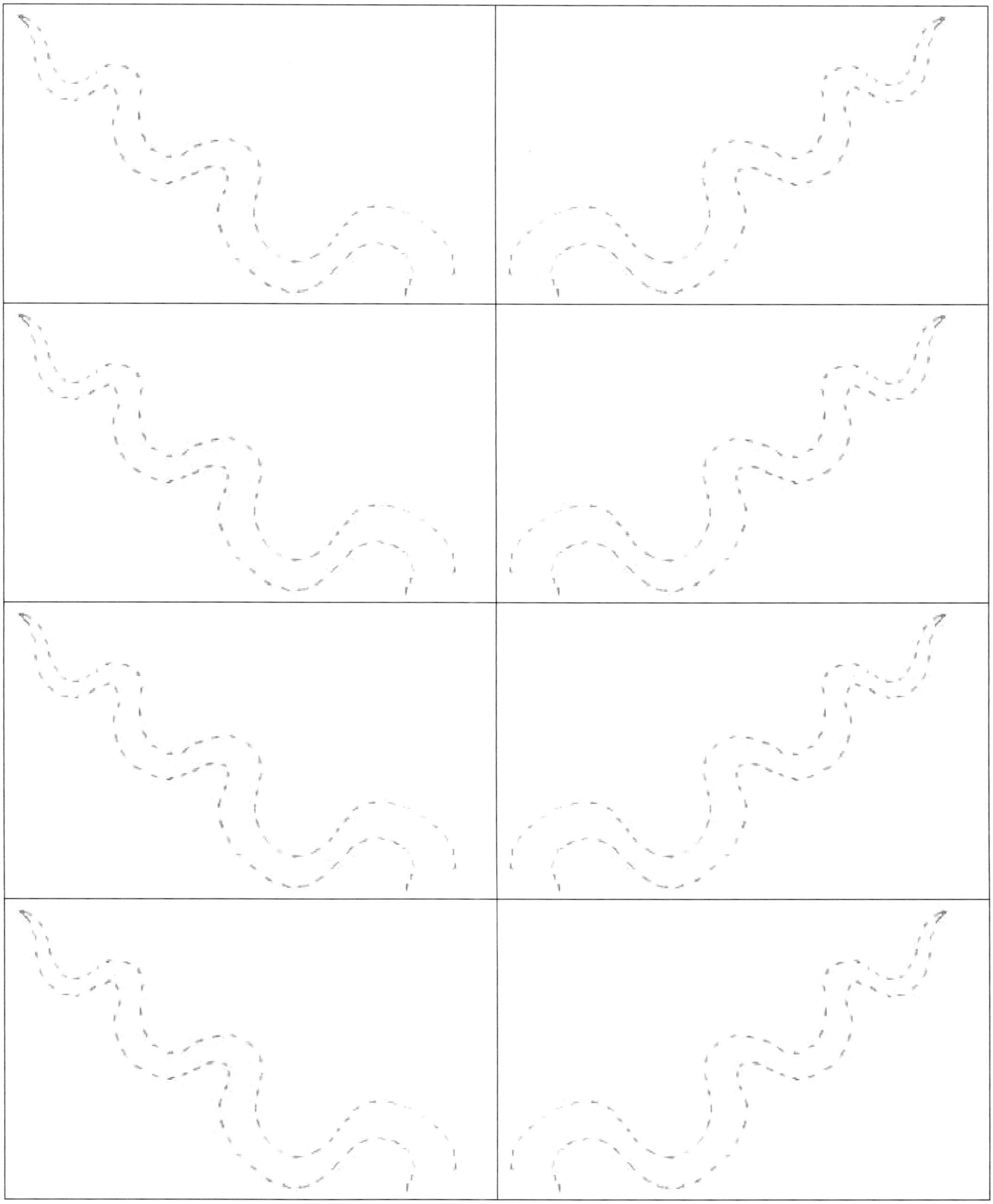

용 꼬리 드로잉

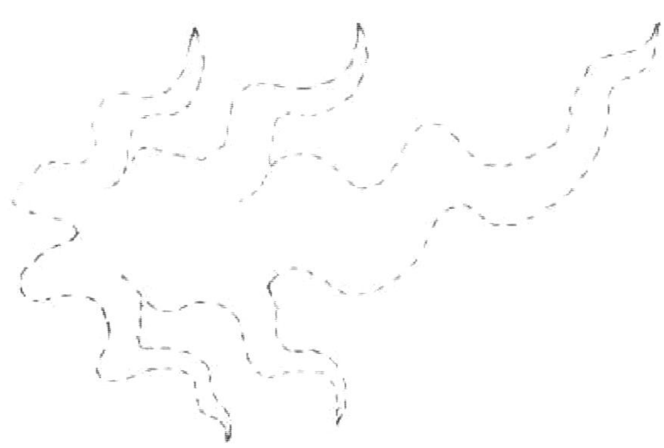

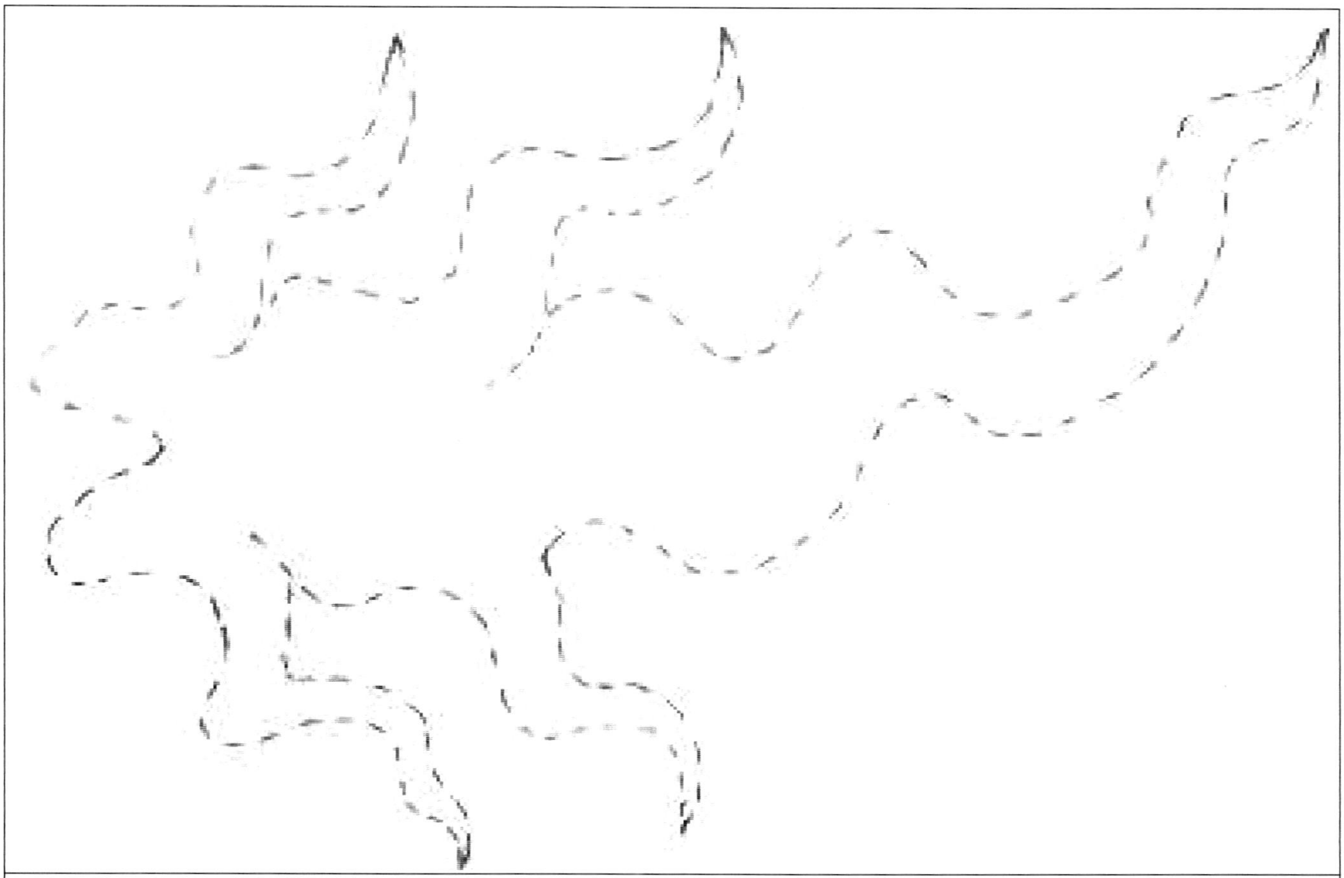

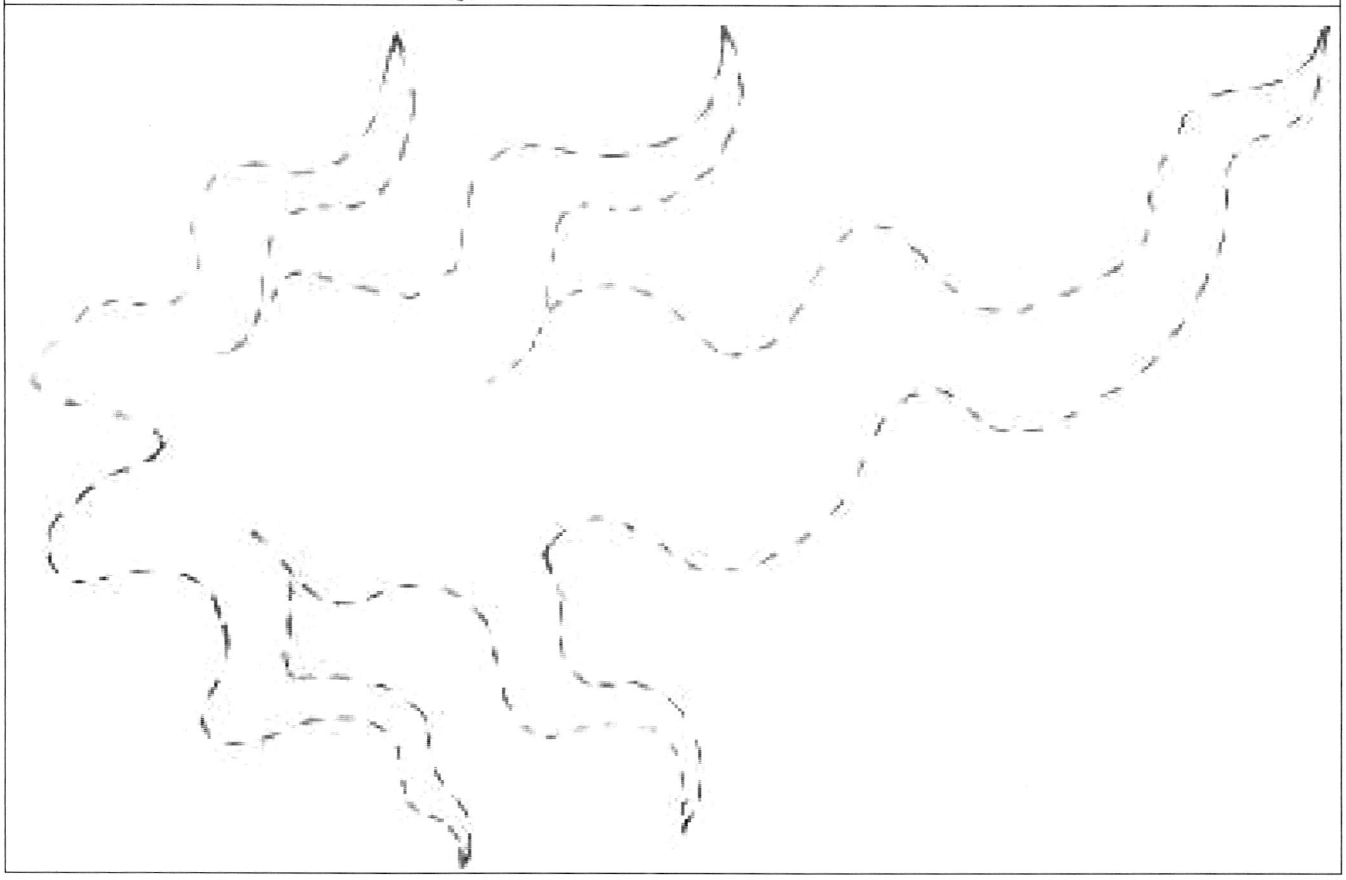

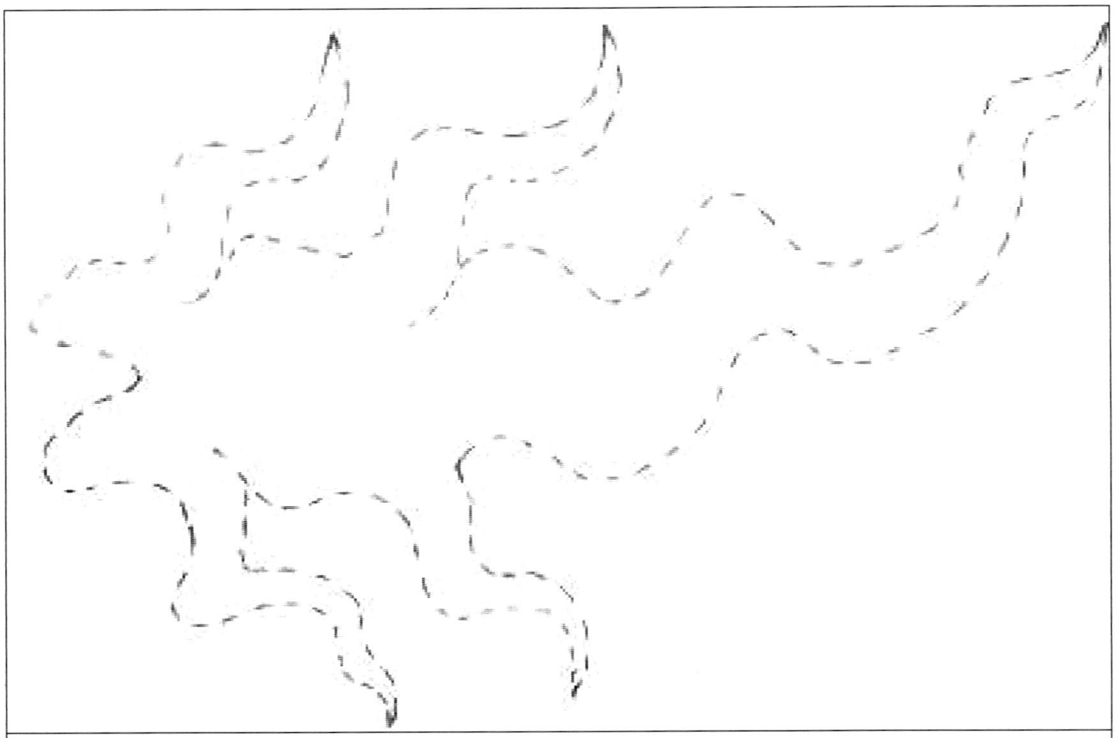

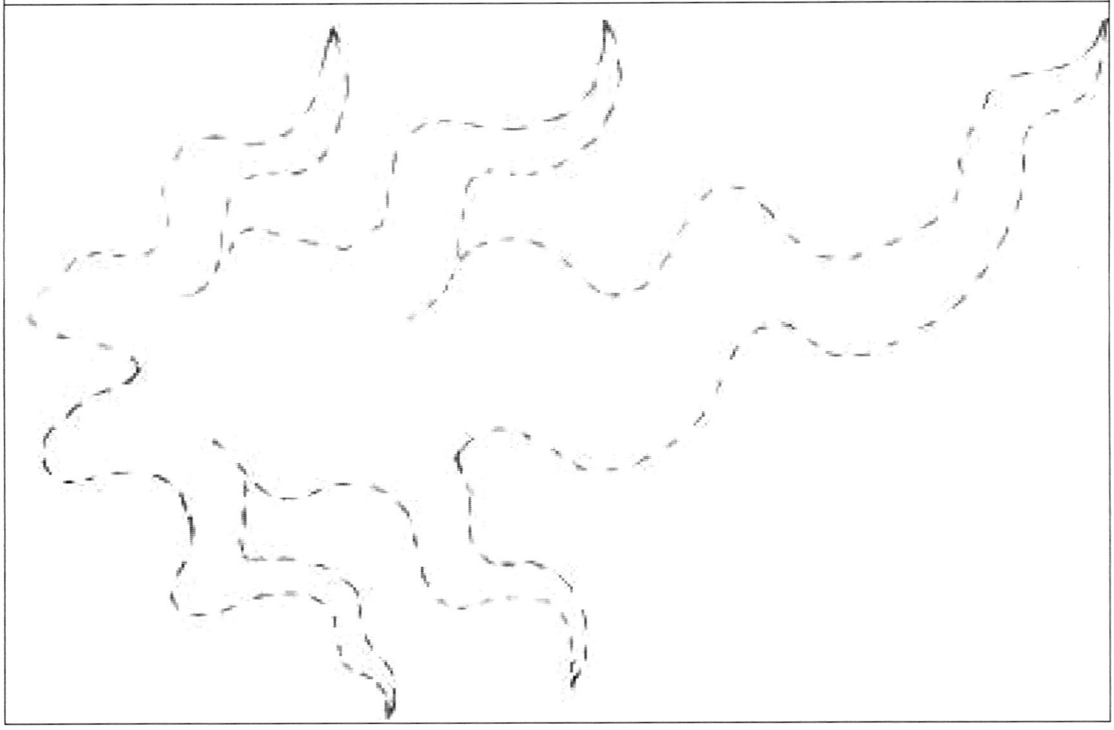

불꽃 드로잉

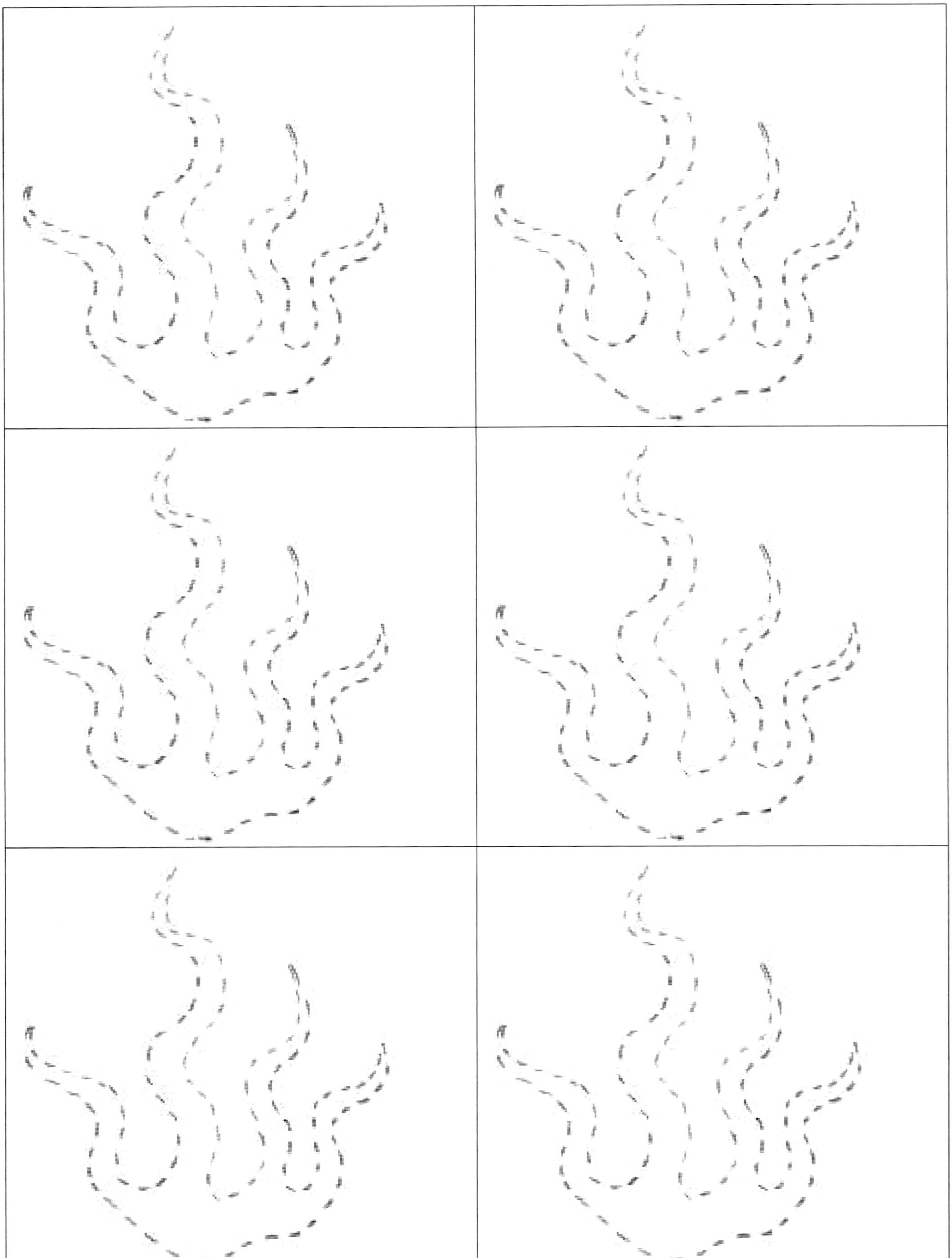

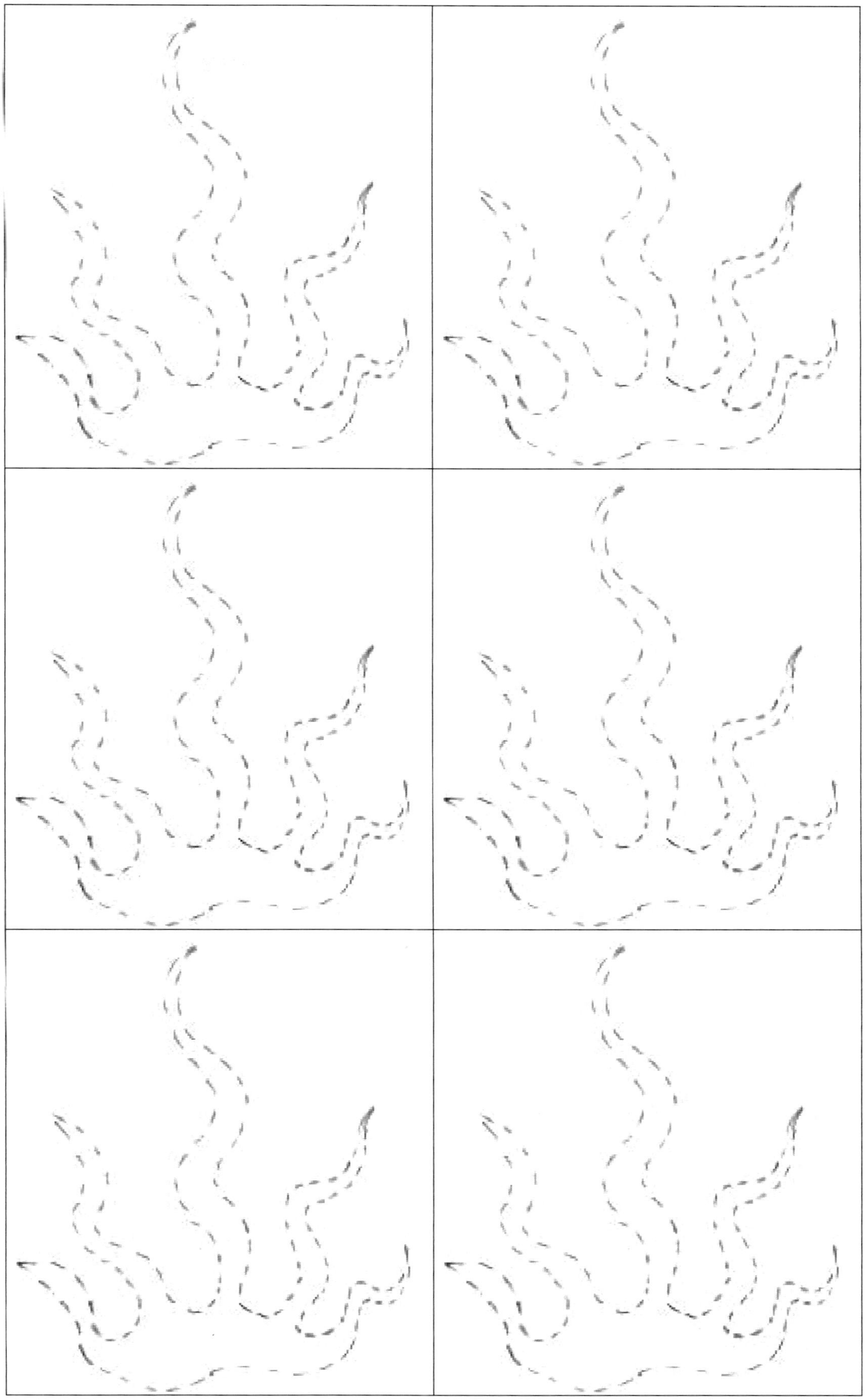

용 몸통 드로잉

사슴 드로잉

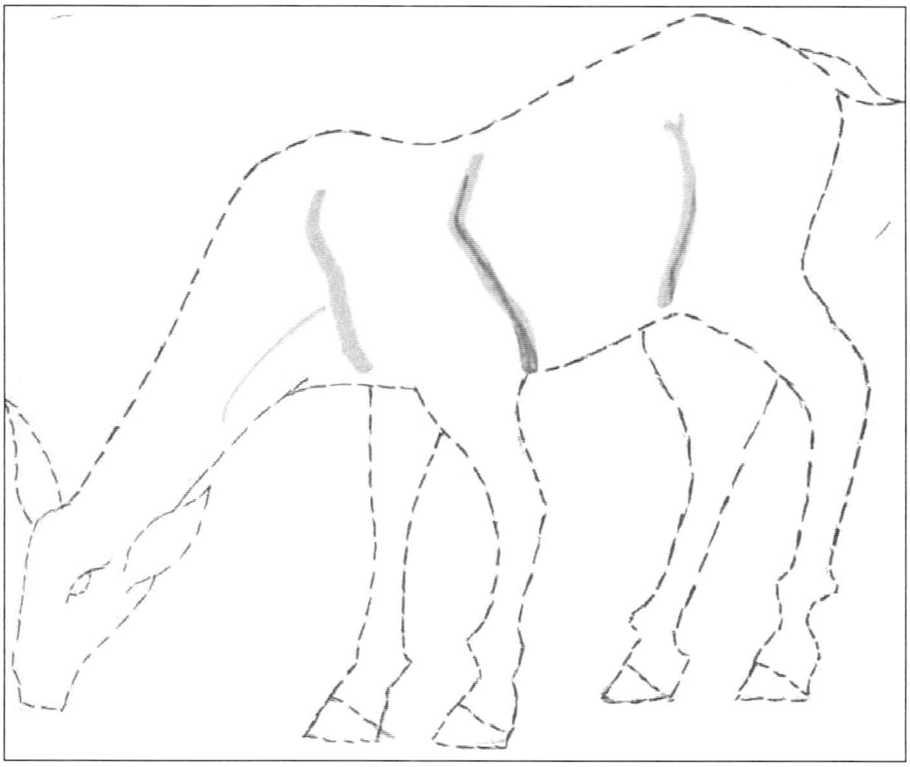

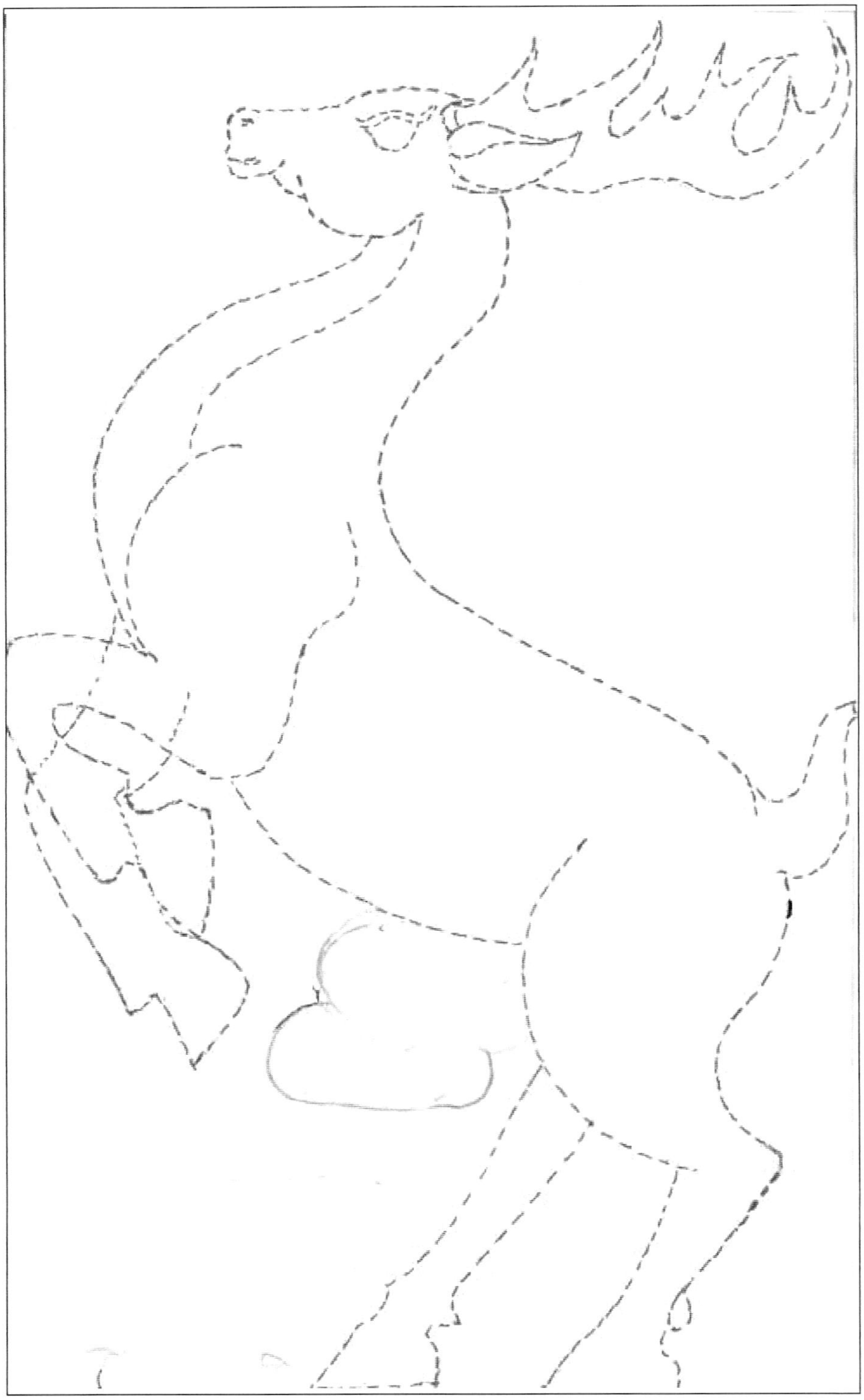

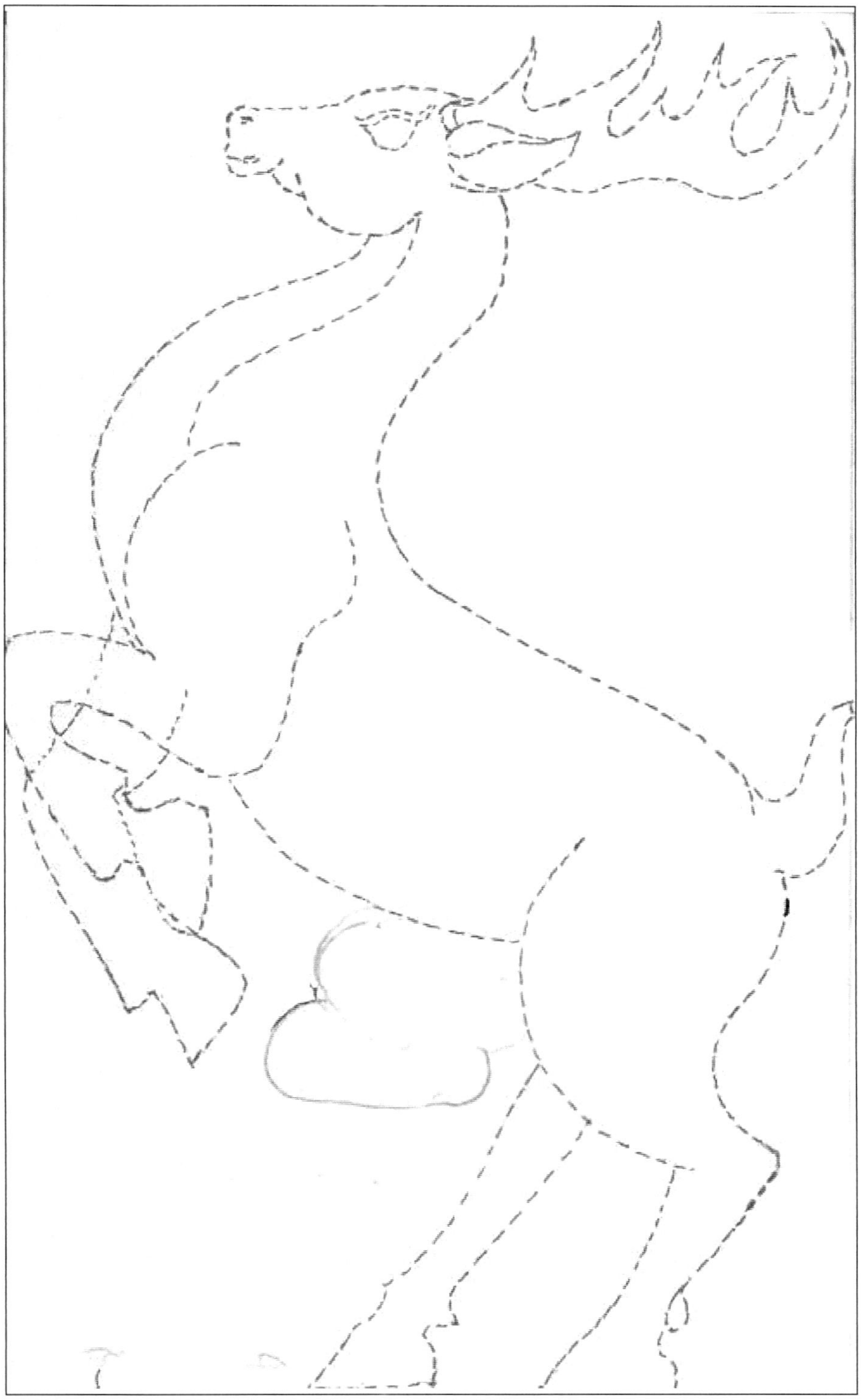

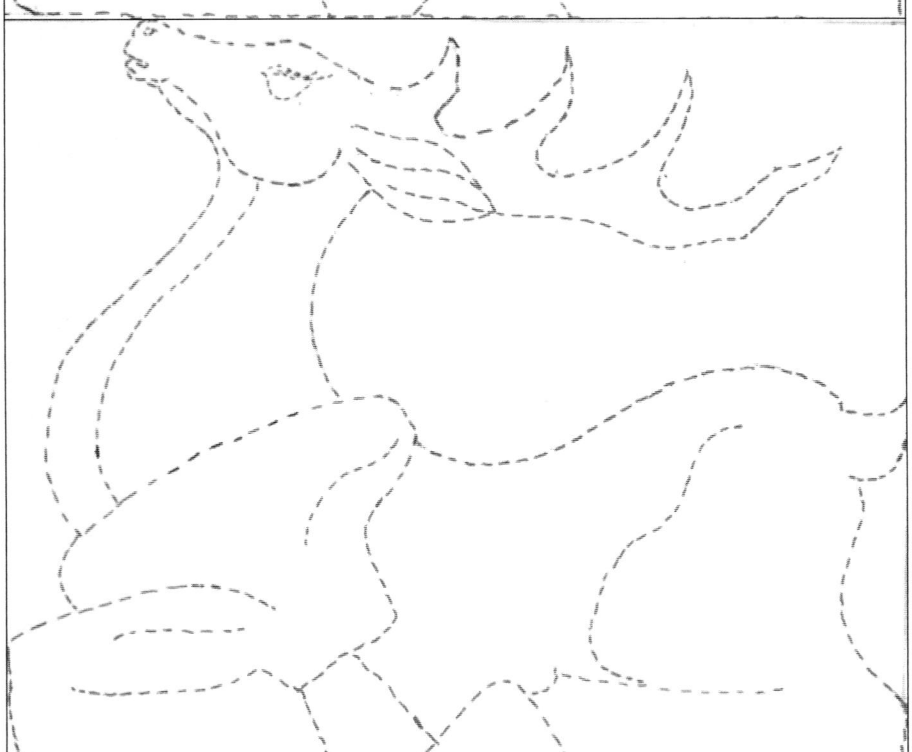

KCDA 한국카빙데코레이션협회
KoreaCarvingDecorationAssociation

푸드카빙 식품조각 수박카빙 아이스카빙 드로잉북

발행 2025년 10월 20일
저자 김기진 정용재 조은희 이도경 박근혜 최원정
발행 한국카빙데코레이션협회
홈페이지 www.foodcarving.co.kr
이메일 987307@hanmail.net
주문전화 053-763-9707, 02-499-9707
출판등록 2012년 8월 13일 제 2012-000047호

온라인 & 오프라인 푸드카빙 교육, 푸드카빙 도구구매, 카빙전문서적 구매, 카빙작품 주문제작 의뢰, 카빙특강, 카빙강의, 카빙시연, 카빙재능기부 등의 문의는 아래 한국카빙데코레이션협회 본사로 문의하세요.

한국카빙데코레이션협회 (전국 푸드카빙데코레이션 교육장 운영중)
서울본사: 서울특별시 송파구 법원로 128 문정역 SK V1 빌딩 a동 3층 318호(02-499-9707)
대구본사: 대구광역시 동구 효동로 1길 12 2층 (053-763-9707)

ISBN 979-11-89071-18-9

가격 20,000원

값 20000 원
13620
9 791189 071189
ISBN 979-11-89071-18-9